Karl Bartsch

Grundriss zur Geschichte der provenzalischen Literatur

Karl Bartsch

Grundriss zur Geschichte der provenzalischen Literatur

ISBN/EAN: 9783743688872

Hergestellt in Europa, USA, Kanada, Australien, Japan

Cover: Foto ©ninafisch / pixelio.de

Weitere Bücher finden Sie auf **www.hansebooks.com**

GRUNDRISS ZUR GESCHICHTE

DER

PROVENZALISCHEN LITERATUR

VON

KARL BARTSCH.

ELBERFELD.
Verlag von R. L. Friderichs.
1872.

Druck von R. L. Friderichs & Comp. in Elberfeld.

Vorwort.

Die Einleitung zu meinem Provenzalischen Lesebuche in seiner ersten Bearbeitung (1855) gab eine kurzgefasste Uebersicht der Literaturdenkmäler. Diese, in der zweiten Auflage weggeblieben, erscheint hier in selbständiger und völlig umgearbeiteter Gestalt, die den Fortgang der Forschung seit 1855 überall erkennen lassen wird. Wie in der Neubearbeitung der Chrestomathie an Stelle der sachlichen eine chronologische Anordnung getreten ist, wie dort die Grenzen bis an den Schluss des Mittelalters erweitert wurden, so auch in dem Grundriss. Die innige Wechselbeziehung zwischen beiden Büchern wünschte ich festzuhalten, der Grundriss soll die Chrestomathie, und diese jenen erläutern; daher habe ich in den Anmerkungen auf die Textauswahl der Chrestomathie vorzugsweise verwiesen und die Belege ihr entnommen.

Das vollständige Verzeichniss aller Troubadours mit Angabe ihrer Lieder, der Handschriften, in denen sie sich finden, und der Bücher, in denen sie gedruckt sind, wird hoffentlich keine unwillkommene Beigabe sein. Es ist durchaus nach den Handschriften selbst gearbeitet und wird, denke ich, diesen quellenmässigen Charakter nicht verleugnen. Eine Ausnahme bildet nur die Liederhandschrift N, deren Inhalt ich durch Mahns Gefälligkeit kenne. Aufgenommen sind in das Verzeichniss auch die Namen derjenigen Dichter, von denen uns keine Lieder aufbebewahrt sind, denn in der Geschichte der Literatur haben dieselben das gleiche Recht genannt zu werden, wie die übrigen. Den fragmentarischen Druck eines Liedes habe ich nur dann (und dann in Klammern) erwähnt, wenn es anderweitig überhaupt noch nicht gedruckt war.

Möge dieser Grundriss dem Studium der provenzalischen Literatur neue Freunde gewinnen, nicht allein in Deutschland, sondern auch, wiewohl nicht in ihrer Sprache geschrieben, bei unsern westlichen Nachbarn. Romanische und deutsche Gelehrte haben zur Kenntniss der occitanischen Poesie durch gemeinsame Arbeit beigetragen; so sei das Buch, welches diese Forschungen verzeichnet, ein Freundes- und Friedensgruss deutscher Wissenschaft an die Mitforscher in Frankreich.

Heidelberg, 15. October 1871.

Karl Bartsch.

Inhaltsübersicht.

Einleitung.

§ 1. Provenzalisches Sprachgebiet. Entstehung der provenzalischen Sprache. Cultur von Südfrankreich.

§ 2. Aelteste Anwendung der provenzalischen Sprache. Urkunden. Glossare.

§ 3. Zeiträume der provenzalischen Literaturgeschichte.

Erste Periode.
Das zehnte und elfte Jahrhundert.

§ 4. Die Poesie in den Händen der Geistlichen.

§ 5. Epische Poesie. Karl der Grosse. Roland. Karl Martell und Karl der Kahle. Girart von Rossilho. Guillaume d'Orange. Aucasin und Nicolette. Provenzalisches und nordfranzösisches Epos.

§ 6. Kleinere epische Volksgesänge. Romanzen.

§ 7. Poesie der Geistlichen. Bibel- und Legendenstoffe. Passion Christi. Leodegar. Amandus. Fides. Magdalena.

§ 8. Boethius.

§ 9. Alberichs von Besançon Alexander.

§ 10. Lyrische Poesie. Geistliche Lyrik. Mariendichtungen. Epitres farcies. Zwischengesang in der Weihnachtsmesse.

§ 11. Didaktische Poesie. Glaubens- und Beichtbekenntniss.

§ 12. Prosa. Evangelium Johannis.

§ 13. Sprache und Verskunst.

Zweite Periode.
Das zwölfte und dreizehnte Jahrhundert.

§ 14. Das Zeitalter der Kreuzzüge. Charakteristik desselben.

§ 15. Epische Poesie. Girart von Rossilho. Fierabras.

§ 16. Historische Dichtungen. Guillem Bechada. Guillem IX von Poitou. Chanson d'Antiocha? Albigenserchronik. Izarn, las novas del heretge. Guillem Anelier.

§ 17. Thiersage.

§ 18. Romans d'aventures. Artusromane. Jaufre. Lancelet? Daniel von Blumenthal. Perceval. Blandin de Cornoalha und Guilhem de Miramar. Flamenca. Andrieu. Floris und Blancaflor.

§ 19. Novellen. Raimon Vidal. Arnaut de Carcasses. Peire Guillem. Hofhalt der Liebe. Roman des sept sages.

§ 20. Geistliche Epik. Passion. Marienklage. Gui Folqueys. Bertran de Marseilla. Raimon Feraut. Maria Aegyptiaca.

§ 21. Lyrische Poesie. Troubadours und Jongleurs.

§ 22. Volksthümliche Lyrik.

§ 23. Pflege der Kunstlyrik.

§ 24. Die Liederhandschriften.

§ 25. Vers. Canzone. Sirventes. Kreuzlied. Klagelied. Tenzone.

§ 26. Romanze. Tanzlied. Retroensa. Tagelied. Serena. Pastourelle.

§ 27. Kirchliche Liederdichtung. Marienlieder. Weihnachtslied. Descort.

§ 28. Seltenere lyrische Gattungen. Sextine, Sonett, Rundcanzone u. s. w.

§ 29. Liebesbriefe.

§ 30. Einfluss auf die nordfranzösische, deutsche, italienische, catalanische und portugiesische Lyrik.

§ 31. Didaktische Poesie. Geistliche Lehre. Daude de Pradas. Matfre Ermengau. Guillem de Cerveira. Seneca. Coblas esparsas.

§ 32. Weltliche Lehre. Arnaut de Maroil. Peire Cardenal. Sordel. Serveri. Folquet de Lunel. Guiraut Riquier. Nat de Mons.

§ 33. Enseignamens. Garin der Braune. Guiraut de Cabreira. Guiraut de Calanso. Bertran de Paris. Arnaut Guillem de Marsan. Amanieu des Escas.

§ 34. Wissenschaftliche Lehrgedichte. Daude de Pradas. Raimon Feraut. Peire de Corbiac. Matfre Ermengau.

§ 35. Dramatische Poesie. Mysterium von den klugen und thörichten Jungfrauen. Bethlehemitischer Kindermord.

§ 36. Prosa. Sprichwörter.

§ 37. Geistliche Prosa. Predigten. Bibelübersetzungen. Seths Sendung. Zerstörung Jerusalems. Marienwunder. Visionen. Heiligen-Leben. Doucelina. Catharina.

§ 38. Benedictinerregel. Beda's Liber scintillarum.

§ 39. Geschichtliche Prosa. Biographien der Troubadours. Raimon von Anjou. Raembaut. Blanchemain.

§ 40. Albigenserkrieg. Turpin. Philomena.

§ 41. Wissenschaftliche Prosa. Philologische Werke. Grammatiken. Uc Faidit. Raimon Vidal. Poetik. Wörterbücher.

§ 42. Naturgeschichtliche Werke. Räthselfragen. Physiologus. Lapidarius. Medizinische Werke. Roger von Parma u. a.

§ 43. Rechtshistorische Werke. Codex Justiniani. Statuten von Montpellier u. s. w.

§ 44. Sprache und Verskunst.

Dritte Periode.

Das vierzehnte und fünfzehnte Jahrhundert.

§ 45. Charakteristik des ganzen Zeitraums.

§ 46. Epische Poesie. Arnaut Vidal.

§ 47. Geistliche Stoffe. Evangelien. Kindheit Jesu. Legenden. Alexius. Trophimus. Georg.

§ 48. Lyrische Poesie. Gesellschaft des Gai saber in Toulouse.

§ 49. 50. Die lyrischen Dichter und Dichtungsarten dieses Zeitraums.

§ 51. Didaktische Poesie. Geistliche Lehre. Psalm 108. Jüngstes Gericht. Körper und Seele. Poesien der Waldenser. Nobla leyczon. La Barca u. s. w.

§ 52. Weltliche Lehre. Lunel von Moncog. Wissenschaftliche Lehrgedichte. Raimon de Cornet.

§ 53. Dramatische Poesie. Sancta Agnes. Ludus S. Jacobi.

§ 54. Prosa. Geistliche Prosa. Predigt. Bibelübersetzung. Biblische Geschichte. Legenden. Jacobus a Voragine. Barlaam und Josaphat. Florus. Honorat.

§ 55. Glaubens- und Sittenlehre. Bruder Laurent.

§ 56. Weltliche Prosa. Philologische Werke. Leys d'amors. Wörterbücher.

§ 57. Lucidarius. Sydrac. Bruder Philipp. Priester Johannes.

§ 58. Medizinische Werke. Abulcasis. Stephanus Aldebaldi. Gui de Chauliac. Politische Werke. Honoré Bonnet.

§ 59. Rechtsquellen.

§ 60. Sprache und Verskunst.

Alphabetisches Verzeichniss der lyrischen Dichter des 12. und 13. Jahrhunderts Seite 97.

Register Seite 205.

Abkürzungen.

Arch. Archiv für das Studium der neueren Sprachen und Literaturen, herausgeg. von L. Herrig.
Chr. Chrestomathie provençale par K. Bartsch. 2e édition.
Delius. Ungedruckte provenzalische Lieder, herausgeg. von N. Delius.
Dkm. Denkmäler der provenzalischen Litteratur, herausgeg. von K. Bartsch.
Galv. Galvani, Osservazioni sulla poesia de' trovatori.
LB. Provenzalisches Lesebuch, herausgeg. von K. Bartsch.
LR. Lexique Roman ou dictionnaire de la langue des troubadours par M. Raynouard. Wenn ohne Angabe des Bandes citiert, ist der erste Band gemeint.
Meyer. Les derniers troubadours de la Provence par P. Meyer.
MG. Gedichte der Troubadours, herausgeg. von C. A. F. Mahn.
Milá. De los trovadores en España par D. Manuel Milá y Fontanals.
Muss. Mussafia, Del codice Estense di rime provenzali.
MW. Die Werke der Troubadours, herausgeg. von C. A. F. Mahn.
PO. Le Parnasse Occitanien ou choix des poésies originales des troubadours.
R. Choix des poesies originales des troubadours par M. Raynouard.
Tarbé. Les oeuvres de Blondel de Néele.

Einleitung.

§. 1.

Eine geographische Linie, welche am Nordrande von Dauphiné, Auvergne, Limousin und Perigord hinläuft, theilt Frankreich in zwei sprachlich gesonderte Gebiete, die nach der Verschiedenheit der Bejahung bezeichnet werden. Das südliche Gebiet ist das der *lengua d'oc*, das nördliche das der *langue d'oïl*. Nach Süden erstreckt sich jenes nach Spanien hinein und umfasst Catalonien, nach Osten hin gehört Savoyen und ein kleiner Theil der südwestlichen Schweiz dazu. Die übliche Bezeichnung der südfranzösischen Sprache ist in älterer Zeit *romans*[1] oder *lengua romana*[2], d. h. Volkssprache im Gegensatz zur Gelehrtensprache, dem Latein, also eine ähnliche Bezeichnung wie althochdeutsches *diutisk*, Deutsch, und ebenso anwendbar auf jede andere romanische Sprache[3]. Ausserdem findet man, jedoch später, die Ausdrücke *la lengua proensal, lo proensal, lo proensales, vulgar proensal* und *lemosi*[4]. Diese provenzalische Sprache, wie sie jetzt allgemein genannt wird, entstand wie die übrigen romanischen Sprachen aus der lateinischen Vulgärsprache, gemischt mit germanischen und in geringerem Grade mit keltischen Elementen. Westgothen, Alanen, Sueven und Burgunden nahmen das südliche Frankreich in Besitz, gaben aber frühzeitig die heimische Sprache auf und eigneten sich mit der Bildung der Römer auch deren Sprache an. Dazu trug die in Südfrankreich herrschende Cultur ebenso bei wie in Italien, wo aus gleichem Grunde Ostgothen und Langobarden sich rasch romanisierten. Den Anfang zur Cultur von Südfrankreich hatten schon die griechischen Colonien gelegt: Marseille gründeten um 600 v. Chr. die Phocäer. Die römische Literatur der ersten christlichen Jahrhunderte fand hier zahlreiche, zum Theil bedeutende Vertreter: unter den Dichtern Ausonius, Petronius und Sidonius Apollinaris, von Geschichtsschreibern Trogus Pompejus und

---

§. 1. Friedrich Diez, Grammatik der romanischen Sprachen, Bonn 1870, 1², 102 f. [1] Chrestomathie 31, 4. 207, 9. 371, 30. [2] Chrestomathie 62, 13. 207, 5. [3] Altfranzösisch *romans*, Chrest. franç. 72, 25. [4] Belegstellen bei Diez a. a. O. 103.

Sulpicius Severus, von Rhetoren Domitius Afer u. A. Grade diese hohe Culturstufe war es aber, die die Entwicklung einer volksmässigen Sprache und Literatur hemmte, indem das Latein dadurch länger die Sprache der Literatur und des Umgangs blieb.

§. 2.

Die erste Anwendung der Volkssprache finden wir in Urkunden des neunten Jahrhunderts, die, im Uebrigen lateinisch, einzelne Ausdrücke und Wendungen, meist Rechtsformeln, in romanischer Sprache einfügen[1]. Die ältesten Urkunden mit überwiegend provenzalischem Texte sind vom Anfang des elften Jahrhunderts[2]; ganz provenzalische finden sich nicht vor dem zwölften[3].

Aehnlichen Zwecken der Vermittelung dienen die Glossare. In die älteste Epoche gehören die Wiener Glossen[4]; sie sind von einem Deutschen aufgezeichnet, die romanischen Worte tragen theils italienisches, theils provenzalisches Gepräge. So wichtig in sprachlicher Beziehung dergleichen Aufzeichnungen sind, zu den Literaturdenkmälern können sie kaum gerechnet werden.

§. 3.

Die provenzalische Literatur zerfällt in drei Perioden, deren erste die Anfänge, die zweite die Blüthe, die dritte den Verfall der Poesie bezeichnet.

Erste Periode. Das zehnte und elfte Jahrhundert.
Zweite Periode. Das zwölfte und dreizehnte Jahrhundert.
Dritte Periode. Das vierzehnte und fünfzehnte Jahrhundert.

Das Fortleben der Sprache in mundartlichen Denkmälern auch nach dem 15. Jahrhundert, das Wiederaufleben der provenzalischen Poesie in neuerer und neuester Zeit[1] fällt ausserhalb des Kreises unserer Betrachtung, die es nur mit der wirklich nationalen, den Süden Frankreichs beherrschenden Sprache und Literatur zu thun hat.

---

§. 2. [1] Auszüge der provenzalischen Wendungen und Sätze aus Urkunden von 860—1080 bei Raynouard, Choix des poésies originales des troubadours (6 voll. Paris 1816—21) 2, 40—72. [2] Eine solche um 1025: Chrest. 7. [3] Zwischen 1101—1110: Revue des sociétés savantes, 4 série, t. X, durch L. Blancard mitgetheilt; eine von 1122: Chrest. 45; vor 1144: Chrest. 53; von 1174: Chrest. 93; von 1178: Chrest. 95. [4] Aus der Wiener Hs. R. 3355, Bl. 234—236 herausgegeben von Fr. Diez, Jahrbuch für romanische und englische Literatur 8, 1—13. Vergl. desselben Altromanische Glossare, Bonn 1865. 8, und dazu Rönsch im Jahrbuch 8, 65—74.

§. 3. [1] Vgl. über diese Ed. Böhmer, Die provenzalische Poesie der Gegenwart, Halle 1870. 8.

Erste Periode.
Das zehnte und elfte Jahrhundert.

§. 4.

Die Poesie, soweit sie aufgezeichnet wurde, ruhte während dieser Periode in den Händen der Geistlichen, der einzigen Träger der Bildung, während die vom Volke gesungenen epischen Stoffe nicht zur Aufzeichnung gelangten und daher untergiengen. Sie trägt einen überwiegend geistlichen Charakter, meist in epischer Form; auch die didaktische Dichtung nimmt diese an. Legenden bilden die Hauptstoffe. Daneben aber griff die Poesie auch schon nach weltlichen Stoffen. Die Sprache, noch im Werden begriffen, ist von hoher Alterthümlichkeit, der dichterische Ausdruck einfach und ungesucht. Auch die dichterischen Formen sind noch sehr einfach und schmucklos.

§. 5.

Die älteste Poesie bei allen Völkern ist die epische. Schon von vornherein darf das Vorhandensein einer solchen auch für den Süden Frankreichs vorausgesetzt werden. Die eingewanderten germanischen Stämme gaben mit der Sprache auch die epischen Stoffe, die sie mitgebracht hatten, bald auf. Doch ist unter den Gestalten der deutschen Heldensage eine, die ihre Heimat in Südfrankreich hat: Walther von Aquitanien. Gleichwohl sind wir durch nichts berechtigt, sein Fortleben in Sage und Dichtung der südfranzösischen Romanen anzunehmen[1]. Aber neue gewaltige Ereignisse boten Stoff zu epischem Gesange. Vor allem die Kriege gegen die von Spanien her vordringenden Araber seit dem 8. Jahrhundert, die nicht nur den Süden Frankreichs, sondern das ganze Frankreich, ja das ganze christliche Europa in Mitleidenschaft zogen. Specieller nationales Gepräge haben die Kämpfe, welche Südfrankreich um seine durch die Karolinger bedrohte Selbständigkeit führte. Karl Martell, der Sieger von Poitiers (732), und Karl der Grosse waren Helden des fränkischen Stammes, der zweite wurde der eigentliche Nationalheld Nordfrankreichs, der Mittelpunkt seiner epischen Poesie. Seine siegreichen Unternehmungen gegen die Araber waren auch Siege für den von grosser Gefahr befreiten Süden; der in Liedern gefeierte Fall Rolands und seiner Genossen bei Roncesvals konnte auch im Süden Gegenstand des Gesanges werden. Bestimmte Beweise für das Vorhandensein provenzalischer Rolandslieder haben wir nicht.

---

§. 5. [1] Wie Fauriel, Histoire de la poésie provençale (Paris 1846) I 381 418 will, der den provenzalischen Ursprung des lateinischen Waltharius behauptet. Vgl. A. Geyder in Haupts Zeitschrift 9, 115 aber das Fortleben von Sagen über ihn in den Pyrenäen lässt schliessen, dass einst auch von ihm gesungen wurde. Er hat der Sage nach die grossen Felsblöcke, welche jetzt auf den niederen Bergrücken liegen, aus dem höheren Gebirge herabgeschleudert, den gigantischen Halbmond aus der Mauer des Marboré ausgemeisselt; sein Ross konnte von Berg zu Berg springen; in Lourdes, wo es einmal Roland abwarf, haben noch zwei Teiche die Gestalt seines Fusses und seines Knies; auf einem Berge der Arrensschlucht sieht man den Abdruck seines Leibes, anderswo die Einschnitte, die er mit seinem Schwerte in den Felsen hieb[2].

Karl Martells Name ist durch Verwechselung mit Karl dem Kahlen in eine andere Sage verflochten, die ihren Schauplatz in Südfrankreich hat: die Kämpfe Karls mit seinem Vasallen, dem Grafen Girart von Rossilho, bilden den Inhalt des gleichnamigen, zwar erst dem Beginn der folgenden Periode angehörenden epischen Gedichtes, dessen historische Grundlagen aber in das 9. Jahrhundert hinaufreichen. Ohne Frage beruht das Gedicht auf älteren Traditionen, die bis ins zehnte Jahrhundert zurückgehen; es wird auch nicht die erste poetische Darstellung der Sage gewesen sein, es wird Lieder von geringerem Umfange gegeben haben, die Girarts Thaten feierten.

Gleichfalls dem Süden gehört der Sagencyclus von Guillaume d'Orange an. In ihm vereinigen sich die beiden Richtungen, die Sarazenenkämpfe und die theilweise feindliche Stellung der südfranzösischen Grossen zu den Karolingern. Wilhelm von Aquitanien, den die Kirche als Heiligen verehrte, fällt in die Lebenszeit Karls des Grossen, er starb 812. Die Sage aber hat Karl verdrängt und seinen Sohn, Ludwig den Frommen, an die Stelle gesetzt. In zahlreichen nordfranzösischen Dichtungen des 11. bis 13. Jahrhunderts liegt dieser Sagencyclus vor[3]: für die Existenz provenzalischer Lieder desselben Inhalts sprechen innere wie äussere Gründe. Einmal die Parteinahme für den südfranzösischen Helden gegen den karolingischen König, die durch das Ganze hindurchgeht, sodann die Namen von mehreren der Helden. Zu Guillaume's Vater wird von der Sage Aimeri de Narbonne gemacht, den Albericus Trium Fontium *Nemericus*, d. i. provenzalisch *N'Aimeric*, nennt[4], eine Form, die auch wirklich in den französischen Handschriften hin und wieder *(naimeri)* vorkommt. Ebenso provenzalisch ist der Name von *Aimer le chetif*, es ist provenzalisch *Aïmar* aus *Ademar*. Das

---

[2] Vgl. A. Cordier, Bulletin trimestriel de la société Ramond, Bagnières de la Bigorre 1870. [3] Guillaume d'Orange. Chansons de geste des XI et XII° siècles, publiées par W. J. A. Jonckbloet, La Haye 1854, 2 voll. 8. L. Clarus, Herzog Wilhelm von Aquitanien, Münster 1865. 8. L. Gautier, Les épopées françaises, T. III, Paris 1868. 8. [4] G. Paris, Histoire poétique de Charlemagne, Paris 1865, 8, S. 81. Die Einwände von P. Meyer, Recherches sur l'épopée française, Paris 1867, S. 43, widerlegen nicht.

Vorhandensein von Liedern dieses Cyclus ist im 10. und 11. Jahrhundert durch die Vita S. Willelmi[5] und durch Ordericus Vitalis[6] bestätigt. Allerdings gab es im 10. Jahrhundert auch schon nordfranzösische Dichtungen dieses Cyclus, denn auf solchen, nicht auf provenzalischen, beruht das aus Hexametern in Prosa aufgelöste Haager Fragment[7].

Eine gleichfalls in Südfrankreich spielende Erzählung ist die liebliche Novelle von Aucasin und Nicolette, die wir in französischer Fassung besitzen[8]: ihren provenzalischen Ursprung bezeugen Oertlichkeiten wie *Valence, Beaucaire*, bezeugt ihr ganzer Charakter[9]; eine poetische Darstellung in provenzalischer Sprache ist wahrscheinlich vorhanden gewesen, aber die französische Fassung ist keineswegs als eine unmittelbare Bearbeitung darnach zu betrachten. Auch für die Geschichte von Peter von Provence und der schönen Magelone, die als romanisches und deutsches Volksbuch sehr beliebt war und noch ist, kann man mit Fauriel[10] den provenzalischen Ursprung aus stofflichen Gründen in Anspruch nehmen. Beide Dichtungen gehören aber erst der folgenden Periode an und sind nur im Zusammenhange hier erwähnt worden.

Das Vorhandensein einer zahlreichen provenzalischen epischen Poesie ist wiederholt behauptet und vertheidigt worden: von Raynouard[11], Fauriel[12] und zuletzt von G. Paris[13]. Dagegen haben sich P. Paris[14], Victor le Clerc[15] und P. Meyer[16] ausgesprochen. In beschränktem Sinne, wie wir es gethan, darf man jener Behauptung beipflichten; auch ist sie von G. Paris nicht entfernt so ausgedehnt worden wie von seinen Vorgängern. Am wenigsten darf man mit Fauriel aus den zahlreichen Erwähnungen[17] bei provenzalischen Dichtern des 12. und 13. Jahrhunderts auf die Existenz einer Menge von Epen aus allen Kreisen der Sage schliessen, da in jener Epoche die Verbreitung französischer Dich-

---

[5] *Quae enim regna, quae provinciae, quae gentes, quae urbes Willelmi potentiam non loquuntur ... qui chori juvenum, qui conventus populorum, praecipue militum ac nobilium virorum, quae vigiliae sanctorum non resonant et modulatis vocibus decantant qualis et quantus fuit.* Acta SS. Maj. 6, 811. [6] *Vulgo canitur a joculatoribus de illo cantilena, sed jure praeferenda est relatio authentica:* Ord. Vit. lib. VI. [7] Vgl. Pertz, Monumenta Germaniae III, 708—710. G. Paris a. a. O. S. 50. 81. [8] Herausgegeben von Méon, Fabliaux et Contes I, 380—418; besser in den Nouvelles françoises du XIIIe siècle p. p. Moland und d'Héricault, Paris 1856, S. 241—319. [9] Fauriel III, 183—218. Nouvelles françoises S. XXXIX f. [10] Fauriel III, 181 f. [11] Choix 2, 294—319 und im Journal des Savants 1833, Aug. und Sept. [12] Histoire de la poésie prov. II und III. [13] Histoire poétique de Charlemagne S. 79—91. [14] Garin le Lohérain S. VI. [15] Histoire littéraire de la France 24, 436. [16] Recherches sur l'épopée française, Paris 1867. 8. [17] Sammlungen derselben, die freilich sehr vermehrt werden können, in Rayn. Choix 2, 295 bis 319, und Fauriel a. a. O. 3, 453—515. Hauptquellen die Gedichte von Guiraut de Cabreira und Guiraut de Calanson, m. Denkmäler der provenzalischen Litteratur, Stuttgart 1856, S. 88—101.

tungen auch im Süden schon sehr gross war. Bezeichnend in dieser Hinsicht ist eine Aeusserung des Grammatikers Raimon Vidal, der die französische Sprache für besonders geeignet zu Romanen und Pastourellen, die provenzalische zu Versen, Canzonen und Sirventes erklärt[18]. So konnte um die Mitte des 13. Jahrhunderts ein literarisch bewanderter Mann nicht schreiben, dem eine reiche provenzalische Epik vorlag; dass sie damals schon untergegangen war, kann durch nichts bewiesen oder wahrscheinlich gemacht werden.

§. 6.

Neben grösseren epischen Dichtungen gab es kleinere epische Volksgesänge, aus denen jene zum Theil wohl sich entwickelt haben. Nicht alle bildeten sich zu Epopöen heran, auch das unbedeutendere Ereigniss fand seinen Wiederklang im Liede. Solcher volksthümlicher Romanzen gab es auch im südlichen Frankreich, aber sie sind uns verloren. Nur die Anfänge von einigen haben sich in einem späteren Denkmal erhalten, ohne dass sich bestimmen liesse, ob sie dieser oder der folgenden Epoche angehören. In dem geistlichen Schauspiel Sancta Agnes werden zwei Zeilen einer solchen Romanze citiert, deren Melodie einem geistlichen Texte untergelegt wurde:

El bosc d'Ardena justal¹ palais ausor
o la fenestra de la plus auta tor,

in vierzeiligen Strophen, die mit einem kürzeren Verse schlossen[2]. Ein anderes Original, beginnend *Al pe de la montana*, war in Alexandrinern verfasst, also wohl jünger als das erste[3]; ein drittes, in mehr lyrischer Haltung, begann *Bel paires cars, non vos rei rex ma mi*[4], ein viertes *Vein, aura donza, que vens d'outra la mar*[5], ein fünftes *Lassa, en can grau pena*[6]; von mehreren anderen ist nur die geistliche Nachahmung erhalten, aber der Anfang des Originals vom Schreiber nicht mitgetheilt[7]. Die Stoffe, soweit sich aus den Anfängen darauf schliessen lässt, sind, wie auch in den nordfranzösischen Volksromanzen[8], vorzugsweise der Liebe gewidmet; die Klagen eines verlassenen Mädchens und Aehnliches, was das Volkslied aller Zeiten und Völker gerne behandelt hat.

---

[18] *La parladura francesca val mais et es plus avinens a far romanz et pasturellas, mas cella de Lemosin val mais per far vers et cansons et serventes.* Grammaires provençales p. p. Guessard, 2e édit. p. 71

§. 6. [1] Gebessert von P. Meyer, Revue critique 1869, II, 185. [2] Sancta Agnes 520, vgl. S. XXVI—XXVIII. [3] Ebenda 643. 1412, vgl. S. XXIX. [4] Ebenda 626, vgl. S. XXVIII. [5] Ebenda 1061, vgl. S. XXIX. [6] Ebenda 1395, vgl. S. XXX. [7] Ebenda S. XXX—XXXII. [8] Meine Altfranzösischen Romanzen und Pastourellen, Leipzig 1870. 8.

§. 7.

Der epische Volksgesang gelangte erst spät zu Aufzeichnungen; die Lieder wurden gesungen, von Geschlecht zu Geschlecht vererbt, aber nicht aufgezeichnet. Der Stand, der im Besitz der literarischen Hilfsmittel war, der geistliche, nahm an ihm geringes Interesse, die gelehrten Schriftsteller blicken mit Verachtung darauf herab. Doch sehen wir seit dem 10. Jahrhundert die Geistlichkeit der Volkssprache sich annehmen. Die erste Anregung dazu hatte Karl der Grosse durch Verordnungen, zuerst auf dem Concil zu Arles, gegeben, indem er das Predigen in der Volkssprache empfahl. So erklärt es sich, dass die ältesten uns erhaltenen Denkmäler von Geistlichen verfasst sind und geistlichen Charakter tragen.

In der Poesie der Geistlichen bilden die Stoffe der Bibel und Legende den Hauptinhalt. So wurde im 10. Jahrhundert die Passion Christi[1] in vierzeiligen Strophen aus achtsilbigen Versen bearbeitet. Die einzige Hs. in Clermont-Ferrand, in der Auvergne, bezeichnet auch ungefähr die Heimat, die an der Grenze des nord- und südfranzösischen Idioms liegt, wie die sprachliche Mischung aus beiden Elementen beweist; das französische Element ist jedoch vorwiegend.

Noch mehr herrscht das französische Idiom in dem wenig jüngeren Leben des heil. Leodegar (Lethgier), welches in derselben Hs. und den genannten Ausgaben[2] sich findet. Hier sind je sechs Zeilen zu einer Strophe verbunden. Die frei benutzte Quelle ist wohl in einer der lateinischen Vitae des Heiligen zu suchen; doch mögen daneben mündliche Ueberlieferungen zu Grunde liegen. St. Léger war Abt in St. Maixent bei Poitiers, daher auch dort vermuthlich die Heimat des Gedichtes ist.

Dagegen sind in rein provenzalischer Sprache die folgenden Legenden verfasst:

Das Leben des heil. Amandus, Bischof von Rodes, nach Raynouard aus dem 11. Jahrhundert, aber sicherlich jünger und kaum noch dieser Periode angehörig, da es in Alexandrinern geschrieben ist; ein Bruchstück, welches in zwei Schriften von Dominicy[3] sich mitgetheilt findet, mit der Bemerkung, dass es vor 600 Jahren verfasst und nach dem Latein bearbeitet sei[4].

§. 7. [1] Aufgefunden und herausgegeben durch Champollion-Figeac, Documents historiques inédits T. IV. Paris 1848, mit einem Facsimile. Kritisch bearbeitet von Fr. Diez, Zwei altromanische Gedichte, Bonn 1852, 8, S. 1–34. Dazu C. Hofmann in den Gel. Anzeigen der bayr. Akademie 1855, Nr. 5; Diez im Jahrbuch 7, 361–380; C. Hofmann in den Sitzungsberichten der bayr. Akademie 1867, II, 199 ff. Ein Stück Chrest. franç. 7–14. [2] Bei Diez S. 35–51; ein Stück Chrest. franç. 13–18. [3] Disquisitio de praerogativa allodiorum in provinciis Narbonensi et Aquitanica, Paris 1645, 4, und Ansberti familia rediviva, Paris 1648, 4. Danach bei Raynouard II, 152–154, vgl. S. CXLVIII–CL. [4] *Asserit vetus auctor qui*

Das Leben der heil. Fides von Agen, Bruchstück von 20 achtsilbigen Versen, die zwei einreimige Tiraden von verschiedener Länge bilden, mitgetheilt von Fauchet[5], und von viel alterthümlicherem Charakter, so dass die Bemerkung der Bibliothèque historique de la France[6], es sei 1080 verfasst, wohl darauf passen könnte.

Das Bruchstück eines gereimten Lebens der heil. Fides von Rovergue, die Wunderthaten der Heiligen betreffend, von Catel[7] mitgetheilt, aber ohne nähere Angabe über das Alter.

Das Leben der heil. Magdalena[8]: auch hier scheint mir das Alter sehr zweifelhaft. Trotzdem wird nach den wenigen sicheren Belegen das Vorhandensein einer provenzalischen Legendenpoesie in diesem Zeitraum behauptet werden dürfen.

§. 8.

Die Dichtung der Geistlichen griff aber auch nach profanen Stoffen. Auf der Grenze zwischen geistlichem und weltlichem Gebiete liegt das älteste rein provenzalische Denkmal, Boethius[1], ein Bruchstück von 258 zehnsilbigen Versen, in Tiraden von ungleicher Länge. Die Hs. ist aus der berühmten Abtei Fleury nach verschiedenen Schicksalen in die Bibliothek von Orleans gekommen, wo Raynouard sie 1813 entdeckte. Sie gehört dem 11. Jahrhundert an und gibt das provenzalische Bruchstück am Schlusse von lateinischen Predigten. Die Aufzeichnung ist aber keine originale, sondern weist auf eine ältere Vorlage. Der Vergleich mit provenzalischen Sprach- und Wortformen, die in Urkunden seit 960 erscheinen, berechtigt, das Denkmal nicht später als um 950 zu setzen[2]. Der erzählende Theil bildet nur die Einleitung, der Hauptinhalt war didaktisch, philosophische Betrachtungen

---

[5]. *Amantii Ruthenensis episcopi vitam versibus rhythmicis jam a sexcentis annis ex veteri latino auctore in rusticam romanam linguam transtulisse metrico sermone laudatur.* Für eine viel spätere Zeit spricht aber der einsilbige Gebrauch von *paor* 2, 154. [6] Origine de la langue et poésie françaises, 1581. 4. Danach bei Raynouard II, 144—145, vgl. S. CXLVI. [6] Nr. 4412: Vie de sainte Fides d'Agen, en vers rimés en langue provençale, semblable à la catalane, écrite en 1080. [7] Histoire des comtes de Toulouse, Toul. 1623, S. 104 ff. [8] Im Almanaque historique de Marseille 1773. Dazu vgl. Cantinella provençale du XIe siècle en l'honneur de la Madeleine chantée annuellement à Marseille le jour de Pâques jusque en 1712. Introduction, traduction, commentaires et recherches historiques par J. F. Bory, Marseille 1862. 8 (mir nicht zugänglich).

§. 8. [1] Zuerst erwähnt von Leboeuf in seinem Recueil de dissertations sur l'histoire de Paris, II, 1741. Herausgegeben in urkundlichem und bearbeitetem Texte von Raynouard, II, 4—39, vgl. S. CXXVII—CXXXVI. Am besten in Diez, Altromanische Sprachdenkmale, Bonn 1846, S. 39—72; Chrest. 1—8. Zur Textkritik: Delius in N. Jenaische Lit. Zeitung 1847, S. 743—744. Eine Abhandlung: Histoire littéraire XVI, 601—614. [2] Diez a. a. O. S. 35.

über die Nichtigkeit des Irdischen, entnommen aus Boethius bekanntem Werke de consolatione philosophiae; aber von diesem Haupttheile ist nur der Anfang erhalten. In dem vorderen Theile ist die lateinische Vita Boetii benutzt[3].

§. 9.

Ganz dem Profangebiete fällt dagegen des Mönchs Alberich von Besançon Alexander zu, von welchem leider nur der Anfang erhalten ist[1]. Das Bruchstück findet sich in der Laurenzianischen Hs. Plut. LXIV. 35, Bl. 115—116, von einer Hand des 12. Jahrhunderts geschrieben. Es sind die ersten 105 Verse des Gedichtes, welches, auf lateinischen Quellen fussend, die älteste Bearbeitung der Alexandersage in einer mittelalterlichen Volkssprache ist; die Form sind Tiraden aus achtsilbigen Versen. Auf ihm beruht theilweise eine französische Bearbeitung, welche in einer Hs. des Arsenals zu Paris und einer zweiten des Museo civico in Venedig sich findet[2]. In letzterer wird auch der Name des Dichters, Auberin le Moine, genannt; den vollständigen Namen kennen wir nur aus der deutschen Nachdichtung des Pfaffen Lamprecht[3]. Das romanische Gedicht gehört sicherlich wenigstens dem 11. Jahrhundert an, da die deutsche Bearbeitung aus der ersten Hälfte des zwölften ist. Die Sprache zeigt dieselbe Mischung nord- und südfranzösischer Formen wie die Passion und Leodegar, doch ist auch hier das Französische vorherrschend. Der Untergang dieses Gedichtes ist sehr zu beklagen, da es unter allen romanischen Alexanderdichtungen nicht nur das älteste, sondern auch das dichterisch bedeutendste war.

§. 10.

Von der Lyrik dieses Zeitraums haben wir nur wenige Spuren. Die Kunstlyrik, welche unmittelbar am Beginn der zweiten Periode uns entgegentritt, zeigt sich dort formell und inhaltlich auf einer Stufe, die auf eine schon durchlaufene Strecke schliessen lässt. Die Anfänge der Lyrik werden wir im Volksgesange zu suchen haben. Mehrere halb lyrische, halb epische Gedichte von volksthümlichem Charakter haben wir oben (§. 6) erwähnt. Erhalten hat sich von dieser ältesten Lyrik

---

[3] C. Hofmann in den Sitzungsberichten der bayr. Akad. 1870, II. 175—182.
§. 9. [1] Entdeckt und herausgegeben von Paul Heyse, Romanische Inedita, Berlin 1856, S. 1—6, dazu meine Collation im Jahrbuch 11, 159. Chrest. de l'ancien français Sp. 25—28. Ueber das Gedicht und zur Textkritik vgl. noch A. Rochat in Pfeiffers Germania 1, 273—290; C. Hofmann 2, 95—96; A. Tobler 2, 441—444, und meine Abhandlung Alberich von Besançon 2, 449—464. [2] Jahrbuch 11, 167—172; vgl. P. Meyer, Revue critique 1868, I, 68 f. [3] Den Nachweis dieses Zusammenhanges lieferte Fr. Pfeiffer in Menzels Literaturblatt 1856, Nr. 18. Die Worte Lamprechts lauten *Elberich von Bisenzun der brâhte uns dis liet zû* Alex. W. 13.

so wenig etwas wie von der ältesten Epik. So sehr der Geschmack der folgenden Zeit das lyrische Element begünstigte, so abhold zeigte er sich dem volksthümlichen.

Dagegen besitzen wir einige Denkmäler geistlicher Lyrik. Das älteste derselben ist ein Marienlied[1] in zwölf vierzeiligen, paarweise gereimten Strophen von sechssilbigen Versen, in einer Hs. aus St. Martial in Limoges, jetzt in Paris, ms. lat. 1139, nach Raynouard aus dem 11., nach Meyer aus dem 12. Jahrhundert.

Sodann ein Hymnus auf Maria[2] in Form und Melodie des lateinischen *In hoc anni circulo*, mit dessen Strophen sich die provenzalischen ablösen, die letzten vier sind aber nur provenzalisch; im Ganzen 19 vierzeilige Strophen, 8 lateinische und 11 romanische. Der Refrain der letzteren ist lateinisch, und lautet *de virgine Maria*, mit kleinen Abweichungen. Die Hs. ist die des vorigen Stückes.

Wahrscheinlich sind diese Lieder wirklich beim Gottesdienste zur Verwendung gekommen. Sicher ist dies nur bei dem *Planch de Sant Esteve*[3], einer sogenannten épitre farcie, d. h. einem in den Gottesdienst nach der Epistel eingeschobenen liturgischen Stücke, entweder in lateinischer oder häufiger in der Volkssprache. Der Tag des heiligen Stephan war namentlich dafür beliebt; auch die älteste französische épitre farcie[4] aus dem Anfang des 12. Jahrhunderts bezieht sich auf sein Fest. Neben dieser französischen macht der provenzalische Planctus in vierzeiligen Strophen von achtsilbigen Versen den Eindruck gleicher Alterthümlichkeit und Einfachheit. In beiden beginnt der Dichter wie vor einem weltlichen Publicum mit der Aufforderung an die „Herren"[5] sich zu setzen und still zu sein. Es ist im Wesentlichen eine kurze Darstellung des Lebens und Leidens des Heiligen. Die Aufzeichnungen gehören jüngerer Zeit an, wir besitzen deren fünf: a, in einem Martyrologium von 1318 in Aix; b, in einer Hs. des Capitels von Agen; c, in einem Missale des 14. bis 15. Jahrhunderts in Roussillon; d, eine catalanische in einem gedruckten Missale der Kirche zu Elne von 1511; e, in der Pariser Hs. La Vallière 151, aus dem 17. Jahrhundert. Schon

---

§. 10. [1] Leboeuf, Académie des inscriptions 17, 717. Raynouard 2, 135—138 vgl. S. CXLV. Rochegude, Parn. Occit. XX—XXII. E. du Méril, Poésies inédites du moyen-âge, Paris 1854, S. 334 - 337. Am besten bei P. Meyer, Anciennes poésies religieuses en langue d'oc, Paris 1860, S. 18 f., und Chrest. 17—20. [2] Gedruckt bei Rochegude a. a. O. XXII f. (nur theilweise); Du Méril a. a. O. 337 f. P. Meyer a. a. O. S. 15—17. Bloss die provenzalischen Strophen Chrest. 18—18.
[3] Gedruckt Raynouard 2, 146—151 mit dem lateinischen Texte, vgl. S. CXLVI bis CXLVIII. Variétés religieuses ou choix de poésies provençales avec notes, Aix 1849. S. 183 ff. Société agricole et littéraire des Pyrénées orientales, Perpignan 1866, XIV, 174 ff. P. Meyer in der Revue des sociétés savantes des départements, 4e série, V, 299—301. Chrest. 21—24. [4] Herausgegeben von G. Paris im Jahrbuch 4, 311—317. Chrest. franç. 2e éd. 49—52. [5] Im französischen *Seignos barun*.

diese Aufzeichnungen verschiedener Jahrhunderte beweisen, wie lange das Gedicht im kirchlichen Gebrauche blieb: dies bestätigt auch das Zeugniss des Nostradamus für Aix[6]. Benutzt wurde der Planctus in der Sancta Agnes[7], was die Popularität desselben am Anfange des 14. Jahrhunderts beweist.

Von einer zweiten derartigen Epistel, auf den Evangelisten Johannes[8], besitzen wir nur die zwei ersten Strophen, die beiden ersten Zeilen der ersten sind dazu unleserlich. Die Einrichtung und Form ist ganz dieselbe, auch sie begann wahrscheinlich mit *Senhors*[9].

Ein provenzalischer Zwischengesang in der Weihnachtsmesse, bestehend aus sechs zehnsilbigen Versen, ist in der mehrfach erwähnten Hs. von St. Martial erhalten[10]. Er wurde nach einem Stücke in sehr hoher Tonart gesungen, daraus erklärt sich der Ausdruck ‚ich bin etwas müde, denn zu hoch war die Melodie'[11].

Von mehreren geistlichen Liedern, deren Alter sich nicht genau feststellen lässt, die aber jedenfalls sehr verbreitet und populär waren, sind in der Sancta Agnes die Anfangszeilen bewahrt. Das eine beginnt *Bel seiner paire glorios Cui tot quant es den obesir*[12]; ein zweites *Ahu non ti quier que mi fasas perdo D'aquest pecat seyner qu'ieu hanc feses*[13].

Wenn diese und mehrere der erwähnten vielleicht auch erst der folgenden Periode angehören, da die Handschriften nicht über das 12. Jahrhundert zurückreichen, so bezeichnen sie doch den Charakter der ältesten geistlichen Dichtung in lyrischer Form.

§. 11.

Die didaktische Dichtung dieses Zeitraums beschränkt sich auf die geistliche Lehre: es galt dem Laien in ihm verständlicher und leichtfasslicher Form die Glaubenslehre beizubringen. Diesem Zwecke dient ein Glaubensbekenntniss, in Versen von ungleichem Masse. Es findet sich auf die leeren Blätter eines Horaz und Persius des 12. Jahrhunderts (Pariser Bibliothek, suppl. lat. 1743) eingetragen[1]. Daran schliesst sich unmittelbar, wohl von demselben Verfasser herrührend, und auch in ähnlicher Mischung der Versmasse, ein Beichtbekenntniss[2]. Zweifelhaft ist bei beiden Stücken das Alter, und vielleicht sind sie erst zu der folgenden Periode zu rechnen.

---

[6] Vgl. Sancta Agnes S. XX, Anm. 1. [7] V. 1420—27; vgl. S. XX—XXIII. [8] Erhalten in der Aufzeichnung d der Epistel von St. Stephan, gedruckt Société agricole etc., Meyer a a. O. 300 f. [9] Der erste Buchstabe ist *S*. [10] Gedruckt im Parn. Occ. XX. Rayn. 2. 131. P. Meyer, Anciennes poésies S. 16. [11] *Un pauc soi las, que trop fo aut lo sos*. [12] Sancta Agnes V. 1388, vgl. S. XXIII f. [13] V. 1022, doch vgl. S. XXIII.

§. 11. [1] Gedruckt bei P. Meyer, Anciennes poésies S. 6—10. [2] Bei Meyer a. a. O. S. 10—14; ein Stück daraus Chrest. 19—22.

§. 12.

Das einzige prosaische Denkmal, wenn wir die Urkunden, die mit der Literatur nichts zu thun haben, bei Seite lassen, ist die Uebersetzung des 13. bis 17. Capitels des Evangeliums Johannis[1], welche C. Hofmann in einer Hs. des British Museum (Bibl. Harl. 2928, 11. bis 12. Jahrhundert) entdeckte und herausgab. Auf dem drittletzten Blatte der Hs. findet sich ein Eintrag von jüngerer Hand, auf das Jahr 1135 bezüglich. Nach P. Meyer[2] ist das Denkmal in waldensischem Dialekte geschrieben. Wenn dies richtig, dann beweist schon vor der Gründung der waldensischen Secte dieses Bruchstück ein auf Popularisierung der heil. Schrift gerichtetes Bestreben im 11. Jahrhundert.

§. 13.

Die Denkmäler der ersten Periode zeigen die Sprache noch im Werden; häufig werden noch halb- und ganzlateinische Worte untergemischt. Noch hat sie keine Festigkeit erlangt, die mundartliche Färbung überwiegt: kaum ein Denkmal gleicht dem andern in seiner sprachlichen Gestaltung. Nichts deutet auf eine auch nur annähernd ausgebildete und allgemeine Literatursprache. Mehrere, dem Grenzgebiete der langue d'oc und langue d'oïl angehörend, schwanken zwischen den sprachlichen Erscheinungen beider Gebiete. Ueberhaupt waren die beiden Sprachen damals noch nicht so scharf gesondert wie in späterer Zeit.

In der Metrik finden sich die Hauptformen der jüngeren Poesie bereits vor. Der achtsilbige Vers, paarweise gereimt und zu vierzeiligen Strophen, oder mehrfach gereimt zu einreimigen Tiraden verbunden, steht mit der ältesten christlichen Hymnenpoesie, und diese mit dem römischen Volksgesange in Zusammenhang. Der zehnsilbige Vers, mit einer Cäsur nach der vierten, wenn weiblich, nach der fünften Silbe, hat nur an dieser Stelle und im Reime feste Accente, im Uebrigen ist er, wie die romanischen Verse überhaupt, nur nach Silben gezählt, wenn auch von allgemeinem rhythmischen Gefühl geleitet. Seltener verwendet werden der viersilbige, sechs- und siebensilbige Vers, der letztere nur in einer Nachahmung eines lateinischen Hymnus (§. 10, 2), der erstere nur in verdoppelter Form, oder, wenn einzeln, nur am Schluss der Strophe (§. 6, 2). Der Alexandriner kommt wohl kaum schon in diesem Zeitraume vor (§. 7). Der Reim ist überwiegend stumpf, häufig noch assonierend, aber schon in dem ältesten provenzalischen Denkmal, dem Boethius, von einer auffallenden Reinheit.

§. 12. [1] Gelehrte Anzeigen der kgl. bayr. Akademie 1858, Juli, S. 73—78, 81—85. Chrest. 7—16. Vgl. dazu Diez im Jahrbuch I, 363—366. Wenig correct bei Fr. Michel, Libri psalmorum versio antiqua gallica, Oxonii 1860. S. 309—376.
[2] Bibliothèque de l'École des chartes II, 5ᵉ série, p. 540.

Zweite Periode.
Das zwölfte und dreizehnte Jahrhundert.
§. 14.

Es ist das Zeitalter der Kreuzzüge, die Periode der reichsten Entfaltung aller geistigen und materiellen Kräfte des Mittelalters. Der Süden Frankreichs erfasste die Idee der Kreuzzüge gleich mit grosser Lebhaftigkeit. Der Träger der Zeitgedanken ist das Ritterthum, welches in Frankreich zur Ausbildung gelangte, und dessen Ideen bald ganz Europa durchdrangen und beherrschten. Es bildete eine überschwängliche Frauenverehrung zu einem förmlichen System der Liebeskunst aus. Die provenzalische Poesie, in welcher der Geist des romantischen Mittelalters sich zuerst entfaltete, erreicht in dieser Periode ihren Höhepunkt; doch lässt sich innerhalb ihrer ein Steigen und Absinken wahrnehmen. Um 1200 ist ihre Blüthezeit zu setzen: die Vollendung der dichterischen Form, die Ausbildung des Inhaltes der Lyrik kommt zum Gipfelpunkte der Verfeinerung. Mächtige Herren, Könige und Fürsten, beschützen die Dichtkunst und treten zum Theil selbst in die Reihen der Troubadours. Die Sänger ziehen von Stadt zu Stadt, von Land zu Land, überall wohl aufgenommen und geehrt. Wandernd gehen sie weit über die Grenzen des provenzalischen Sprachgebietes hinaus und tragen südfranzösische Poesie und Sitte nach fremden Ländern. Es ist das Zeitalter der vollendeten Kunstpoesie.

Das dreizehnte Jahrhundert bezeichnet das allmähliche Absteigen von dieser Höhe. Die politischen Verhältnisse sind die Hauptursache desselben. Die Fürsten, mehr mit dem Ernst der Zeit beschäftigt als zur Freude am Gesange aufgelegt, ziehen sich mehr und mehr von der Theilnahme an der Poesie zurück. Daher häufen sich die Klagen der Dichter über abnehmende Förderung. Der Albigenserkrieg vernichtet den inneren wie den äusseren Frieden des südlichen Frankreichs. Doch schon in der Poesie selbst lagen die Keime ihres Verfalls. Sie hatte eine Subtilität des Inhalts und der Form erreicht, deren Ueberbietung nothwendig zum Ungeschmack führen und einen Sturz nach sich ziehen musste. Ueberkünstlichkeit der Form neben Leere des Inhalts ist der vorherrschende Charakter. Mit dem Ernste der Zeit schlägt aber auch die Poesie ernstere Töne an, sie predigt mit zürnender und strafender Stimme. Seit der Mitte des Jahrhunderts wendet man sich mehr der wissenschaftlichen Poesie zu: grosse Lehrgedichte, die encyklopädisch das ganze Wissen der Zeit umfassen, entstehen; Gelehrsamkeit sucht den Mangel an Poesie zu ersetzen. Daneben wird die Legende und die Prosa cultiviert, und damit kehrt die

Literatur zum Charakter des vorigen Zeitraums zurück, ohne dessen Einfachheit zu haben.

§. 15.

In der epischen Poesie begegnen wir hier zum ersten Male einem Denkmal aus dem Kreise der nationalen Sage, das in seiner Grundlage und seinen Quellen in den vorigen Zeitraum (§. 5) hinaufreicht.

Girart von Rossilho, von einem ungenannten Dichter, jedenfalls nach dem ersten Kreuzzuge, aber wohl nicht später als im Anfang des 12. Jahrhunderts verfasst: eine Perle im Kranze der epischen Dichtung Frankreichs und ein glänzender Beweis, dass Südfrankreich keineswegs unempfänglich für den Geist des Epos war. Den Inhalt bilden die Kämpfe zwischen Karl Martell, der durch Vermischung der Zeiten für Karl den Kahlen eintrat, und seinem Vasallen, dem Grafen Girart von Rossilho, das Unglück, die jahrelange Verbannung desselben, in welche sein treues Weib ihn begleitet, und die schliessliche Versöhnung mit dem König. Die Sprache ist von edler Einfachheit, die ganze Darstellung gedrungen und kräftig. Der mundartliche Charakter der Ueberlieferung weist die Heimat auf die Grenze beider Sprachgebiete. Wir besitzen eine vollständige, zwei unvollständige Handschriften und ein kleines Bruchstück [1]. A, Hs. der Bodleiana in Oxford, canon. misc. 63, 13. bis 14. Jahrhundert [2]. B, Pariser Hs. franç. 2180, anc. 7991. 7, zweite Hälfte des 13. Jahrhunderts: es fehlen etwa die ersten 500 Verse [3]. C, Londoner Hs., Bibl. Harleiana 4334, Anfang des 14. Jahrhunderts; nur 3529 Verse [4]. D, Fragment von Passy, 5 Blätter, Anfang des 13. Jahrhunderts, im Besitze von P. Meyer [5]. Von diesen ist nur B in rein provenzalischer Sprache, C und D fast ganz ins Französische umgeschrieben, A in einem Mischdialekte, der wahrscheinlich dem ursprünglichen am nächsten kommt, wie auch der Text von A der beste und vollständigste ist. Eine kritische Ausgabe steht noch bevor [6]. Nichts gemein hat mit dem provenzalischen Gedichte ein

---

§. 15. [1] Ueber das Verhältniss der Hss. vgl. P. Meyer im Jahrbuch 11, 121—142. [2] Abdruck der ersten 3190 Verse bei Mahn, Gedichte der Troubadours, Nr. 300 und 401. [3] Danach herausgegeben von C. Hofmann, Berlin 1855—57. Weniger correct von Fr. Michel. Paris 1856. Im Auszuge Lex. Roman. 1, 174—224. [4] Abdruck in Fr. Michels Ausgabe S. 285—326. [5] Abdruck eines Stückes im Jahrbuch 11, 126—128. [6] Versuch einer Bearbeitung nach mehreren Hss. im LB. 3—25. Chrest. 31—44. Eine Uebersetzung hat P. Meyer begonnen in der Revue de Gascogne, Bd. X. XI (Auch 1869—70); früher gab eine solche, aber sehr mangelhaft, Mary-Lafon in der Revue de Toulouse 1858. Vgl. über das Gedicht noch Fauriel, Histoire littéraire 22, 167—180. P. Meyer, Études sur la chanson de Girart de Rossilho, Bibliothèque de l'École des chartes 1859. Kannegiesser im Archiv für das Studium der neueren Sprachen 24, 369—384.

altfranzösisches des 14. Jahrhunderts in paarweise gereimten Alexandrinern, welches in zahlreichen Handschriften erhalten ist und auf einer lateinischen Chronik beruht [7], wie auch eine französische Prosa, welche 1447 Jehan Vauquelin übersetzte [8].

Aus dem Französischen ins Provenzalische übertragen [9] ist ein anderes Gedicht des karolingischen Sagenkreises, Fierabras, von dem es eine provenzalische Handschrift in der Wallersteiner Bibliothek zu Mayhingen gibt [10]. Ueber die Nichtursprünglichkeit des Provenzalischen waltet jetzt kein Zweifel mehr; die Veröffentlichung des französischen Originals hat das Verhältniss ins Klare gesetzt [11].

§. 16.

Die geschichtlichen Ereignisse dieses Zeitraums fanden ebenfalls ihr Spiegelbild in der Poesie. Am bedeutsamsten in ihren Wirkungen waren die Kreuzzüge und der Albigenserkrieg, daher wir mit ihnen die **historische Dichtung** beschäftigt sehen.

Guillem Bechada [1], aus ritterlichem Geschlechte in Limousin, verfasste frühestens 1118, sicherlich vor 1137, auf Veranlassung des Bischofs Eustorgius von Limoges [2] ein provenzalisches Gedicht, welches die Eroberung von Jerusalem durch die Kreuzfahrer zum Gegenstande hatte [3]. Zwölf Jahre verwendete er auf das Werk, welches uns leider nicht erhalten ist. Nach P. Paris [4] beruht ein Theil der französischen Geste des Schwanenritters, die Einnahme von Jerusalem, möglicherweise auf Guillems Werke.

Graf Guillem IX von Poitou, den wir als lyrischen Dichter kennen lernen werden, erzählte in gereimten Versen nach seiner Rück-

---

[7] Le Roman en vers très-excellent, puissant et noble homme Girart de Roussillon, publ. par Mignard, 1858, nach den Handschriften von Paris (suppl. français 254. 2), Sens und Troyes (Nr. 7421; vgl. dazu Littré's Recension im Journal des Savants, April 1859. Andere Hss. sind in Montpellier (Nr. 244 und 349), Brüssel (Nr. 823; Auszug danach in Mone's Anzeiger 4, 208—222) und Bern (Sinners Katalog 2, 185) [8] Wiener Handschrift 2549. [9] Wie ich schon 1855 für wahrscheinlich erklärte, I.B. X. [10] Entdeckt von Lachmann. Herausgegeben von J. Bekker, Abhandlungen der Berliner Akademie 1829, S. 129--278. Auszug im Lex. Rom. I. 290—314. [11] Ausgabe von A. Kroeber und G. Servois, Paris 1860. Dazu G. Groeber, Die handschriftliche Gestaltung der Chanson de geste „Fierabras", Leipzig 1869, und Jahrbuch 11, 219—224 (K.B.), Revue critique 1869, II, 121—126 (G. Paris). Vgl. noch Fauriel, Histoire littéraire 22, 190—212. Sachs in Herrigs Archiv 26, 141—165.

§. 16. [1] Histoire littéraire 10, 403 heisst er fälschlich Grégoire Bechade. [2] Er war Bischof 1106—1137. [3] G. cognomento Bechada de castro de Turribus, professione miles, subtilissimi ingenii vir, aliquantulum imbutus litteris, horum gesta praeliorum, materna, ut ita dixerim, lingua, rhythmo vulgari, ut populus plenius intelligeret, ingens volumen decenter composuit Gottfried von Vigeois. Hist. litt. 10, 553. [4] Histoire littéraire 22, 358.

kehr aus dem heiligen Lande in Gegenwart von Fürsten und Herren die Erlebnisse und Unglücksfälle seines Zuges von 1101 [5]. Auch von diesem Berichte, der vielleicht nur improvisiert war, hat sich nichts erhalten.

Die Frage ist aufgeworfen worden [6], ob es eine provenzalische *Chanson d'Antiocha*, über die Belagerung und Einnahme von Antiochien, (1098) gegeben, auf welche in der zweiten Hälfte des 12. Jahrhunderts Guiraut von Cabreira [7] und im Anfang des 13. die Albigenserchronik [8] anspielen. Indess beide Beziehungen sind mit grösserem Rechte, ebenso wie die meisten anderen der Troubadours, auf französische Chansons de geste zu deuten.

Erhalten ist dagegen die poetische Darstellung des Albigenserkrieges, in Alexandrinern von zwei Dichtern verfasst, von denen sich der eine Guillem de Tudela nennt. Beide unterscheiden sich sprachlich und metrisch, letzteres dadurch, dass der Halbvers, welcher die Tiraden schliesst, beim ersten Dichter mit der folgenden Tirade gereimt, beim zweiten, ungereimt, dem Inhalte nach im ersten Verse der nächsten Tirade wiederholt wird [9]. Die einzige Handschrift befindet sich in Paris, La Vallière 91, anc. 2788 [10]; ein Fragment einer zweiten besass Raynouard [11]. Als secundäres Hilfsmittel dient die prosaische Auflösung (§. 40), welche auf einen vollständigeren Text hinweist.

Wir schliessen daran ein dem Inhalte nach verwandtes Denkmal, ein Ketzerverhör, welches ein Mönch Izarn mit einem albigensischen Ritter Sicart de Figueiras vornimmt, der sich schliesslich auch zur Reue bekehrt. Es führt in der einzigen Hs. La Vall. 14, Bl. 122, die Aufschrift *Las novas del heretge* [12], und ist in Alexandrinern verfasst, mit derselben metrischen Eigenthümlichkeit, die der erste Verfasser der Albigenserchronik zeigt, jedenfalls von einem Zeit-

---

[5] *Iherosolymis vero dux ... miserias captivitatis suae, ut erat jocundus et lepidus, postmodum prosperitate fultus, coram regibus et magnatis atque christianis coetibus, audienter retulit rhythmicis versibus cum facetis modulationibus* Orderic. Vital. VI, p. 793. [6] Histoire littéraire 22, 354 f. [7] Denkmäler 91, 25 *d'Antiocha non sabs re ja.* [8] V. 28 f. *Senhors, esta canso es faita d'aital guia com sela d'Antiocha e ayssis versifia.* [9] P. Meyer, Recherches sur les auteurs de la chanson de la croisade Albigeoise, Bibliothèque de l'École des chartes 6ᵉ série, T. 1. Dazu Cénac-Moncaut, De la véritable origine de l'auteur de la cansos de la crozada, L'investigateur 1868, und Lettre à Mr. P. Meyer sur l'auteur de la chanson de la croisade Albigeoise en particulier et sur certains procédés de critique en général. Paris 1869. 8. [10] Ausgabe von Fauriel in der Collection des documents inédits. Paris 1837. 4; im Auszuge Lex. Rom. 1, 225—289. Ein Stück Chrest. 179—186. Vergl. noch Fauriel, Histoire littéraire 22, 240—258. G. Guibal, Le poème de la croisade contre les Albigeois, Toulouse 1863, und dazu Heidelb. Jahrbücher 1865, Mai. [11] Lex. Rom. 1, 226. [12] Ein Stück daraus LB. 123—127. Chrest. 185—190. Im Auszug bei Raynouard 5, 228—234.

genossen, wahrscheinlich dem Prior Izarn, auf welchen jene Chronik[13] sich beruft.

Der zweiten Hälfte des 13. Jahrhunderts gehört die gleichfalls von einem Zeitgenossen verfasste gereimte Darstellung des navarrischen Krieges von 1276 und 1277 durch Guillem Anelier aus Toulouse, den wir auch als Lyriker kennen[14]. Das weitläufige Werk steht an Lebendigkeit der Darstellung hinter der Albigenserchronik sehr zurück, der es auch im Interesse, das der Stoff erweckt, nicht gleichkommt.

§. 17.

Die Thiersage wird zwar von den Troubadours oft in Bezug genommen, indem *Rainart* und *Isengri* sprichwörtlich häufig erwähnt werden[1]; aber nichts beweist die Existenz von provenzalischen Dichtungen dieses Sagenkreises. Seine Pflege fand er vielmehr in Nordfrankreich, wo er zum ausgebildeten Epos sich entfaltete. Bemerkenswerth ist jedoch ein provenzalisch geschriebener kleiner Abschnitt, welcher in einigen Hss. sich findet[2]. Hier ist wohl absichtlich von dem französischen Dichter dem aus Granmont kommenden Bruder Bernart, der den zum Tode bestimmten Reinhart losbittet, das südliche Idiom in den Mund gelegt.

§. 18.

Die höfische Erzählungskunst griff nicht nach nationalen Stoffen, sondern nach den Romans d'aventures. Unter diesen nehmen die Erzählungen von *Artus* und der Tafelrunde die oberste Stelle ein. Artus, der Nationalheld von Wales, wurde zum idealen Mittelpunkte des Ritterthums: seine Tafelrunde vereinigte die Ideale ritterlicher Tapferkeit und Höflichkeit. Von Wales wanderten jene Erzählungen nach der Bretagne und kamen von da nach Nordfrankreich, wo Crestien de Troies (zweite Hälfte des 12. Jahrhunderts) ihr Hauptbearbeiter und Verbreiter wurde. Durch Vermittelung Nordfrankreichs wurde auch der Süden damit bekannt, doch hat er es zu selbständigen Dichtungen nur spärlich gebracht.

Der einzige erhaltene Roman dieses Kreises ist Jaufre, von einem ungenannten Verfasser nicht vor der Mitte des 13. Jahrhunderts verfasst, wie die Sprache beweist. Die einzige Beziehung darauf bei Lanfranc Cigala,

---

[13] V. 1887 *so me contec n Izarns qu'era adoncs prior de trastot vielh Mores.*
[14] Histoire de la guerre de Navarre, publ. avec une traduction, une introduction et des notes par Fr. Michel, Paris 1856. 4. (Collection des Documents inédits.)

§. 17. [1] Fauriel 3, 513. Andere Erwähnungen von *Rainart* sind bei Peire Cardenal, Rayn. 4, 346; Folquet de Romans, Lex. Rom. 1, 493; Guillem von Berguedan, Mahn, Gedichte 50; Serveri, ebend. 777; Flamenca 3695; von *Isengri* bei Peire Cardenal, Rayn. 4, 343. 361. [2] In den Hss. des fonds Cangé 68 und 195; in Chabaille's Supplément zum Roman du Renart, Paris 1835. S. 177. Dazu Jahrbuch 12, 1. Heft.

der Estout de Vertfoill, einen der Helden des Romans, erwähnt[1], stimmt zu dieser Datierung. Früher[2] deutete man mit Unrecht den nicht mit Namen genannten König von Aragon, an dessen Hofe der Dichter die Erzählung vernommen haben will, auf Petrus II († 1213), richtiger wohl auf Jacob I oder Petrus III. Der Stoff ist aus andern Bearbeitungen nicht bekannt und wahrscheinlich eine freie Erfindung des Dichters oder seines Gewährsmannes. Die Abenteuer des Ritters der Tafelrunde Jaufre, seine Liebe zu der schönen Brunessen von Monbrun, und deren schliessliche Erlangung bilden den Inhalt. Darin vorkommende Ortsnamen, wie Monbrun und Vertfoill, suchen die Geschichte auf südfranzösischem Boden zu localisieren, beweisen aber gerade dadurch die Erfindung. Erhalten ist das Gedicht in drei Handschriften: A, Pariser Hs. franç. 2164, anc. 7988; B, Pariser Hs. franç. 12571, anc. suppl. franç. 468; C, Vaticanische Hs. 3206, nur ein grösseres Bruchstück auf Bl. 84—99. Eine vollständige Ausgabe besitzen wir noch nicht[3].

Die öfter aufgeworfene Frage[4], ob Arnaut Daniel einen provenzalischen Lancelet verfasst habe, muss entschieden verneinend beantwortet werden. Denn das Zeugniss von Torquato Tasso kann nicht ins Gewicht fallen, und die Aeusserung Dante's, der Arnaut *versi d'amore e prose di romanzi* beilegt[5], kann höchstens beweisen, dass Arnaut wirklich noch Anderes als lyrische Gedichte verfasst hat.

Als Verfasser seiner Quelle nennt der Stricker, ein deutscher Dichter zwischen 1230 und 1250, in seinem Dauiel von Blumenthal[6] den Dichter des Alexander (§. 9), Alberich von Besançon[7]. Diese Angabe ist als eine Fälschung erwiesen[8]; aber damit fällt die Möglichkeit nicht weg, dass der Stricker eine südfranzösische Quelle benutzte; sie wird vielmehr durch die Betrachtung der Eigennamen seines Gedichtes zu hoher Wahrscheinlichkeit, denn Namen wie *Belamis, Matûr, Clûse, Madagran* finden ihre Erklärung in den provenzalischen *Belamis, Madur, Clusa, Matagram*; auch der Name *Valflur*, dem *Bluomental* entsprechend, kommt im Provenzalischen vor[9].

§. 18. [1] *et fuillas d'Estort de Vertfoill* Rayn. 2, 290. Mit *Estout* bei Guiraut von Cabreira (Denkmäler 90, 28) ist wohl nicht, wie Raynouard (a. a. O.) will, dieser gemeint. [2] Raynouard 2, 286 f. Histoire littéraire 22, 224. [3] Gedruckt, mit zahlreichen Lücken, Lex. Rom. 1, 48—173. Ergänzungen dazu gab C. Hofmann in den Sitzungsberichten der Münchener Akademie 1868, II, 167—198, 343-366. Ein Stück, nach allen drei Hss. bearbeitet, Chrest. 241—254. Vgl. noch Fauriel, Histoire littéraire 22, 224—234. [4] Ueber dieselbe vgl. Diez, Poesie der Troubadours 207—212. Fauriel, Histoire littéraire 22, 212—223. G. Paris in der Bibliothèque de l'École des chartes, 26e année, I, 250—254. C. Hofmann in den Münchener Sitzungsberichten 1870, II, 48—51. Vgl. auch Baechtold, der Lanzelet des Ulrich von Zatzikhofen 1870. [5] Purgatorio 26, 118. [6] Auszug desselben in meiner Ausgabe von Strickers Karl S. VIII—XXIV. [7] *von Bisenze meister Albrich der brâhte eine rede an mich ûs welhischer zungen* Germania 2, 29. [8] Durch Holtzmann, Germania a. a. O. [9] Vgl. meinen Nachweis, Germania 2, 451 f.

Noch wichtiger ist das Vorhandensein eines wenn auch nicht rein provenzalischen Perceval. Wolfram von Eschenbach nennt neben Crestien de Troies, dessen conte del graal wir besitzen, als zweite von ihm benutzte Quelle den Provenzalen Kiot d. h. Guiot [10]. Die Betrachtung der Eigennamen in Wolframs Parzival und Titurel [11] führt zu dem Ergebniss, dass das Gedicht Guiots auf der Grenze des nord- und südfranzösischen Sprachgebietes verfasst war, im Dienste Heinrichs II von England, aus dem Hause Anjou, weshalb der Dichter das Geschlecht der Gralkönige in Anjou heimisch sein liess, um seinen Gönner damit zu verherrlichen [12]. Die ältesten Beziehungen auf die Sage in Südfrankreich gehen ins zwölfte Jahrhundert zurück [13]. Von rein provenzalischen Namen ist der des Hundes *Gardeviaz*, d. h. *Garda-vias*, im Titurel zu nennen, den Wolfram durch *Hüete der verte* übersetzt [14].

Ganz ohne Anlehnung an einen bestehenden Sagencyclus ist der in einer Turiner Handschrift (E. II. 34) erhaltene Roman von Blandin de Cornoalha (Cornwallis) und Guilhem de Miramar [15], den schon Nostradamus kannte und erwähnt [16]. Den Inhalt bilden die Thaten der beiden genannten Ritter und ihre Liebe zu Brianda, beziehungsweise Irlanda. Das Werk des ungenannten Dichters ist von geringem Umfange und mittelmässigem Werthe.

Dagegen bietet ein anderer Roman ein zwar nicht stoffliches, wohl aber culturhistorisches Interesse: Flamenca, wohl nicht früher als um die Mitte des 13. Jahrhunderts verfasst, ebenfalls nur in einer einzigen Handschrift in Carcassonne erhalten [17]. Der Stoff beruht, trotz der vielen geschichtlichen Namen, die darin begegnen, auf keiner historischen Grundlage, sondern ist freie Erfindung des Dichters, der seinen Namen uns verschwiegen hat [18]. Der Hauptreiz liegt auf der sittengeschichtlichen Seite, in dem uns vergönnten Einblick in das Leben und Denken der damaligen Zeit. Die Erfindung selbst ist ziemlich dürftig, die Erzählung zieht sich sehr in die Länge; nachdem die Liebenden durch List an das Ziel ihrer Wünsche gelangt sind, erkaltet

---

[10] *Kiôt ist ein Provenzâl, der dise âventiur von Parzivâl heidensch geschriben sach. swaz er en franzoys da von gesprach, daz sage ich tiuschen fürbaz* Parz. VIII, 665—670. Vgl. IX, 605. 611. 662. XVI, 1205. [11] Vgl. meine demnächst erscheinende Abhandlung in der Germania. [12] Parzival I, S. XXVII—XXIX. [13] Die früheste bei Raimbaut de Vaqueiras, der auf Percevals Abenteuer mit dem rothen Ritter anspielt. Mahn, Werke 1, 366. [14] Parzival I, S. XXVIII. [15] Auszug im Lex. Rom. 1, 315—320. Vgl. dazu Histoire littéraire 22, 234—236. [16] Vies des plus celebres poëtes provensaux, S. 139. [17] Le Roman de Flamenca publié par P. Meyer, Paris 1865. 8. Dazu meine Kritik im Jahrbuch 7, 188—205. A. Tobler in Götting. Gel. Anzeigen 1866, S. 1767—90. A. Mussafia im Jahrbuch 8, 113—119. Auszug im Lex. Rom. 1, 1—47. Ein Stück in meiner Chrest. 287—292. Abhandlung in Histoire littéraire 19, 776—787. [18] Der V. 1740 genannte *Bernardet* kann nicht wohl der Verfasser sein.

das Interesse, und die neu angebahnten Verwickelungen, deren Ausgang nicht erhalten ist[19], vermögen nicht zu fesseln. Archambaut, ein Herr von Bourbon, gewinnt die Hand der schönen Grafentochter Flamenca, und schliesst sie aus Eifersucht ein, was aber nicht verhindert, dass ein Ritter, Guillem von Nevers, der sich in sie verliebt hat, doch zu ihr zu gelangen weiss. Die sinnreichen und subtilen Mittel, wodurch die Liebenden ihre Vereinigung bewerkstelligen, nehmen den grössten Theil des Gedichtes ein.

Noch haben wir von einem Romanstoffe Kunde, der in Südfrankreich ausserordentlich populär und verbreitet war. Er behandelt die Liebe eines Edelknappen Andrieu zu einer Königin von Frankreich, welche Liebe ihm das Leben kostete. Er wird von den Troubadours als Beispiel einer überschwenglichen, ja unsinnigen Liebe hingestellt[20]. Nostradamus führt Pons de Brueil, in welchem leicht Pons de Capdueil zu erkennen ist[21], als den Verfasser eines Romans *de las amours enrabyadas de Andrieu de Fransa*, qui mourut par trop aymer, (S. 83) an. Dies beruht auf einer Verwechselung: Pons de Capdueil führt nirgend Andrieu de Fransa an, wohl aber den Versteckmamen *Mon Andrieu*[22], woraus Nostradamus seine Notiz geschmiedet hat, indem ihn wohl das *mon* dazu veranlasste. Nostradamus bemerkt, er habe den Roman noch nicht wieder aufgefunden. Dass es aber Dichtungen über Andrieu gegeben, geht aus dem Ausdrucke Gaucelm Faidits *cel Andrieus qu'om romansa*[23] hervor; und dass sie provenzalisch waren, beweisen die zahlreichen Anspielungen der Troubadours, denen keine französischen gegenüberstehen.

Auch eine provenzalische Bearbeitung der Geschichte von Floris und Blancaflor muss es gegeben haben, da auf den Stoff schon die Gräfin Beatrix von Dia, die Geliebte des Grafen Raimbaut von Orange († 1173), anspielt[24], zu einer Zeit, die über die erhaltenen Bearbeitungen in französischer Sprache um mehrere Jahrzehnte hinaufreicht. Auf diese provenzalische Dichtung wird sich daher auch wohl Guiraut de Cabreira[25] beziehen.

§. 19.

So wenig wie in Bezug auf das Epos und den Roman, kann sich hinsichtlich der Novelle, provenzalisch *novas* oder *comte*, das südliche Frankreich mit dem nördlichen messen. Der reich entwickelten Literatur der Fabliaux und Contes, die sich durch gewandte und pikante Dar-

---

[19] Die Hs. bricht ab; auch der Anfang des Gedichtes, aber nicht viel, fehlt. [20] Eine Sammlung solcher Stellen bei Raynouard 2, 299—301. Fauriel 3, 497 f.; sie lassen sich aber bedeutend vermehren. [21] Diez, Poesie der Troubadours S. 212. [22] Mahn, Werke 1, 339. 345. Gedichte der Troubadours 1037, 7. [23] Raynouard 2, 300. [24] Mahn, Werke 1, 88. [25] Denkmäler 92, 33. Andere jüngere Erwähnungen bei Rayn. 2, 304 f. Fauriel 3, 459—461.

stellung auszeichnen, freilich oft auch ins Frivole und Obscöne verfallen, und deren Einfluss sich in allen mittelalterlichen Literaturen bemerkbar macht, steht eine spärliche provenzalische Novellendichtung zur Seite.

Der bedeutendste Novellendichter ist Raimon Vidal aus Besaudun, der in der ersten Hälfte des 13. Jahrhunderts lebte und dichtete. Von ihm besitzen wir drei Erzählungen. Castia-gilos, der bestrafte Eifersüchtige, in der Pariser Hs. La Vallière 14, Bl. 132 [1]. Der Dichter erzählt nach dem Berichte eines Jongleurs am Hofe des Königs Alfons von Castilien [2] einen Liebeshandel, welchen ein aragonischer Ritter, Bascol de Cotanda, mit Alvira, der Frau eines eifersüchtigen Landsmannes, Alfons von Barbastre, hat. Das Minnegericht, in zwei Handschriften erhalten [3], der Pariser La Vallière 14, Bl. 130, und der Vaticanischen 3206, Bl. 71—80, in letzterer unvollständig, eine mit Citaten aus Liedern der Troubadours durchflochtene Erzählung, bei welcher das Erzählte jedoch die Nebensache, die Liebeslehren die Hauptsache sind, hat demnach überwiegend literar- und culturhistorischen Werth. Der Dichter ist darin ein Vorgänger von dem *perilhos tractat d'amors* im Breviari d'amors. Als dritte kommt dazu eine didaktische Erzählung vom Verfalle der Poesie [4], in Form eines Gespräches, welches der Dichter mit einem ihn besuchenden Jongleur führt. Sie gehört nur ihrer Einkleidung nach hierher, dem Inhalte nach zu den Lehrgedichten. Der Dichter blickt zurück auf die vergangene Blüthezeit der Troubadoursdichtung; auch hier werden Stellen aus Liedern eingeflochten. Erhalten ist sie in der Hs. La Vallière 14, Bl. 136.

Ein zweiter Novellendichter ist Arnaut de Carcasses, also aus der Gegend von Carcassonne. In seinen *Novas del papagai* [5] spielt ein Papagei als Liebesbote und Liebesvermittler eine Hauptrolle; der Held ist ein Königssohn Antiphanor, und nach dem griechisch klingenden Namen dürfte man auf eine griechische Quelle schliessen, wozu auch das griechische Feuer [6] und die Rolle des Papageien stimmt. Vollständig erhalten nur in der Hs. La Vallière 14, Bl. 143, ein Stück des Anfangs auch in der Ambrosianischen Hs. R. 71 sup. Bl. 127.

---

§. 19. [1] Gedruckt Rayn. 3, 398—413. Galvani 391—409. LB. 29—34.
[2] Da seine Gemahlin Eleonore genannt wird (LB. 29, 22), so kann nur Alfons IX gemeint sein, der mit Eleonore, Tochter Heinrichs II von England, verheirathet war und 1188—1214 regierte. [3] Gedruckt nach der ersten bei Mahn, Gedichte 311; der Anfang nach beiden kritisch bearbeitet Chrest. 213—224. [4] Herausgegeben Denkmäler 144—192; im Auszuge bei Raynouard 5, 342—346, und danach Mahn, Werke 1, 250—254, von beiden fälschlich Peire Vidal beigelegt; vgl. P. Vidal S. XCV. [5] Herausgegeben LB. 25—29, Chrest. 253—290. Im Auszuge bei Raynouard 2, 275—282; überall nach der erstgenannten Hs. [6] *fuoc grezesc* Chrest. 257, 23.

Wiederum allegorischen und lehrhaften Charakter trägt eine Erzählung von Peire Guillem[7], vor 1253 verfasst[8], in der Pariser Hs. La Vallière 14, Bl. 147. Den Inhalt bildet eine Allegorie der Liebe, in deren Gefolge Frau Gnade, Scham und Leichter-Sinn auftreten. Die Erzählung, wie die übrigen in Reimpaaren von achtsilbigen Versen, aber hier mit kürzeren Versen untermischt, bricht unvollständig ab[9]. Ob einer der als Lyriker bekannten Peire Guillems, der aus Toulouse, oder der aus Lucerna gemeint ist, lässt sich nicht entscheiden.

Denselben Charakter hat die Erzählung eines Ungenannten vom Hofhalt der Liebe in der Hs. von Sir Thomas Phillips, früher in Middlehill, jetzt in Cheltenham, Bl. 30[10]. Auch hier werden die Eigenschaften der Liebe personificiert und es treten nach einander *Solatz, Ardimen, Cortezia, Largueza* u. a. auf.

Von einer Uebersetzung des Roman de sept sages, des berühmtesten Novellenbuches im Mittelalter, die sich in einer Handschrift zu Carpentras befinden soll[11], vermag ich Näheres nicht zu sagen: wenn sie provenzalisch ist, dann ist sie wohl aus dem Altfranzösischen übertragen.

§. 20.

Die geistlichen Stoffe in der erzählenden Poesie treten während der Blüthezeit der provenzalischen Literatur zurück und erst gegen das Ende dieses Zeitraums wieder mehr in den Vordergrund. Kein biblischer Stoff, weder des alten noch des neuen Testamentes, hat sich in dichterischer Bearbeitung erhalten. Ein Gedicht über die Passion verfasste Raimon Feraut, Mönch im Kloster Lerins: wir kennen es nur aus seiner Erwähnung, und wissen nicht einmal, ob es erzählend oder nicht vielmehr lyrisch war[1].

Die Marienklage, welche nach einem dem heil. Augustinus zugeschriebenen lateinischen Originale ein ungenannter Dichter in der zweiten Hälfte des 13. Jahrhunderts verfasste, trägt einen mehr lyrischen als erzählenden Charakter. Sie findet sich in drei Pariser Handschriften: A, La Vallière 14, Bl. 123; B, fonds franç. 1745, anc. 7693, Bl. 137; C, fonds Gaignières Nr. 41[2].

---

[7] In der Handschrift *Peire W.*, was man früher irrig für Peire Vidal nahm; vgl. LB. XI. P. Vidal S. XCIV. [8] Da König Thibaut von Navarra als noch lebend erwähnt wird. [9] Gedruckt Lex. Rom. 1, 405–417, und danach Mahn. Werke 1, 241–250. Ergänzungen und Berichtigungen aus der Hs. P. Vidal S. XCIV f. Ein Stück vom Anfang Chrest. 259–266. [10] Zum Theil gedruckt bei Mahn, Gedichte 279. LB. 31–38. [11] Libri's Bericht über seine Untersuchung französischer Provinzialbibliotheken im Journal des Savants, Januar 1842.

§. 20. [1] Lex. Rom. 1, 573 *cell que ... los verses del lay fetz de la Passion*. Der Ausdruck *lay* passt ebenso gut auf eine lyrische wie auf eine epische Behandlung. [2] Anfang *Ad honor de la trinitat*.

Dieselben drei Handschriften enthalten ein Gedicht über die **sieben Freuden Marias** von **Gui Folqueys**, dem nachmaligen Papste Clemens IV (1265—1271), welcher nach der Aufschrift der ersten Hs., nachdem er Papst geworden, demjenigen hundert Tage Ablass gewährte, der diese sieben Freuden hersagte [3].

Die zweite Handschrift (franç. 1745) enthält ein anderes Gedicht desselben Inhalts mit dem Anfang *E nom del payr' omnipoten* [4].

Auch die **Heiligenlegende** fand erst am Schlusse der Periode einige Pflege. **Bertran de Marseille** verfasste in der zweiten Hälfte des 13. Jahrhunderts, wie die Sprache ausweist, nach dem Lateinischen das Leben der heil. Enimia[5], auf Veranlassung des Priors des nach der Heiligen benannten Klosters am Tarn. Die einzige Hs. befindet sich in der Arsenalbibliothek zu Paris, ms. espagnol 7.

Am Ausgange des Zeitraums verfasste **Raimon Feraut**, dessen wir eben erwähnten, das Leben des heil. Honorat, des Schutzheiligen seines Klosters; vollendet wurde es im Jahre 1300. Er widmete sein nach dem Lateinischen gearbeitetes Werk der Gemahlin Karls II von Neapel, Maria. Abweichend von dem gewöhnlichen Gebrauche bediente er sich verschiedener Versmasse, sechs-, acht- und zwölfsilbiger Verse. Das Gedicht, welches nicht ohne dichterischen Werth ist, besitzen wir in vier Handschriften: 1. Pariser Hs. La Vallière 152; 2. franç. 13509; 3. franç. 2098, anc. 7958; 4. Hs. im Privatbesitze Raynouards. Eine Ausgabe mangelt noch [6].

Derselbe Dichter hatte schon früher ein Leben des heil. Alban, wahrscheinlich auch nach lateinischer Quelle, gedichtet, das aber nur aus der Erwähnung im Honorat bekannt ist [7]. Die Legende, eine Art mittelalterlicher Oedipussage und mit der von Gregorius auf dem Steine verwandt, ist von anziehendem Inhalt und insofern der Verlust des Gedichtes zu bedauern [8].

Ein Leben der **Maria Aegyptiaca** ist nur in spanischer Uebersetzung erhalten, deren Original wahrscheinlich auf der Grenze des provenza-

---

[3] Ein Stück vom Anfang, nach den ersten beiden Hss. bearbeitet, Chrest. 285—288. [4] Bl. 127—130; vgl. Catalogue des Manuscrits français, Paris 1868, I, 302. [5] Herausgegeben Denkmäler 215—270, und selbständig von C. Sachs, La vie de sainte Enimie, Berlin 1857. 8; vgl. dazu meine Recension, Germania 3, 383 f. [6] Einzelne Stücke daraus sind gedruckt im Catalogue de la Bibliothèque La Vallière 2, 243. Raynouard 5, 372—374. Lex. Rom. 1, 573 f. Sardou, La vie de S. Honorat, Coulommiers 1858. G. Paris, Histoire poétique de Charlemagne, Paris 1865, S. 496—500, vgl. S. 88. Chrest. 329—334, nach den ersten beiden Hss. bearbeitet. Ungenau ist die Notiz von Fauriel, Histoire littéraire 22, 236—240. Das Werk war auch Nostradamus bekannt; er erwähnt es S. 172.
[7] *cell que vole romansar la vida sant Alba* Lex. Rom. 1, 573. [8] Ueber die Legende vgl. R. Köhler in der Germania 14, 300—304.

lischen und französischen Sprachgebietes gedichtet war: die Reime weisen
auf die eine wie auf die andere Sprache hin ².

§. 21.

Der Schwerpunkt der Poesie dieser Periode liegt in der Lyrik,
nicht nur was die Zahl, sondern auch was die Bedeutung der Dichter
betrifft. Ihren Mittelpunkt bildet naturgemäss die Liebe, die in diesem
Zeitalter des Frauencultus zu einem vollständigen System, einer ars
amandi, ausgebildet wurde. Die Lyrik ist im Wesentlichen eine ritterliche:
Ritter sind zum grossen Theile die Dichter. Selbst Könige und Grafen
finden wir in ziemlicher Anzahl in den Reihen der Troubadours vertreten.
Durch diese unmittelbare Betheiligung der Fürsten am Gesange wurden
die Höfe die natürlichen Mittelpunkte der Poesie, sie ist daher im
eigentlichen Sinne eine höfische. Aber auch das Bürgerthum hat in
Südfrankreich ein bedeutendes Contingent von Troubadours gestellt, und
unter den bürgerlichen sind gerade die bedeutendsten Dichter. Seit
der zweiten Hälfte des 13. Jahrhunderts finden wir fast ausschliesslich
bürgerliche Sänger; die Fürsten und der Adel ziehen sich, hauptsäch-
lich in Folge der veränderten politischen Verhältnisse, von der Poesie
zurück, und die Städte mit ihrem erstarkenden Bürgerthum werden die
Pflegestätten der Dichtkunst.

Der höfische Kunstdichter hiess *trobaire*, obliq. *trobador*[1], von
trobar, finden, also Erfinder: diesen Namen verdiente, wer neue rhyth-
mische und musikalische Formen ersann und dadurch seinen Beruf als
schaffender Dichter bethätigte. In den meisten Fällen waren die Dichter
auch die Componisten ihrer Lieder: sie verfassten Text und Melodie;
von der Musik war damals jedes Lied unzertrennlich. Der Text hiess
mot, die Melodie *so*[2], entsprechend den deutschen Ausdrücken *wort*
und *wise*. Von manchen Troubadours, wie von Peire Vidal[3], wird be-
sonders hervorgehoben, dass sie gute Melodien machten, von andern
dagegen bemerkt, dass sie zwar gute Verse, aber schlechte Töne
dichteten, und wieder von andern, dass sie nicht zu componieren ver-
standen und die musikalische Begleitung von einem andern anfertigen
liessen.

Dem Troubadour gegenüber steht der Jongleur, provenzalisch *joglar*[4],
vom lateinischen *joculator*, der Spielmann. Dieser macht aus der Poesie

---

² A. Mussafia, Ueber die Quelle der altspanischen Vida de S. Maria Egipciaca.
Wien 1863. 8, und meine Recension im Jahrbuch 5, 421–424. Milá y Fontanals,
De los Trovadores en España, Barcelona 1861, S. 511.

§. 21. [1] Chrest. 75, 23. 111, 7. 279, 40. [2] *c'ajus oblidat los mot: el son*
Chrest. 81, 19. Unrichtig ist *mot* erklärt von Raynouard und Diez, Poesie der
Troubadours S. 106, Anm. [3] Biographie Z 5. [4] Chrest. 76, 6. 79, 19. 111,
7. 212, 8. 236, 3. 297, 13.

ein Gewerbe, das ihm seinen Lebensunterhalt verschafft; der Troubadour übt sie als freie Kunst, was jedoch nicht ausschliesst, dass auch er sehr gern Geschenke von seinem Gönner annimmt. Der Jongleur trägt die vom Troubadour verfassten Lieder und ebenso grössere und kleinere epische Gedichte vor; daher finden wir, dass mancher Troubadour einen oder mehrere Spielleute mit sich führte [5]. Am Schlusse des Liedes wendet der Dichter sich oft an den Spielmann mit dem Auftrage, sein Lied vor Jemand zu singen. Der Mangel an Mitteln veranlasste mitunter einen Troubadour, zu dem Leben eines Jongleurs herabzusteigen [6]. Aber der Kreis der Thätigkeit des Spielmannes geht viel weiter: er musste eine ziemlich bedeutende Anzahl musikalischer Instrumente spielen können und die verschiedensten Jongleurkünste verstehen, tanzen, Messer werfen, den Gesang der Vögel nachahmen, durch Reifen springen, Affen und Hunde mit sich führen, mit Marionetten allerhand Aufführungen veranstalten, um auf diese Weise das Publicum zu belustigen [7].

Guiraut Riquier wendet sich 1275 mit einem poetischen Bittgesuche an König Alfons X von Castilien, er möge die verschiedenen Classen von Menschen, die an der Dichtkunst betheiligt sind, durch besondere Namen unterscheiden. Er schlägt vor, diejenigen, die nur die erwähnten Gaukler- und Jongleurkünste treiben, nach italienischem Vorgange Buffos zu nennen, den Namen *joglar* auf diejenigen zu beschränken, die Erzählungen und Lieder Anderer vortragen; die Erfinder von Liedern und Melodien seien mit dem Namen *trobaire*, Troubadour, zu bezeichnen, und die vorzüglichsten unter ihnen, die in ihren Gedichten lehren, wie edle Höfe und hohe Thaten beschaffen sein müssen, durch den Namen *doctor de trobar*, Lehrer des Dichtens, zu ehren [8].

An beiden Classen, den Troubadours und Jongleurs, finden wir die Frauen betheiligt, als Kunstdichterinnen und als Spielweiber. Jene sind meist hochstehende Damen, wir finden unter ihnen mehrere Gräfinnen [9]; diese gehören den untersten Schichten an und standen in keinem besonderen sittlichen Rufe.

§. 22.

Die Jongleurs waren auch die Pfleger der Volkspoesie, des **Volksliedes**. Sie trugen an den Höfen wie auf den Märkten der Städte die nationalen epischen Gedichte vor, auch diese mit einer gewissen musikalischen Begleitung, namentlich der Geige oder Fiedel [1].

---

[5] So Guiraut von Borneil: Mahn, Werke 1, 184. [6] Wie Peirol that: Mahn, Werke 2, 1. [7] Guiraut von Calanson, Denkmäler 94—96. [8] Mahn, Werke 4, 163—182, mit dem vermuthlich auch von Guiraut verfassten Bescheide des Königs 182—191. Vgl. Diez, Poesie der Troubadours S. 75—83. [9] Die Gräfin Beatrix von Dia, eine Gräfin von Provence, eine Vizgräfin von Ventadorn.

§. 22. [1] *giga* Chrest. 292, 13. *viula* Lex. Rom. 5, 560.

Von volksthümlicher Lyrik hat sich so gut wie nichts erhalten: einige der von den Kunstdichtern gepflegten Gattungen beruhen indess auf volksthümlicher Grundlage, wir können sagen, alle diejenigen, in denen der Refrain ein wesentlicher und regelmässiger Bestandtheil ist; denn dem Volksliede vor allem ist der Refrain eigenthümlich[2]. Volksmässigen Charakter trägt ein lateinisch-romanisches Liedchen, das sicherlich in der Form und Melodie einem Volksliede nachgebildet ist, erhalten in einer Benedictbeurer Hs. des 13. Jahrhunderts[3]. Das Romanische schwankt zwischen Nord- und Südfranzösisch, doch ist letzteres wohl das ursprüngliche; der Text ist von dem deutschen Schreiber arg entstellt worden, die Reime sind mehrfach noch Assonanzen[4].

§. 23.

Die Kunstdichtung fand ihre hauptsächliche Pflege an den zahllosen kleinen Höfen des südlichen Frankreichs, aber auch an den spanischen Königshöfen von Castilien und Aragonien, bei den italienischen Fürsten und in Italiens aufblühenden Städten. In der Zahl jener kleinen Höfe nehmen einige eine hervorragende Stellung ein und bilden Mittel- und Centralpunkte der Poesie. Vor allen Toulouse, wo namentlich die Grafen Raimund V und Raimund VI als eifrige Förderer der Dichtkunst zu nennen sind. Ferner Montpellier, wo Graf Wilhelm VIII († 1204) gastlich aufnahm. In Rhodez Graf Hugo IV, der Freund von Uc de Saint Circ, und später Heinrich II, Gönner von Guiraut Riquier. In Marseille der Vizgraf Barral († 1192), der Beschützer und Freund von Peire Vidal und Folquet von Marseille. In Narbonne die Vizgrafen Amalrich IV und Almarich V, bei denen Guiraut Riquier in gutem Ansehen stand. Aber keiner ist vielleicht so gefeiert worden, wie Blacatz, der selbst Dichter war, wie sein Sohn Blacasset. Von mächtigeren Häuptern ist zu nennen König Heinrich II von England, dessen Gemahlin Eleonore von Poitou, die Tochter des Grafen Wilhelm IX, von den Troubadours viel gefeiert wurde. Unter seinen Söhnen waren der früh verstorbene Heinrich, und namentlich Richard Löwenherz Freunde der Poesie, der letztere dichtete selbst. In Italien bildeten die Höfe von Montferrat und von Este geistige Mittelpunkte, dort Markgraf Bonifaz II, hier Azzo VI und Azzo VII. Auch Friedrich II zog viele Troubadours an seinen Hof nach Italien. In Spanien sind es die Höfe von Aragonien, wo Alfons II und Petrus II, sowie Petrus III selbst dichteten, und von Castilien, wo Alfons III und Alfons VIII,

---

[2] P. Heyse, Studia Romanensia. Particula I. Berol. 1852. 8. [3] Carmina Burana, Stuttgart 1847, S. 167, Nr. 81. [4] Vgl. meinen Herstellungsversuch im Jahrbuch 12, 1. Heft.

namentlich aber Alfons X den Dichtern ein Asyl eröffneten; letzterer der sinkenden Zeit angehörig und in ihr ein glänzender Stern vor dem Untergehen.

§. 24.

Die Lieder der Troubadours sind uns in einer bedeutenden Reihe von Liederhandschriften aufbewahrt, von denen die älteren aus einzelnen Liederheften der Dichter, die jüngeren aus in einander verarbeiteten grossen Sammlungen, älteren Liederhandschriften, entstanden sind. Die Handschriften reichen in die Mitte des 13. Jahrhunderts hinauf, aber schon in der ersten Hälfte desselben wurden solche Sammlungen angelegt. Sie sind entweder sachlich oder nach Dichtern geordnet. Die sachlich geordneten zerfallen in drei Hauptabtheilungen: Canzonen, Sirventese und Tenzonen; man findet daneben kleinere Abtheilungen für Descorts und Klagelieder. Diese Anordnung haben die ältesten und werthvollsten Liederhandschriften; innerhalb der einzelnen Abtheilungen stehen die einem Dichter gehörigen Lieder zusammen. Die nur nach Dichtern geordneten haben keine bestimmte Reihenfolge, eine alphabetische Anordnung haben nur E und d.

Die Handschriften sind, nach dem ungefähren Werthe [1], den sie für die Kritik haben, bezeichnet, folgende:

A. Die Vaticanische Handschrift Nr. 5232, 13. Jahrhundert, 217 Pergamentblätter in Folio, mit Miniaturen von einem italienischen Künstler [2].

A*. Ein Pergamentblatt in Quart, 13. Jahrhundert, auf der Pariser Bibliothek, aus einer Hs., die mit A in nächstem Zusammenhange steht. Enthält den Schluss der Lieder von Elias Cairel, den Anfang von Albertet. Neuerdings angebunden an Hs. M.

B. Die Pariser, franç. 1592, anc. 7614; 13. Jahrhundert, 123 Pergamentblätter in Quart, für Miniaturen bestimmt, die aber nicht ausgeführt sind, überhaupt nicht vollendet, da die 21 Tenzonen, welche das Register enthält, gar nicht geschrieben wurden [3]. Wohl von demselben Schreiber wie A.

C. Die Pariser, franç. 856, anc. 7226, 14. Jahrhundert, 396 Pergamentblätter in Folio, mit zwei Registern, einem nach Autoren und einem alphabetischen [4].

D. Die Estensische, in Modena, 260 Pergamentblätter in Folio, mit einem angehängten Papiercodex. Der ältere Theil, vom Jahre 1254,

---

§. 24. [1] Nur ungefähr lässt derselbe sich deshalb angeben, weil je nach den benutzten Quellen die Liedersammlung eines Dichters in einer Hs. grösseren oder geringeren Werth haben kann und hat. [2] Beschreibung und Inhaltsangabe in Herrigs Archiv 34, 141—161. Dazu vgl. Jahrbuch 11, 19—21. [3] Beschreibung und Inhalt: Catalogue des Mss. français 1, 264—266. [4] Catalogue des Mss. français 1, 129—143.

— 28 —

besteht aus zwei Sammlungen, deren zweite (D¹) die erste ergänzt, dem *Tesaur* von Peire de Corbiac und einer Sammlung altfranzösischer Lieder. Der jüngere Theil enthält eine Sammlung von Liedern des Peire Cardenal (D²) und eine Blumenlese von Ferrari (D³)⁵.

E. Die Pariser, franç. 1749, anc. 7698, 232 Pergamentseiten in Quart, 14. Jahrhundert, mit Ausnahme der ersten sechs Dichter in alphabetischer Ordnung der Dichter, mit einer Sammlung von Biographien und Tenzonen⁶.

F. Die Hs. L. IV. 106 der Bibliothek des Fürsten Chigi in Rom, 102 Pergamentblätter in Quart, 14. Jahrhundert, bestehend aus einer Blumenlese und einer Sammlung von Liedern Bertrans de Born nebst Biographie dieses Dichters⁷.

G. Die Hs. R. 71 sup. der Ambrosiana in Mailand, 14. Jahrhundert, 141 Pergamentblätter in Quart, von denen die letzten elf jedoch von jüngerer Hand geschrieben sind⁸.

H. Die Vaticanische Nr. 3207, 14. Jahrhundert, 61 Pergamentblätter in Quart⁹, mit mehrfachen Lücken; mit biographischen Notizen über einzelne Dichter u. s. w.¹⁰

I. Die Pariser, franç. 854, anc. 7225, 13. Jahrhundert, 199 Pergamentblätter in Folio, mit Miniaturen. Ein Blatt fehlt zwischen 116 und 117¹¹.

K. Die Pariser, suppl. franç. 2032, ehemals Vatican. 3204, 13. Jahrhundert, 189 Pergamentblätter in Folio; nicht, wie Raynouard¹² will, eine Abschrift der vorigen, sondern beide aus derselben Vorlage stammend.

L. Die Vaticanische Nr. 3206, 14. Jahrhundert, 148 Pergamentblätter in Octav, nicht nur Lieder, sondern auch grössere Gedichte enthaltend, mit mehreren Lücken¹³.

M. Die Pariser, suppl. franç. 2033, ehemals Vatican. 3794, 268 Pergamentblätter in Quart, 14. Jahrhundert; mit Miniaturen und italienischen Randbemerkungen.

N. Die Handschrift von Sir Thomas Phillips, früher in Middlehill, jetzt in Cheltenham, ehemals Mac-Carty in Toulouse gehörig¹⁴, 14. Jahrhundert, Pergament in Quart, aus mehreren Theilen bestehend und von verschiedenen Händen geschrieben; enthält auch erzählende und didaktische Sachen.

---

⁵ Ad. Mussafia, Del codice Estense di rime provenzali, Vienna 1867. 8. ⁶ Catalogue des Mss. français 1, 304—309.   ⁷ Jahrbuch 11, 24—32.   ⁸ Archiv für das Studium der neueren Sprachen 32, 389—399.   ⁹ Raynouard 2, S. CLX gibt 134 Blätter an, wohl ein Irrthum, denn unmöglich kann so viel fehlen.   ¹⁰ Archiv 34, 385—392; vgl. Jahrbuch 11, 21—23.   ¹¹ Catalogue des Mss. français 1, 119—129.   ¹² Choix 2, S. CXLVIII.   ¹³ Archiv 34, 419—424; vgl. Jahrbuch 11, 23.   ¹⁴ Raynouard, 2, S. CLIX.

O. Die Vaticanische Hs. 3208, 14. Jahrhundert, 96 Pergamentseiten in Folio, mit mehreren vom Schreiber verschuldeten Lücken[15].

P. Die Laurenzianische, Plut. XLI, cod. 42, 14. Jahrhundert (1310), 92 Pergamentblätter in Klein-Folio, bestehend aus einer Liedersammlung, deren Schluss fehlt, einer Sammlung von Biographien, einer von Coblas esparsas, grammatischen, auch altfranzösischen Sachen[16].

Q. Die Handschrift 2909 der Riccardiana in Florenz, 14. Jahrhundert, 111 Pergamentblätter in Quart, mit Nachträgen des 14. und 15. Jahrhunderts auf leergelassenen Blättern[17].

R. Die Pariser Hs. La Vallière 14, früher 2701, um 1300 geschrieben, 147 Pergamentblätter in grösstem Folio, enthält ausser Liedern Biographien, didaktische und erzählende Gedichte, Briefe, auch Prosa[18].

S. Die Oxforder Handschrift, Douce 269, 14. Jahrhundert, 250 Pergamentseiten in Octav[19].

T. Die Pariser, suppl. franç. 683, früher 1091, 14. Jahrhundert, 280 Pergamentblätter in Octav, enthält ausser dem französischen Prosaroman von Merlin eine Sammlung Lieder von Peire Cardenal, dann von jüngerer italienischer Hand eine Sammlung (T*) von Liedern verschiedener Dichter, Tenzonen und Coblas[20].

U. Die Laurenzianische, Plut. XLI, cod. 43, 14. Jahrhundert, 143 Pergamentblätter in Quart[21].

V. Die Venezianische, Bibl. Marc. append. cod. XI, vom Jahre 1268, 125 Pergamentblätter in Folio, alt bezeichnet 24–129, also am Anfang und auch im Innern lückenhaft, mit schlechtem Texte trotz des Alters[22].

W. Die Pariser, franç. 844, anc. 7222, 13. Jahrhundert, 215 Pergamentblätter in Folio, eine altfranzösische Liederhandschrift, die aber auch, zum Theil von jüngerer Hand, provenzalische Lieder und Lais enthält[23].

X. Die Pariser, franç. 20050, sonst St. Germain 1989, 13. Jahrhundert, 173 Pergamentblätter in Octav, ebenfalls altfranzösische Liederhandschrift, mit einer kleinen Sammlung provenzalischer Lieder.

Y. Die Pariser, franç. 795, anc. 7192, 13. Jahrhundert, Folio, französisch, enthält auf einigen Vorsatzblättern provenzalische Lieder und Strophen[24].

---

[15] Archiv 34, 368—372; vgl. Jahrbuch 11, 23 f. [16] Archiv 33, 299 bis 304; vgl. Jahrbuch 11, 5–8. [17] Archiv 33, 412—420; vgl. Jahrbuch 11, 9—11. [18] Beschreibung und Inhaltsangabe am Schluss von P. Meyers Les derniers Troubadours de la Provence. [19] Beschreibung und Inhaltsangabe in P. Meyers 3e rapport sur une mission littéraire (1868) S. 164—167 und S. 251—266. [20] Vgl. Raynouard 2, S. CLIX. [21] Beschreibung und Inhalt Archiv 33, 284 bis 293; vollständiger Abdruck Archiv 35, 343—462; vgl. Jahrbuch 11, 5. [22] Beschreibung Archiv 35, 99; beinahe vollständiger Abdruck 36, 379—455; vgl. Jahrbuch 11, 59—61. [23] Catalogue des Mss. français 1, 98—105. [24] Catalogue

Z. Die Pariser, franç. 1745, anc. 7693, 14. Jahrhundert, enthält von lyrischen Sachen nur ein paar Marienlieder[25].

a. Die Handschrift 2814 der Riccardiana, Papier, besteht aus zwei Theilen, der vordere, 16. Jahrhundert, aus 3 unpaginierten Blättern und 251 Seiten, der hintere, 17. Jahrhundert, aus 40 Blättern, mit Biographien und Grammatiken. Theilweise Abschrift eines werthvollen von Bernart Amoros geschriebenen Codex, den Nostradamus kannte und benutzte[26].

b. Die Handschrift XLVI. 29 der Biblioteca Barberina in Rom, Papier, Bl. 1—6 im 18., Bl. 9—53 im 16. Jahrhundert geschrieben, der letztere Theil aus einer verlorenen reichen Hs. stammend[27].

c. Die Laurenzianische Handschrift, Plut. XC, inf. 26, 90 Papierblätter in Quart, 15. Jahrhundert, aus mehreren verlorenen Quellen zusammengestellt[28].

d. Der Papiercodex der Estensischen Handschrift (D), Bl. 262 bis 345 derselben umfassend, 15. Jahrhundert, in alphabetischer Reihenfolge der Dichter[29].

e. Die Handschrift XLV. 59, Papier, 18 und 258 Seiten in Quart, 19. Jahrhundert, von dem Bibliothekar Plà nach zum Theil verlorenen Quellen geschrieben, mit italienischer Uebersetzung[30].

f. Die Pariser, franç. 12472, ehemals Giraud gehörig, 14. Jahrhundert, 79 Blätter in Folio, Papier; von Nostradamus gekannt und benutzt[31].

g. Der Anhang von vier Blättern der Vaticanischen Hs. 3205, einer Abschrift von M, worin jener aus anderer Quelle stammende Anhang nicht vorkommt[32].

α. Die zahlreichen Strophen in dem tractat perilhos des Breviari d'amor[33].

β. Die Citate in zwei Erzählungen von Raimon Vidal (§. 19, Anm. 3 und 4).

γ. Die Pariser Hs., franç. 1049, anc. 7337, mit einem historischen Liede[34].

δ. Die Pariser Hs., franç. 12645, sonst suppl. franç. 184, altfranzösische Liederhandschrift, mit ein paar lyrischen Lais.

ε. Der Roman von Guillaume de Dole, in der Vaticanischen Hs. Reginensis 1725, mit zahlreichen Liederfragmenten, worunter auch ein paar provenzalische[35].

---

des Mss. français 1, 83. [25] Catalogue 1, 303. [26] Archiv 33, 427—433; Jahrbuch 11, 11—19. [27] Jahrbuch 11, 32—36. [28] Archiv 33, 407—412; Jahrbuch 11, 8 f. [29] Inhalt bei Mussafia a. a. O. S. 412—421. [30] Jahrbuch 11, 37—42. [31] Beschreibung und Inhaltsangabe in P. Meyers Les derniers Troubadours de la Provence. [32] Archiv 35, 96 f. [33] Zum grösseren Theile gedruckt in Mahns Gedichten der Troubadours 1, 181—217. [34] Catalogue des Mss. français 1, 179. [35] Jahrbuch 11, 159—167.

ζ. Die Berner Handschrift 389, Pergament, 13. Jahrhundert, altfranzösische Liederhandschrift, mit einem provenzalischen Liede.

η. Die Vaticanische Handschrift Reginensis 1659, mit einem ins Französische umgeschriebenen Liede[36].

ϑ. Die Venezianische Hs. der Marcus-Bibliothek, suppl. gall. VIII, mit einem in venezianischen Dialekt umgeschriebenen Liede[37].

ι. Francesco Barberino's Documentum amoris, mit einigen provenzalischen, andern ins Lateinische übersetzten Versen[38].

Eine kritische Ausgabe sämmtlicher Lyriker unter Benutzung aller dieser Quellen besitzen wir noch nicht. Die Texte, nach einzelnen Handschriften abgedruckt oder eklektisch bearbeitet, sind zum grössten Theile herausgegeben durch Raynouard[39], Rochegude[40], Galvani[41], Mahn[42], Brinkmeyer[43], Delius[44], Grüzmacher[45] und mich[46]. Kritische Bearbeitungen einzelner Dichter gibt es erst sehr wenige, so von Guiraut Riquier[47] und Peire Vidal[48]. Mehr ist nach der literarhistorischen Seite geschehen: hier sind, von den Darstellungen der gesammten Literatur durch Millot und Fauriel und den Arbeiten Raynouards abgesehen, vor Allem die Arbeiten von Diez zu nennen[49]. Von einzelnen Dichtern sind vollständig bearbeitet, mit mehr oder weniger Geschick, Bertran de Born[50], Cercamon[51], Garin der Braune[52], Gaucelm Faidit[53], Guillem von Berguedan[54], Guillem von Cabestaing[55], Guiraut Riquier[56] und Peire Vidal[57]. In

[36] Kellers Romvart 425. [37] Jahrbuch 8, 216—217. [38] Jahrbuch 11, 42—55. [39] Choix des poésies originales des Troubadours, Band 2—6, Paris 1816 ff. Lexique Roman, Band 1, Paris 1838. [40] Le Parnasse Occitanien, Toulouse 1819. [41] Osservazioni sulla poesia de' Trovatori, Modena 1829. [42] Die Werke der Troubadours, 1. 2. und 4. Band, Berlin 1846—55. Gedichte der Troubadours, 1.—4. Band, Berlin 1856—71. [43] Blumenlese aus den Werken der Troubadours, Halle 1849. [44] Ungedruckte provenzalische Lieder, Bonn 1853. [45] Im Archiv für das Studium der neueren Sprachen, Band 32—36. [46] Provenzalisches Lesebuch, Elberfeld 1855; 2. Ausg. Chrestomathie provençale 1868. [47] Durch Pfaff in Mahns Werken der Troubadours, Bd. 4. [48] Herausgegeben von K. Bartsch, Berlin 1857. Aeltere Versuche sind: Die Lieder Guillems IX, Grafen von Peitieu, von W. Holland und A. Keller, 2. Ausgabe, Tübingen 1850. Lieder Guillems von Berguedan, von A. Keller, Mitau 1849; vgl. zu letzteren C. Sachs im Archiv 15, 245—265. [49] Die Poesie der Troubadours. Zwickau 1826. Französisch von Roisin, Paris 1845. Leben und Werke der Troubadours, Zwickau 1829. Ganz unzuverlässig sind Nostradamus Vies des plus celebres poëtes provensaux, Lyon 1575, wiewohl er uns verlorene Quellen benutzte; auch die Artikel in den verschiedenen Bänden der Histoire littéraire de la France (Bd. 17—20) sind veraltet. [50] Mary-Lafon, Bertrand de Born. Tableau historique militaire et littéraire du 12e siècle, 2 Bände, Paris. Laurens, Le Tyrtée du moyen-âge ou histoire de Bertrand de Born, 1863. [51] Mahn, Der Troubadour Cercamon. Jahrbuch 1, 83—100. [52] Meine Abhandlung im Jahrbuch 3, 399—409. [53] A. Tobler, Ein Minnesänger der Provence. Neues Schweizerisches Museum, 5. Jahrgang, 1. Heft. [54] Meine Abhandlung im Jahrbuch 6, 231—278. [55] Der Trobador Guillem de Cabestanh, von F. Hüffer. Berlin 1869. Nebst Ausgabe seiner Lieder. [56] Meine Abhandlung im Archiv 16, 137—147. [57] Einleitung zu meiner Ausgabe.

besonderer Rücksicht und Beschränkung: die Troubadours von Béziers durch Azaïs[58], die Troubadours in Spanien durch Milá y Fontanals[59] und die letzten Troubadours der Provence, soweit sie sich in der Handschrift f finden, durch P. Meyer[60].

§. 25.

Die älteste und einfachste Dichtungsart in lyrischer Form hiess *vers*. Schon die allgemeine Bezeichnung, die nichts Anderes als Gedicht überhaupt ausdrückt, deutet auf die Entstehung dieser Dichtungsart in den Anfängen der Poesie hin, auf ihren Ursprung aus dem Volksgesange, dessen einfache Formen im provenzalischen *vers* noch oft durchschimmern. Eigenthümlich sind ihm der vorherrschende männliche Reim, die Verwendung des achtsilbigen Verses, wenig kunstvolle Strophenformen, und eine gedehnte Melodie, wie sie dem Volkslied aller Völker überhaupt eigen ist. Die Bemerkung mehrerer Biographien[1], dass zur Zeit der ältesten Troubadours es noch keine Canzonen gab, sondern dass alle Lieder *vers* genannt wurden, beruht auf einem richtigen Factum. Die Canzone, provenzalisch *cansos, chansos*[2], ist die eigentliche Form der höfischen Kunstlyrik; sie zeigt reicheren Wechsel zwischen männlichen und weiblichen Reimen, grössere Mannigfaltigkeit der Versmasse, unter denen namentlich der zehnsilbige Vers eine wichtige Stelle einnimmt; die Melodie war rascher und gedrungener. Aber diese Unterschiede wurden im Laufe der Entwickelung nicht immer beobachtet; die charakteristischen Merkmale beider Dichtungsarten schwanden mit dem Zurücktreten der Volkspoesie ganz aus dem Bewusstsein[3]. Den Inhalt beider Gattungen bildet vorwiegend die Liebe, doch darf der Vers auch andere Gegenstände, Moral, Zeitverhältnisse, Politik, umfassen; die Canzone erstreckt sich ausser der Liebe auf das Lob des Gönners, namentlich der Verstorbenen, und auf religiöse Dinge. Fast alle Dichter, von denen wir eine grössere Anzahl von Liedern besitzen, haben sich in beiden Arten versucht: in der Canzone sind die vorzüglichsten Meister Bernart von Ventadorn, Guiraut von Borneill, Peire Vidal, Folquet von Marseille, Gaucelm Faidit, Aimeric von Peguillan, Peirol u. A.

Eine andere Benennung für Canzone ist *chansoneta*[4], die sich in

---

[58] Les Troubadours de Béziers, 2e édition, Béziers 1869. [59] De los trovadores en España, Barcelona 1861. [60] Les derniers Troubadours de la Provence d'après le chansonnier Giraud (noch nicht erschienen).

§. 25. [1] So Marcabruns Biographie, Mahn, Werke 1, 48, und die von Peire d'Auvergne, 1, 89. [2] Chrest. 63, 13. 81, 22. 86, 1. 165, 17. 191, 38. 224, 14. 232, 38. 292, 5. 317, 31. [3] Bezeichnend in dieser Hinsicht sind die Aeusserungen von Aimeric de Peguillan, Mahn, Werke 2, 172. [4] Chrest. 28, 23. 115, 19. 211, 3.

Form und Inhalt, auch in Bezug auf Länge, gar nicht unterscheidet. Dagegen verstand man unter Halbcanzone, *meja chanso*[5], eine Canzone von geringerer Strophenzahl, kaum mehr als drei Strophen, und so scheint es auch *miey vers*[6], Halbverse, gegeben zu haben.

Dagegen ist die Liebe ausgeschlossen von der dritten Hauptgattung, dem *sirventes*, auch *serventes*[7] oder *sirventesc*[8], *sirventesca*[9] genannt. Es bezeichnet seiner Ableitung nach ‚Dienstgedicht', d. h. im Dienst eines Herrn gedichtetes Lied, und erstreckt sich auf den Ausdruck von Lob und Tadel in öffentlichen und privaten Angelegenheiten. Es behandelt daher politische Ereignisse, sittliche und religiöse Zustände, persönliche Verhältnisse des Dichters. Der Freimuth, mit welchem die Troubadours reden, machte das Sirventes zu einer gefährlichen und gefürchteten Waffe. Die Leidenschaft und persönlicher Hass drücken sich darin oft in schärfster und verletzendster Weise aus. Keine noch so hochstehende Persönlichkeit, kein Stand wird darin geschont. Auf dem Gebiete des politischen Sirventes steht unbestritten Bertran de Born obenan, wie auf dem des moralischen Peire Cardenal. Von glühender Leidenschaft erfüllt ist das Rügelied, welches Guillem Figueira gegen Rom schleuderte[10], und sehr fällt dagegen die Erwiderung ab, welche eine Dame versuchte[11]. Unter den persönlichen Rügeliedern verdienen die Satiren von Peire d'Alvergne[12] und des ihn nachahmenden Mönchs von Montaudon[13] auf die gleichzeitigen Troubadours wegen ihrer literarischen Bedeutung hervorgehoben zu werden. Häufig bestehen die persönlichen Angriffe nur aus einer einzelnen Strophe *(cobla)*, auf welche in gleichem Versmasse und gleichen Reimen erwidert ward[14]; dasselbe fand auch statt, wenn der Angreifende ein ganzes Lied auf seinen Gegner dichtete[15].

Die strenge Sonderung der Sirventes bezeichnen die Liederhandschriften schon dadurch, dass sie ihnen eine besondere Abtheilung zuweisen, während Canzonen und Verse unter einander gemischt werden. Gleichwohl versuchte man die widerstrebenden Elemente zu verbinden: Peire Vidal flicht in seine Liebeslieder politische Betrachtungen ein, und schliesst seine Sirventes mit Strophen zum Lobe der Geliebten. Man erfand daher den Ausdruck Sirventes-Canzone oder gemischte Canzone[16].

---

[5] Mahn, Gedichte 776. 901. [6] Mahn, Gedichte 776. [7] Chrest. 65, 11. 191, 40. 237, 1. 351, 7. [8] Chrest. 80, 23. [9] Raynouard 5, 67. Ueber das Sirventes vgl. José Coll y Vehi, la sátira provenzal, Madrid 1861. 4. Provenzalische Streit- und Rügelieder: Grenzboten 1869, Nr. 15. Eine Sammlung veröffentlichte Brinkmeyer, Rügelieder der Troubadours, Halle 1847. [10] Chrest. 195—202. [11] Gormonda von Montpellier: Raynouard 4. 319. [12] Chrest. 75—78. [13] Raynouard 4, 368. [14] Ein Beispiel Chrest. 156, 6—22. [15] Vgl. z. B. die beiden Sirventes von Uc de Mataplana und Raimon de Miraval: Archiv 34, 195. [16] *chanson sirventes* und *chans mesclatz*: Diez, Poesie S. 115.

Ein Sirventes von geringerer Strophenzahl hiess Halbsirventes, *mieg sirventes*[17].

Im Sirventes bildet eine besondere Unterabtheilung das Kreuzlied: theils bezieht es sich auf die Kämpfe gegen die morgenländischen Heiden, theils auf die gegen die Mauren in Spanien. Die provenzalischen Kreuzlieder sind ungleich feuriger und begeisterter als die französischen oder die deutschen. Peire Vidal, Pons de Capdoill, Raimbaut de Vaqueiras, Peirol, Gaucelm Faidit u. A. haben vorzügliche Kreuzlieder gedichtet.

Dem Gebiete des Sirventes gehört auch das Klagelied auf den Tod eines Gönners an, provenzalisch *planh*[18], später *complancha*[19]. Da die Gönner meist hochstehende Männer waren, so trägt es überwiegend einen politischen Charakter. Mehr privater Natur sind die Klagelieder um eine Geliebte[20] oder einen Freund[21]. Rein politisch, leidenschaftlich und heftig, ausserdem durch eigenthümliche Einkleidung hervorstechend sind die Klagelieder, die sich an den Tod von Blacatz anschliessen[22]. Das Versmass, in welchem die meisten Klagelieder gedichtet sind, ist der zehnsilbige Vers, der durch seine feierliche Haltung sich besonders dazu eignete. Mitunter bilden die Klagelieder eine besondere Abtheilung in den Handschriften[23].

Die vierte Hauptgattung der Lyrik ist die Tenzone, provenzalisch *tensos*[24], d. h. Streit, in dramatischer Form. Ein Dichter legt einem andern zwei Sätze vor, die in der Regel sich widerstreiten, und fordert ihn auf, sich für den einen zu entscheiden. Der Angeredete verficht seine Meinung, worauf der erste widerlegend antwortet: so streiten sie Strophe um Strophe, bis sie zuletzt einen oder mehrere Schiedsrichter bestimmen, die entscheiden sollen, wer Recht habe. Es kommen auch die Ausdrücke *contensos*[25] oder *jocs partitz*[26], getheiltes Spiel, auch *partimens* oder *partida* vor[27]. Die Tenzone heisst *tornejamens*, wenn mehr als zwei Theilnehmer streiten[28]; in diesem Falle sind der Sätze, die vertheidigt werden, so viel als streitende Personen. Der hauptsächlich behandelte Gegenstand ist die Liebe. Die ganze Gattung zeigt das dialektische Element, das auch sonst in der provenzalischen Lyrik hervortritt, am meisten entwickelt. Die aufgestellten Streitfragen selbst beweisen, dass man die Tenzone mehr als ein Spiel des Witzes betrachtete, als dass man ernstliche Fragen damit hätte lösen wollen[29]. Fast alle

---

[17] Raynouard 5, 124. Mahn, Werke 1, 311. Gedichte 328. [18] Chrest. 370, 27. 393, 35. [19] Nach dem französischen *complainte*: Chrest. 364, 37. 366, 6. [20] So von Pons de Capdoill: Chrest. 110, 29. [21] Wie von Guiraut de Borneill um Ignaure: Mahn, Gedichte 126. [22] Chrest. 203, 11. Rayn. 4, 68. 4, 70. [23] So in IK. [24] Chrest. 368, 29. [25] Chrest. 80, 28. [26] Chrest. 27, 6. Rayn. 4, 31. [27] Chrest. 369, 11. *partida* Guiraut Riquier 87, 7. 51. 91, 1. *partia* Rayn. 2, 198. [28] So heisst die Chrest. 151—154 gedruckte Tenzone in C. [29] Eine Auswahl solcher Streitfragen gibt Diez, Poesie S. 192 f.

bedeutenden Dichter haben sich auch in dieser Gattung versucht, die ihren Anfängen nach wohl schon in die vorige Periode zurückreicht. Die älteste Tenzone, die wir besitzen, ist die zwischen Graf Wilhelm IX von Poitou und dem Vizgrafen Eble von Ventadorn[30]. Unzweifelhaft rührt die Tenzone von mehreren Verfassern her; doch gibt es auch solche, die nur einen Verfasser haben, nämlich wenn der Dichter mit einem nicht lebenden Wesen, z. B. mit einem Mantel[31], ein erdichtetes Gespräch hat. In den Handschriften bilden die Tenzonen in der Regel auch eine besondere Abtheilung.

§. 26.

Einige Dichtungsgattungen beruhen auf volksthümlicher Grundlage: sie charakterisieren sich hauptsächlich durch den Refrain (§. 22, 2).

Die Romanze, von erzählendem Inhalt, aber in lyrischer Form, führt den Dichter in erster Person redend und erzählend ein: gewöhnlich berichtet er ein Liebesabenteuer, das ihm begegnet. Das älteste Beispiel ist ein sehr lasciv endendes Gedicht des Grafen Wilhelm von Poitou[1]; andere Belege gewähren Marcabrun[2] und Raimon der Schreiber[3]. Im Ganzen war die Gattung bei den Provenzalen nicht so beliebt wie bei den Franzosen, deren Lyrik überhaupt mehr Volksmässiges hat.

Ebenfalls echt volksthümlich ist die *balada* und *dansa*[4]; beide Namen bedeuten dasselbe: Tanzlied[5], nur sind *balar* und *dansar* verschiedene Arten des Tanzens, die sich verhalten wie im deutschen Mittelalter *reien* und *tanzen*. Sie bestehen meistens aus drei Strophen, denen ein Thema voraufgeht, welches am Schlusse jeder Strophe refrainartig in Form und Melodie aufgenommen wurde. Die meisten der uns erhaltenen sind von Guiraut d'Espagna verfasst[6], einige sind anonym, darunter auch eine sehr niedliche von einer Frau[7].

Auch die *retroensa*[8] entbehrt des Refrains nicht, und scheint davon ihren Namen, von *retroientia*, bekommen zu haben. Die wenigen erhaltenen Beispiele gehören sämmtlich der spätesten Zeit der Troubadourspoesie an: von Guiraut Riquier[9] und Johan Esteve[10]. Die *retroensa* entspricht der französischen *retrouange*, die auch eine populäre Gattung und sehr verbreitet gewesen zu sein scheint.

Die *alba*[11] schildert, gewöhnlich in dramatischer Form, das Scheiden der Liebenden beim anbrechenden Morgen und hat davon ihren

---

[30] Mahn, Gedichte 179. 298. [31] Gui de Cavaillon: Archiv 34, 416.
§. 26. [1] Heyse, Romanisch Inedita S. 9. Mahn, Gedichte 174. LB. 105.
[2] Chrest. 55. [3] Chrest. 309. [4] *balada*, Chrest. 239, 17. *dansa* 107, 35.
212, 5. 367, 1. *dansa* 367, 40. [5] Ein dritter Name scheint *balaresc* zu sein:
Denkmäler 88, 30. [6] Vgl. Nr. 244 des Verzeichnisses. [7] Chrest. 239, 37.
[8] Chrest. 80, 28. 212, 5. 275, 2. 370, 11. 18. [9] Chrest. 275, 2. Guiraut
Riquier 54. 55. [10] Parn. Occit. 347. [11] Vgl. meine Abhandlung über die

Namen[12]. Die Liebenden werden von einem Freunde, der Wache gehalten, damit sie nicht überrascht werden, oder von dem ins Geheimniss gezogenen Burgwächter geweckt, der durch seinen Ruf das Nahen des Morgens verkündet. In dem Refrain, der auch dieser Gattung ständig eigen ist, kehrt das Wort *alba* fast immer wieder und bildet den Schluss. Mehrere anonym überlieferte Albas haben ein besonders volksthümliches Gepräge[13]. Die späteren Dichter haben die Alba auch auf das religiöse Gebiet übertragen, und sogar schon Folquet de Marseille, wenn das ihm beigelegte Lied[14] wirklich von ihm herrührt. Der geistlichen Wendung des Tageliedes begegnen wir auch in der deutschen Poesie[15].

Eine nur durch ein Beispiel zu belegende Abart der Alba ist die *serena*[16], wie es scheint eine Erfindung von Guiraut Riquier und schwerlich volksthümlich. Sie schildert die Sehnsucht des Liebenden nach der verheissenen Liebesnacht. Sie ist wohl zu unterscheiden von der Serenade, der von Liedern begleiteten Abendmusik, die in den südlichen Ländern sehr verbreitet ist: diese der Geliebten von dem Liebenden dargebrachte Huldigung hat einen volksthümlichen Charakter und Ursprung.

Endlich die Pastourelle[17], provenzalisch *pastorela*, auch *pastoreta*[18], bei den Provenzalen weniger gepflegt als bei den Nordfranzosen, wo sie einen sehr hervortretenden Theil der Lyrik bildet[19]. Doch auch in der südfranzösischen Poesie ist sie sehr alt. In der Biographie Cercamons, eines der ältesten Troubadours (erste Hälfte des 12. Jahrh.), wird berichtet, er habe Pastourellen nach der alten Manier gedichtet[20]: darunter kann, wenn man die Zeit erwägt, nichts Anderes gemeint sein als Pastourellen in dem einfachen, volksthümlichen Tone, den so viele französische Pastourellen tragen, und der im 13. Jahrhundert, dem Zeitalter der ausschliesslichen Herrschaft der Kunstpoesie, für veraltet galt. Jenen alterthümlichen Pastourellen wird der Refrain, der in den französischen eine so grosse Rolle spielt, nicht gefehlt haben. Wie sie im Tone beschaffen waren, kann uns eine anonyme lehren, die allerdings in Form einer Balade verfasst, aber dem Inhalte nach eine Pastourelle ist[21]. Den Inhalt der Pastourelle bildet ein von dem

---

romanischen und deutschen Tagelieder: Album des literarischen Vereins in Nürnberg für 1865, S. 1—75. [13] *alba*, Morgenroth: Chrest. 97, 3. [13] Chrest. 97, 1. LB. 102, 45. 103, 7. [14] Mahn, Werke 1, 335; vgl. Album a. a. O. 13. [15] Album a. a. O. 65—74. [16] Chrest. 276, 32. [17] J. Brakelmann, Die Pastourelle in der nord- und südfranzösischen Poesie: Jahrbuch 9, 155—188. 307 bis 314, aber von unrichtigen Gesichtspunkten ausgehend. [18] Chrest. 212, 4. 369, 39. *pastoreta* Mahn, Biograph. 65. [19] Vgl. meine Altfranzösischen Romanzen und Pastourellen, Leipzig 1870. [20] *trobet vers e pastorelas a la usansa antiga* Mahn, Biograph. 65. [21] Diez, Altromanische Sprachdenkmäler S. 119.

Dichter mit einer Schäferin, *pastora*, angeknüpftes Liebesgespräch, daher verläuft sie in dramatischer Form, während sie erzählend, den Dichter redend einführend, anhebt. Spätere Dichter haben sie auch zur Politik verwendet, so Paulet de Marseilla[22], aber schon Guiraut de Borneill behandelt Zeitfragen und moralische Zustände darin[23]. Die sechs Pastourellen von Guiraut Riquier[24] bilden einen kleinen Schäferroman, der durch das Leben des Dichters sich hindurchzieht[25].

Eine Abart der Pastourelle ist die *vaquiera*, in welcher eine Kuhhirtin statt der Schäferin auftritt. Eine solche hat Johan Esteve gedichtet[26]: sie zeigt uns zugleich die geistliche Wendung, in die die sinkende Zeit umschlug, und die wir ebenso bei den Nordfranzosen treffen[27]. Andere Spielarten, die aber nur die Leys d'amors erwähnen, sind die *porquiera*[28], *auquiera, cabriera, vergiera, ortolana* und *monja*[29], je nachdem die betheiligte Schöne Schweine, Enten, Ziegen hütet oder eine Gärtnerin oder Nonne ist[30].

§. 27.

Während die eben besprochenen Dichtungsarten mit der Volkspoesie in nahem Zusammenhange stehen, weisen zwei andere Gattungen auf die kirchliche Dichtung als ihren Ausgangspunkt hin.

Die **kirchliche Liederdichtung**, die Lieder auf Maria und die Heiligen, hat keine bedeutende Pflege bei den Provenzalen gefunden. Sechs Lieder von einem ungenannten Dichter finden sich in einer Wolfenbüttler Handschrift (Extravag. 268) vom Jahre 1254[1]: sie verrathen einen nicht ungelehrten, wahrscheinlich geistlichen Verfasser, der in dem einen Liede[2] die sapphische Strophe nachbildet. Die meisten sind an Maria gerichtet, eins an Margareta, eines an die Apostel und Heiligen. Von Marienliedern erwähnen wir das von Peire de Corbiac[3], eines von Guillem d'Autpol[4], welches an die Alba anschliesst, und ein sehr schwungvolles in prächtiger vielbeliebter Form von einem ungenannten Dichter[5].

Lieder auf die grossen kirchlichen Feste kennen wir nicht, wiewohl es unzweifelhaft deren gegeben: nur ein **Weihnachtslied** von ziem-

---

[22] Mahn, Gedichte 314. [23] Mahn, Werke I, 198. 206. [24] Mahn, Werke I, 83—94. [25] Vgl. Diez, Leben und Werke der Troubadours S. 507—513. [26] Parn. Occit. 351; vgl. Leys d'amors 1, 346. [27] Romanzen und Pastourellen S. XIII—XV. [28] Eine solche, sehr unflätige, steht LA. 1, 268. [29] LA. 1, 346. [30] Als *monja* würden etwa die beiden Lieder, Romanzen und Pastourellen I, 33. 34 zu bezeichnen sein.

§. 27. [1] Herausgegeben von J. Bekker. Provenzalische geistliche Lieder des 13. Jahrhunderts (Abhandlungen der Berliner Akademie 1842) Nr. 15—20. [2] Nr. 16; dies und ein anderes (Nr. 17) in der Chrest. 271—274. [3] Chrest. 207, 1. [4] Rayn. 4, 473. [5] Denkmäler 63—71; vgl. Anmerk. zu 68, 26.

lich volksthümlichem Charakter und von einfacher Form findet sich in der Pariser Hs. La Vallière 152 [6].

Wichtiger ist eine zweite Dichtungsart, namentlich nach ihrer formellen Seite: das *descort* [7]. Es hängt zusammen mit den kirchlichen Sequenzen, welche im 9. Jahrhundert zuerst in Deutschland aufkamen, dann auch in Frankreich sehr beliebt wurden [8]. Ihre Eigenthümlichkeit besteht darin, dass sie nicht in gleichgebauten Strophen mit durchgehender Melodie, sondern in ungleichen Absätzen, von verschiedenen Versmassen und verschiedener Verszahl, von denen jeder seine besondere Melodie hat, gebaut sind. In sich aber ist jeder Absatz der Theilung fähig, fast regelmässig in zwei, selten in drei gleiche Theile; die zweitheiligen lassen oft eine weitere Gliederung in vier Theile zu. Die alte romanische Bezeichnung dafür ist *lais*, ein wahrscheinlich aus dem Celtischen entlehntes Wort [9], welches aber bei den Provenzalen fast immer einen allgemeinen Sinn, Gesang, hat und namentlich vom Gesange der Vögel gebraucht wird, selten im französischen Sinne einer bestimmten Dichtungsart vorkommt [10]. Zwei provenzalische Lais haben sich erhalten, jedoch in französischer Umschreibung [11]. Der gewöhnliche provenzalische Name ist *descort* d. h. Gedicht in abweichenden, nicht harmonierenden rhythmischen Absätzen. Jedenfalls erst hineingetragen ist die Beziehung auf die disharmonische Stimmung des Dichters, die in der Form ihren entsprechenden Ausdruck suchte [12]; daher dient es als Ausdruck unerwiderter Liebe. Aus diesem Grunde nennt ein Troubadour sein in Descortform gedichtetes Lied *acort*, weil er in Harmonie mit der Liebe und der Geliebten sich fühlt [13]. Ein Descort in verschiedenen Sprachen, aber mit Ausnahme der letzten in gleichgebauten Strophen, hat Raimbaut de Vaqueiras gedichtet [14], um durch die Sprachverschiedenheit den Mangel an innerer Harmonie auszudrücken.

§. 28.

Noch bleiben eine Anzahl künstlicherer und selten vorkommender lyrischer Formen zu erwähnen, die zum grösseren Theile ihren Namen mit Bezug auf den Inhalt tragen. Am wichtigsten darunter in literarischer Hinsicht ist die Sextine, eine besondere Art der Canzone, in welcher sechs Reimwörter in bestimmter Folge durch sechs Strophen sich ablösen und eine Runde bilden. Ihr Erfinder ist Arnaut Daniel,

---

[6] Von mir herausgegeben im Jahrbuch 12, 1. Heft. [7] Chrest. 205, 10. 292, 5. 368, 3. [8] Vgl. mein Buch Die lateinischen Sequenzen des Mittelalters, Rostock 1868, und F. Wolf, Ueber die Lais, Sequenzen und Leiche, Heidelberg 1841. [9] Diez, Etymologisches Wörterbuch 5 2. 365. [10] So Chrest. 292, 5, 7, an ersterer Stelle *descort ni lais*. [11] In Hs. d, zum Theil auch in W. [12] Chrest. 205, 10 *ja no foira descort s'eu acort trobes ab lais qu'eu am fort*. [13] Parn. Occit. 388. [14] Mahn, Werke 1, 371.

dessen Sextine [1] von mehreren Troubadours mit Beibehaltung der Reimworte nachgeahmt worden ist [2]. Die Italiener entlehnten sie den Provenzalen [3] und gaben ihr den Namen.

Das Sonett kennen wir nur aus zwei Beispielen eines provenzalisch dichtenden Italieners, Dante da Majano [4]: es ist den Italienern national eigenthümlich, wenn auch vielleicht unter dem Einfluss provenzalischer Strophenbildung entstanden [5]. Bei den Provenzalen bezeichnet *sonet* im Allgemeinen Melodie [6], also identisch mit *so* (§. 21. 2).

Die Rundcanzone, *canson redonda* [7], hat mit der Sextine die grösste Aehnlichkeit; auch hier lösen sich die Reime in fester Folge ab, nur bleiben die Reimworte nicht dieselben [8]. Auch diese Form haben die Italiener von den Provenzalen entlehnt [9].

Breu-doble [10] nennt Guiraut Riquier ein Gedicht in drei vierzeiligen Strophen und mit einem Geleit. Der Name bedeutet ‚Doppeltkurz' und bezieht sich auf die geringe Zahl von Strophen, aus denen das Lied, und die geringe Zahl von Versen, aus denen jede Strophe besteht. Die *esdemessa* ist wahrscheinlich eine volksthümliche Liedergattung, wie der Refrain des einzig erhaltenen Beispiels [11] vermuthen lässt. *Comjat* hiess ein Gedicht, worin der Dichter von seiner Herrin sich lossagte [12]; dieser Name war aber nicht an die lyrische Form gebunden, denn wir finden das Abschiednehmen auch in Briefform [13]. *Escondig*, d. h. Rechtfertigung, hiess ein Lied, worin der Dichter bei seiner Dame gegen Anklagen und Verleumdungen sich rechtfertigte [14]: *devinalh*, Räthsel, eins, das sich in Widersprüchen und Wortspielen bewegte [15]. Die Bezeichnungen *tornei* und *galambei* sind dem Turnier entlehnt [16]; der Name *carros*, Streitwagen, schildert die Dame, wie sie von andern Frauen, die eifersüchtig auf ihre Schönheit sind, in ihrer Burg bestürmt wird [17]. *Estampida* soll nach Raynouard [18] ein Lied auf bekannte Melodie bezeichnen: ein Beispiel liefert Raimbaut de Vaqueiras [19]. Der Ausdruck entspricht dem altfranzösischen *estampie*.

---

§. 28. [1] Chrest. 134, 7. [2] Von Guillem de Saint Gregori, Mahn, Gedichte 940, und Bertolomeu Zorgi, Mahn, Gedichte 573. [3] Vgl. Jahrbuch der deutschen Dantegesellschaft 3, 313. [4] Archiv 33, 411; das eine auch Chrest. 311. [5] Germania 2, 290. [6] Chrest. 78, 6. 99, 8. 187, 15. [7] Guiraut Riquier 27. [8] Beispiele im Jahrbuch für roman. Literatur 1, 186. [9] Jahrbuch der Dantegesellschaft 3, 315. [10] Chrest. 276, 11. [11] Rayn. 5. 447; vgl. noch Archiv 32, 408 *no fera un' esdemessa*. [12] Chrest. 193, 32. Rayn. 3, 242. 245. Parn. Occit. 264. Mahn, Werke 1. 327. [13] Lex. Rom. 1, 489. [14] Chrest. 109, 2; vgl. noch Leys d'amors 1, 348. 361. [15] *so es devinalhs* Mahn, Gedichte 98. Vgl. schon die ähnlichen Gedichte von Wilhelm von Poitou, Mahn, Werke 1, 3, und von Guiraut de Borneill, Gedichte 129. [16] Raimbauts de Vaqueiras Lied *El so que plus m'agensa*. [17] Chrest. 124—128. [18] Choix 2, 255. [19] Mahn, Gedichte 970. 971.

dem mittelhochdeutschen *stampenie*, und bezeichnet ursprünglich wohl ein Tanzlied²⁰. *Redondels*²¹ sind die französischen Rondeaux und scheinen daher erst in späterer Zeit entlehnt: mit den erwähnten Rundcanzonen haben sie nichts gemein. Mit ihnen verwandt sind die *mandelas*, die wir ebenfalls nur aus den LA. kennen²².

Eine Menge auf den Inhalt bezüglicher Dichtungsnamen führen die Leys d'amors²³ an, als *somis*, Träume, *vezios*, Visionen, *cossir*, als Ausdruck sehnsüchtigen Verlangens, *enueyz*, worin der Dichter alles Widerwärtige zusammenstellt²⁴, *desplazers*, mit ähnlichem Inhalt, Ausdruck des Missbehagens, *descomortz*, Ausdruck des Verzagens, *gilozescas*, Ausdruck der Eifersucht, u. s. w.

Bemerkenswerth ist endlich ein Gedicht von Raimbaut d'Aurenga²⁵, in welchem auf jede Strophe eine prosaische Zwischenrede folgt. Der Dichter weiss selbst keinen Namen für dieses sonderbare Product und nennt es daher am Schlusse sein „Ich weiss nicht was"²⁶.

§. 29.

Dem Inhalte nach zur Lyrik, der Form nach zur unstrophischen Dichtung gehören die Liebesbriefe, provenzalisch *breus*, *letras*¹. Die gewöhnliche Form, in der sie verfasst sind, sind Reimpaare von achtsilbigen Versen; Raimon de Miraval² verbindet nicht je zwei, sondern je drei Verse durch den Reim, und zwar ist der erste Vers immer ein viersilbiger, nur am Anfang fehlt er, daher hier nur ein einfaches Reimpaar. Sie heissen *salutz*³, wenn sie mit einem Grusse an die Geliebte anheben, und *domnejaire*⁴, wenn sie mit *domna* beginnen und ebenso schliessen. Das eine der so benannten Gedichte ist in strophischer Form, wie wir auch eine *salut* in strophischer Form besitzen⁵.

Der berühmteste Dichter von Liebesbriefen ist **Arnaut de Maroill**, ja vielleicht der erste, denn ein Raimbaut d'Aurenga beigelegter Brief ist nicht genügend bezeugt⁶. Von Arnaut besitzen wir folgende Liebesbriefe:

---

²⁰ Zum deutschen „stampfen" gehörig. Vgl. noch Leys d'amors 1, 350. ²¹ LA. 1, 350. ²² LA. 1, 152. 200; 1, 350 steht dafür falsch *viandelas*. ²³ LA. 1, 350. ²⁴ Solche haben wir mehrere vom Mönch von Montaudon; eins davon Chrestom. 130, 5. Auch ein catalanisches: Jahrbuch 2, 288—291. ²⁵ Chrest. 65, 9. ²⁶ *mon no sai que s'es* Chrest. 66, 24.

§. 29. ¹ *breus* Chrest. 90. 17. *letras* Lex. Rom. 1, 504 und öfter bei Guiraut Riquier. ² Denkmäler 127—131. ³ P. Meyer, Le salut d'amour dans les littératures provençale et française. Paris 1867. 8. ⁴ Archiv 34, 424. 427. Der Ausdruck *donaire*, den Rayn. 2, 258 erwähnt, kommt nicht vor. ⁵ *D'un salut mi voill entremetre* von Lambertin de Bonanel: Archiv 35, 100. ⁶ *Domna cel queus es bos amics* Archiv 35, 105 G.

Cel que vos es al cor plus pres Rc, anonym LQ. Archiv 34, 429 L.
R. 2, 258. 5, 46. M. 1, 173.
Domna, cel que no pot aver R.
Domna, genser qu'eu no sai dir GNRc, anonym L. LR. 119 R.
Chrest. 89 R. R. 3, 199. M. 1. 151. Galv. 239.
Tan m'abelis em platz c.
Totas bonas domnas valens R. (R. 5, 47. M. 1, 174.)
Ferner von Pons de Capdoill, dessen Autorschaft aber nicht sicher ist:
Domna, eu pren comjat de vos G; Folquet de Romans c, anonym
LN. LR. 1, 489;
von Raimon de Miraval:
Domna, la genser c'om demanda R. Denkm. 127—131; auch hier
kann man die Echtheit bezweifeln;
von Uc de Saint Circ, wenigstens anonym zwischen seinen Liedern
stehend:
Bela domna gaj' e valens L. Archiv 34, 432. MG. 1136;
und, am Schlusse dieses Zeitraums, Amanieu des Escas, mit zwei Liebesbriefen:
A vos que ieu am dezamatz R. LR. 1, 499. Milá 426.
Domna per cui planc e sospir R. R. 5, 20. Milá 422.
Endlich mehrere anonyme:
Ai doussa domna valens L 39ᵃ, L 49ᵇ. Arch. 34, 427. MG. 1007.
Als Domnejaire bezeichnet.
Bona dompna . . . . N 26, vermuthlich ein Brief.
Domna c'aves la seignoria N, wohl ebenso.
Domna, vos m' avetz et amors LNQ. Arch. 34, 424 N.
Eu aman jur e promet vos D¹G. Arch. 35, 105 G.
Si trobes tan lejal messatge L. Arch. 34, 430. Als Complainta bezeichnet.
Taus salutz e tantas honors V.

Ein Brief von Guillem de Berguedan an einen Freund und Gönner legt einen Liebeshandel vor, welchen der Dichter mit einer geliebten Dame hat[7]; auch die Entscheidung jenes Gönners, gleichfalls in poetischer Form, hat sich erhalten[8]. Andere persönliche Beziehungen behandelt Raimbaut de Vaqueiras in seinen an den Markgrafen Bonifaz von Monferrat gerichteten drei Briefen, die in epischem Versmasse je eine einreimige Tirade bilden[9]:
Honrat (Seigner) marques, nous voill tot remembrar CER. (R. 5, 426. MW. 1, 383.)
Valen marques, ja nom diretz de no CER. (R. 2, 260. 5, 425. MW. 1, 381.)

[7] *Amics seigner, nous o cal dir* R. Jahrbuch 6, 236. [8] *Ue fag un jutjamen* R. Jahrbuch 6, 237. [9] Er beginnt und schliesst mit *seigner*, wie man einen *domnejaire* mit *domna* beginnen und schliessen liess: Anm. 4.

Valen marques, seigner de Monferrat CER. (R. 5, 424. MW. 1, 380).
Noch andere Briefe werden wir unter den didaktischen Poesien erwähnen.

§. 30.

Der Einfluss, welchen die provenzalische Poesie auf die übrigen mittelalterlichen Literaturen ausgeübt hat, beschränkt sich auf die Lyrik, die ja auch in der Literatur der Provenzalen den Schwerpunkt bildet. Als die am frühesten entwickelte Lyrik hat sie ihren Charakter der Kunstlyrik der übrigen europäischen Culturvölker aufgedrückt. Zunächst der Lyrik der nordfranzösischen Trouvères. Diese ist im 12. und 13. Jahrhundert, im Inhalte wie in der Form, fast durchaus ein Spiegelbild der provenzalischen Lyrik, eine matte, verblasste Copie. Bei weitem nicht so bedeutend, bewegt sie sich in wenig individuellem Ausdruck der Empfindung und verlässt selten die breitgetretenen Geleise conventioneller Gedanken. Das Sirventes erscheint nur schwach cultiviert und hat nicht entfernt die politische Bedeutsamkeit wie im Süden. Selbständig ist die französische Lyrik dagegen auf den Gebieten, die dem volksthümlichen Elemente nahe stehen, hauptsächlich in der Romanze und Pastourelle [1]; die Balade tritt erst später auf, und hier wahrscheinlich unter italienischem Einfluss. Von den intimen Beziehungen beider Literaturen geben die in französische Liederhandschriften und Dichtungen [2] aufgenommenen provenzalischen Lieder Zeugniss; das Umgekehrte, dass französische Lieder in provenzalischen Handschriften sich finden, kommt viel seltener vor [3]. Den literarischen Verkehr zwischen Troubadours und Trouvères bezeugen die Strophen, welche Hugues de Bersie und Folquet de Romans mit einander wechselten [4].

Mittelbar durch die französische Lyrik hat die provenzalische Poesie auf die Lyrik der deutschen Minnesänger eingewirkt; aber auch eine unmittelbare Einwirkung vermögen wir wenigstens an zwei Dichtern nachzuweisen: Friedrich von Hausen und Graf Rudolf von Neuenburg, beide dem Ende des 12. Jahrhunderts angehörig, ahmten direct provenzalische Lieder nach, jener ein Lied von Folquet de Marseille [5], dieser Lieder von demselben Troubadour und dem gleichzeitigen Peire Vidal [6]. Friedrich von Hausen hat ausserdem in einem Liede genau eine ziemlich kunstreiche Strophenform von Bernart de Ventadorn nachgebildet [7]. Dass Deutsche auch in provenzalischer Sprache gedichtet, würde durch die oft besprochenen Verse, welche Nostradamus Kaiser

---

§. 30. [1] Daher mir diese besonders zu verdienen schienen, in eine Sammlung (Leipzig 1870) vereinigt zu werden. [2] Vgl. die Handschriften WXY*d̂z* unseres Verzeichnisses. [3] Ein paarmal in CR. [4] Archiv 84, 408. [5] Von mir nachgewiesen Germania 1, 480—492. [6] Vgl. meine Abhandlung: Zeitschrift für deutsches Alterthum 11, 145—162. [7] Berthold von Holle S. XXXVII f.

Friedrich I beilegt, erwiesen sein, wenn deren Echtheit über kritische Bedenken erhaben wäre [8].

Sehr bedeutend ist der Einfluss der Poesie der Troubadours auf die italienische. Derselbe zeigt sich in doppelter Weise. Italiener des 13. Jahrhunderts dichteten in provenzalischer Sprache: so König Friedrich III von Sicilien, der Venezianer Bertolomeu Zorgi, die Genuesen Bonifaci Calvo, Lanfranc Cigala, Simon Doria und Perceval Doria, der Mantuaner Sordel, unter allen wohl der berühmteste, der Pistojer Paul Lanfranc, der Ferrarese Ferrari, ferner Graf Albert von Malaspina, Markgraf Lanza u. A. Sodann verräth der Charakter der altitalienischen Lyrik, dass die Dichter an den Liedern der Troubadours sich bildeten, sie nachahmten [9], von ihnen die Kunstformen und technischen Ausdrücke entlehnten. Die älteste Hofpoesie, am sicilianischen Hofe, trägt diesen abhängigen Charakter am deutlichsten; aber auch die ältere Lyrik von Toscana verleugnet ihn nicht. Wir wissen, dass Dante ein eifriges Studium aus der provenzalischen Literatur machte, er nennt und citiert wiederholt Troubadours [10], ja er lässt einen derselben, Arnaut Daniel, in seinem grössten Werke provenzalisch redend auftreten [11]. Auch hat er, wenn die dreisprachige Canzone von ihm sein sollte [12], in Liedern sich der provenzalischen Sprache bedient [13]. Zwei provenzalische Sonette eines Zeitgenossen, Dante da Majano, wurden oben (§. 28, 4) angeführt. Nicht minder studierte Francesco da Barberino die Werke der Troubadours [14], und im 14. Jahrhundert Boccaccio und mehr noch Petrarca. Dass die italienische Poesie sich allmählich von diesem Einflusse frei machte, verdankt sie dem an der Antike sich bildenden Geiste ihrer Dichter.

Noch stärker steht unter dem provenzalischen Einflusse die catalanische Literatur [15]; ja wir können, was die ältere Zeit betrifft, geradezu sagen, dass sie nur einen dialektisch abweichenden Zweig der provenzalischen Poesie bildet. Die catalanischen Dichter des 12. Jahrhunderts bedienten sich der provenzalischen Sprache, so Guillem de Berguedan u. A. Erst in der zweiten Hälfte des 13. Jahrhunderts kommt die catalanische Mundart zu selbständigerer Geltung. Die catalanischen Lyriker des 14. und 15. Jahrhunderts zeigen nach Form und Inhalt die deutliche Einwirkung der provenzalischen Vorbilder [16].

[*] Nostradamus, Les vies des plus celebres poëtes provensaux S. 28. [9] Einzelne frappante Belege bei Diez, Poesie S. 277 ff. [10] In seinem Buche De vulgari eloquio und der göttlichen Comödie. [11] Purgator. 26, 140—147. [12] Ai fals ris per que trait aves: Fraticelli, opere minori 1², 219. [13] Ueber die von ihm benutzten provenzalischen Quellen vgl. meine Abhandlung im Jahrbuch der Dantegesellschaft 2, 377—384; vgl. auch Mahn, ebenda 1, 169—176. [14] Jahrbuch 11, 42—59.
[15] Vgl. F. R. Cambouliu, Essai sur l'histoire de la littérature catalane, 2ᵉ édit., Paris 1858. A. Helfferich, Raymund Lull und die Anfänge des catalonischen Literatur, Berlin 1858. Ebert im Jahrbuch 2, 241—279. Milá y Fontanals, ebenda 5, 137—170. [16] Bartsch, der catalonische Cançoner d'amor der Pariser

Endlich die portugiesische Lyrik[17]. In Portugal bildete sich um König Dionysius am Ende des 13. Jahrhunderts ein Kreis höfischer Dichter, und zwar höfischer im eigentlichsten Sinne, indem die Dichter Persönlichkeiten waren, die in nächster Beziehung zum Hofe standen. Auch diese Lyrik ist nach Inhalt und Form ein Abbild der Poesie der Troubadours.

Somit sehen wir keines der literarisch bedeutenden Völker des Mittelalters dem Einflusse der provenzalischen Dichtung entzogen, und die Wichtigkeit der südfranzösischen Lyrik gewinnt dadurch in den Augen des Forschers bedeutend. Ob dieser Einfluss durchweg ein günstiger war, ist freilich eine andere Frage, die hier zu untersuchen nicht der Ort ist.

§. 31.

Die didaktische Poesie[1] trägt in diesem dem Weltleben vorwiegend zugewandten Zeitalter auch vorzugsweise einen weltlichen Charakter. Sie geht darauf aus, den Menschen tugendhaft zu machen, ihm seine Pflichten vorzuhalten, aber doch mit nächster Beziehung auf seine Stellung in dem Weltleben, in der höfischen Gesellschaft, deren Mitglied er ist. Die Lehren sind entweder allgemein gehalten, allgemeine Tugendlehre und Ethik, oder es sind Anweisungen für einen bestimmten Beruf und Stand: diese letzteren (enseignamens) haben culturgeschichtlich den bedeutendsten Werth durch Züge, die das damalige Leben erläutern. Aber auch die wissenschaftlichen Gedichte mangeln nicht, sie entfalten sich zu völligen Encyklopädien des Wissens der Zeit.

Einen rein religiösen Charakter tragen die geistlichen Gedichte, welche in der schon oben (§. 27, 1) erwähnten Wolfenbüttler Hs. Extravag. 268 stehen: sie sind wie die lyrischen Sachen darin im Jahre 1254 von demselben Dichter verfasst, in Reimpaaren aus verschiedenen Versmassen, sechs-, acht- und zehnsilbigen Versen[2], und zwar 1—12 in sechssilbigen, 13—14 in achtsilbigen, 21—33 in zehnsilbigen. Es sind theils Anrufungen an Gott, Maria und die Heiligen, mitunter (11, 1—14) an eine ganze Reihe von Heiligen nach Art der Litanei, theils gereimte Predigten, und in diesen tritt natürlich der lehrhafte Zug stärker hervor. Von verwandtem Charakter ist ein kürzeres Gedicht, das in der Stockholmer Handschrift Nr. XLIV.

Bibliothek: Jahrbuch 2, 280—292.   [17] F. Diez, Ueber die erste portugiesische Kunst- und Hofpoesie, Bonn 1863.

§. 31. [1] Libri im Journal des Savants 1812, Januar, führt provenzalische Lehrgedichte als in der Bibliothek zu Carpentras befindlich an, aber ohne sie näher zu bezeichnen. Vermuthlich die Hs. des Breviari d'amors. [2] Herausgegeben von J. Bekker, Abhandlungen der Berliner Akademie 1842.

auf Bl. 116 sich findet[3]. und mit den Worten *Senors e domas, gran quonquist* beginnt.

Daude de Pradas, aus Rovergue, später Canonicus in Maguelonne, verfasste am Anfange des 13. Jahrhunderts in der üblichen Form der Reimpaare sein Gedicht von den vier Cardinaltugenden, welches sich in der Pergamenths. append. cod. XI der Marcusbibliothek zu Venedig, vom Jahre 1268, findet[4]. Seinen Namen nennt der Dichter am Schlusse, indem er sein Werk an den Bischof Esteve von Chalançon (1220—1236) sendet[5]. Die vier Tugenden sind *savieza*, Weisheit, *cortezia*, Höflichkeit, *mezura*, Mass, und *drechura*, Gerechtigkeit: sie werden sämmtlich persönlich aufgefasst und redend eingeführt. Der weltliche und höfische Zug der didaktischen Poesie macht sich schon hier geltend.

Dagegen versetzt uns wieder in die geistlichen und klösterlichen Anschauungen der Brief, welchen Matfre Ermengau aus Beziers, ein Minoritenbruder, an seine Schwester richtete[6]. Derselbe hat sich in fünf Handschriften erhalten: 1, British Museum, Reg. 19 C 1; 2, Pariser Hs. franç. 1745, anc. 7693, Bl. 136; 3, Pariser Hs. franç. 857, Bl. 235; 4, franç. 858, Bl. 246; 5, Wiener Hs. 2583. Anknüpfend an die Sitte, sich zu Weihnachten mit Honig und Meth, oder auch mit einem Kapaun, zu beschenken, deutet er diese Geschenke auf Christus, der uns zu Weihnacht gegeben wurde. Abweichend von der gewöhnlichen Form der Briefe bedient sich Matfre der zehnsilbigen, paarweise gereimten Verse, und nennt sein Werk *pistola*.

Eine Bearbeitung der Sprüche Salomonis lieferte in der zweiten Hälfte des 13. Jahrhunderts Guillem de Cerveira. Sein noch ungedrucktes[7], in paarweise reimenden und ausserdem auch in der Cäsur gereimten Alexandrinern verfasstes Werk ist in der Hs. franç. I (CIV. 6) der Marcusbibliothek erhalten: seine Aeusserung, dass er mit drei Königen gewaffnet über Meer gehen wolle, hat Heyse auf die Kreuzfahrt von 1189, Milá y Fontanals[8] mit grösserem Rechte auf den Zug Ludwigs IX von 1269 gedeutet. Der Dichter stammt aus einer edlen catalanischen Familie, in der allerdings ein Guillem schon 1149 vorkommt; allein das ist offenbar zu früh, und schon der catalanische Charakter der Sprache nöthigt uns ihn dem 13. Jahrhundert zuzuweisen.

---

[3] G. Stephens, Förteckning öfver de förnämsta Britiska och Fransyska handskrifterna uti kongl. Biblioteket i Stockholm, Stockholm 1847. S. 124. Hier als zwei Gedichte bezeichnet, es ist aber der Anfang des zweiten nur ein Absatz. Von mir herausgegeben im Jahrbuch 12, 1. Heft. [4] Jahrbuch 11, 60. [5] *Daude de Pradas mi trames.* Auszug aus dem noch ungedruckten Werke Lex. Rom. 1, 563—570. [6] Gedruckt nach den Hss. Reg. 19 C 1 und Pariser 1745 in Denkmäler S. 51—85; vgl. S. XIII f. [7] Ein Stück vom Anfang in P. Heyse, Romanische Inedita S. 13—20, ein anderes Chrest. 297—300. [8] Trovadores en España S. 353.

— 46 —

Am nächsten im Inhalt steht ihm, aber volksthümlicheres Gepräge trägt das unter dem Namen Seneca bekannte, richtiger aber *lo savi*", der Weise, zu benennende Werk von einem ungenannten Dichter, wohl in der zweiten Hälfte des 13. Jahrhunderts verfasst. Wir besitzen davon zwei verschiedene Recensionen, die eine in der Hs. der Arsenalbibliothek, espagnol 10 [10], die andere in der Biblioteca Chigiana zu Rom, C. V. 151 [11]. Die Texte weichen in der Reihenfolge der meist aus einfachen Reimpaaren bestehenden Sprüche sehr ab und ergänzen einander. Genau dasselbe finden wir im mittelhochdeutschen Freidank, mit dem nach Anlage und Charakter das Gedicht auffallend stimmt [12]. Auch es verarbeitet alte Volksweisheit und Lebenserfahrung, die sich häufig in Kernsprüchen ausdrückt. Die gelehrte Bildung des Verfassers, der Seneca und Salomo citiert, beeinträchtigt die populäre Haltung nicht. Noch im 14. Jahrhundert war das Werk gelesen und beliebt: die Leys d'amors citieren wiederholt Stücke daraus [13].

Der in diesen Werken hervortretende ethische Standpunkt herrscht auch in den *coblas esparsas*, d. h. einzelnen Strophen, die am nächsten verwandt mit der mittelhochdeutschen Spruchpoesie sind. Während aber die deutschen Dichter ihre Gedanken meist in wenige oft angewandte Strophenformen kleiden, wechselt hier fast überall die Form. Hauptvertreter sind **Bertran Carbonel** von Marseille und **Guiraut del Olivier** aus Arle, von denen die Hs. La Vallière 14, Bl. 111 und 112 eine ganze Sammlung solcher coblas enthält [14]. Die des ersteren finden sich auch grösstentheils in P, eine Anzahl in f, die des letzteren enthält zum kleinsten Theile auch f, mit einigen in R fehlenden [15]. Trotz der künstlichen lyrischen Formen birgt auch hier sich viel alte Volksweisheit, wie namentlich das häufige Vorkommen der Sprichwörter darin darthut. Andere coblas esparsas sind anonym, namentlich in den Handschriften P und T, überliefert.

§. 32.

Bestimmtere Anwendung auf einen besonderen Stand oder auf besondere und persönliche Verhältnisse, auf locale Sittenschilderungen finden wir dagegen in einer Reihe anderer lehrhafter Dichtungen, die bis ins 12. Jahrhundert hinaufreichen. Wenn sie auch im Ganzen allgemein gehalten sind und meist der lebhaften Localfarbe

---

[9] *aquest libre o nom lo savi* Denkmäler 215, 16.   [10] Danach herausgegeben Denkmäler S. 192—215, und Stücke LB. 148—149, Chrest. 333—336. Im Auszuge Lex. Rom. 1, 538—548.   [11] Jahrbuch 11, 32. Sancta Agnes S. II.   [12] Vgl. Denkmäler S. XX.   [13] LA. 3, 274—278; den Anfang 3, 288.   [14] Gedruckt Denkmäler S. 5—50, vgl. S. V—VIII.   [15] Statt *del Olivier* heisst der Dichter hier *de Loberier*; Meyer, Derniers Troubadours S. 514. Vielleicht ist daraus Nostradamus' *Hugues de Lobieres* (S. 84) entstanden.

entbehren, so mangelt ihnen doch nicht die besondere Beziehung, namentlich auf das höfische weltliche Leben.

Das älteste der hierher gehörigen Gedichte wird in den Handschriften [1] zum Theil als *enseignamen* d. h. als Unterweisung, Belehrung bezeichnet. Arnaut de Maroill, als Lieder- und Briefdichter bekannt (§. 29), ist der Verfasser. Sein Gedicht, welches allerdings auf alle Stände berechnet, aber mehr allgemein moralisierend gehalten als auf Einzelschilderungen des Lebens eingehend ist, findet sich in den Liederhandschriften D^aGIKNQRcd [2].

Zahlreicher sind die moralischen Dichtungen des 13. Jahrhunderts. An der Spitze steht, durch sittlichen Ernst und scharfe Beurtheilung hervorragend, Peire Cardenal, aus einer edlen Familie in Veillac. Von ihm gehört zunächst hierher ein in allegorisches Gewand gekleidetes Gedicht, eine Fabel, wie es scheint von eigener Erfindung, mit angehängter Moral. In einer Stadt fällt ein Regen, der alle Leute verrückt macht, nur Einer bleibt verschont und wird daher von den Uebrigen für verrückt erklärt [3]. Das Gedicht nennt sich *sermos*, Predigt: derselbe Name kommt auch einem zweiten zu, das in den Eingangsworten selbst an den Zusammenhang mit der Predigt erinnert [4] und in einer Form verfasst ist, die auch sonst in Lehrgedichten öfter begegnet: sie kommt schon in einem Gedichte des vorigen Zeitraums vor [5] und beruht auf volksthümlicher Grundlage. Die strophische Eintheilung, die die Handschriften haben, in 30 sechszeilige Strophen, ist jünger, die ursprüngliche Form ist strophenlos. Von demselben Dichter besitzen wir auch ein *estribot*, eine Dichtungsart, die sehr alt ist [6]. Die zwei uns erhaltenen Beispiele zeigen denselben Inhalt und die gleiche Form: sie sind allgemein moralisierend, in Alexandrinertiraden verfasst. Den Namen setzt Peire Cardenal mit *estrieup*, Steigbügel, in Verbindung; am Schlusse sagt er *mon estribot fenisc qu'ai tray de gramatica e de divinitatz ... qur ieu o dic per dieu qu'en sia plus amatz e per mal estribatz clergues* [7]. Ein zweites so benanntes Gedicht wird in einer Hs. Palais beigelegt, in einer zweiten steht es anonym [8]. Ein viertes Lehrgedicht von Peire Cardenal, beginnend *Cel que fe tot cant es* [9], hat die Form sechssilbiger Verse, die in den Lehrgedichten die beliebteste ist, und die von den Provenzalen auch die Italiener

---

§. 32. [1] So in den Hss. IKd. [2] Gedruckt Rayn. 4, 406. Mahn, Werke 1, 176. [3] Es steht in den Hss. IKRTd. Gedruckt LB. 122 IRT. Chrest. 171 IRT. Rayn. 4, 366. PO. 321. MW. 2, 189. Galv. 224. [4] *Predicator tieng per meillor* in D^aIKK^eTd. Gedruckt: Mahn, Gedichte 941 I. [5] §. 11. Vgl. P. Meyer, Anciennes poésies religieuses S. 4 ff. [6] *vers estribot ni sirventes* Raimbaut d'Aurenga Chrest. 65, 11. *bons estribots* Guiraut de Cabroira Chrest. 80, 27. [7] Parn. Occit. 324; nur in R erhalten. [8] *Un estribot farai don sui operculbutz* D^a, anonym Q. [9] Hs. R, Bl. 136.

entlehnt haben [10], aber bei Peire Cardenal nicht paarweise gereimt, sondern in vierfachen Reimen. Ein fünftes kann ihm nicht mit Sicherheit beigelegt werden, wiewohl die beiden Handschriften (D¹T) es mitten unter seinen Liedern haben: *De paraulas es grans viltatz* [11].

Der Italiener Sordel aus Mantua, ein Zeitgenosse des Vorigen, ist Verfasser eines für Ritter und Damen bestimmten Lehrgedichtes, welches in der Handschrift R 71 der Ambrosiana, Bl. 131—140 sich findet. Aus den Anfangsworten *Aissi col tesaurs es perdutz* [12] hat man die Bezeichnung Tesoro oder Thesaurus Thesaurorum entnommen, die diesem verloren geglaubten Werke Benvenuto von Imola und Landino geben [13]. Der Dichter bezeichnet sein in der Form achtsilbiger Reimpaare verfasstes Gedicht als *enseignamen*.

Der zweiten Hälfte des Jahrhunderts gehört an ein nur theilweise erhaltenes Gedicht von Serveri, namenlos überliefert in der Venezianischen Handschrift CIV. G [14]; der Name ist aber aus V. 61 zu schliessen. Der Dichter zeigt auch in seinen lyrischen Sachen eine starke Hinneigung zum lehrhaften Elemente.

Lebhafter und ausführlicher führt uns in die Zeit ein Folquet de Lunel in seinem Strafgedichte auf die Laster der Gegenwart, aus dem Jahre 1284, worin alle Stände scharf mitgenommen werden [15]. In der Form ist das Gedicht bemerkenswerth, da es nicht in Reimpaaren, sondern in verschlungenen Reimen (a b a b a b) verfasst ist, die lange Tiraden bilden, die ungraden Verse immer männlich, die graden weiblich (aber mit acht Silben) reimend.

Die didaktischen Gedichte von Guiraut Riquier sind fast sämmtlich in Form von Briefen oder wenigstens Anreden an bestimmte Personen gekleidet: sie sind uns alle nur in der Hs. R erhalten. Eigentliche Briefe sind darunter nur vier:

Al car onrat senhor MW. 4, 143.
Al noble mot onrat MW. 4, 123.
Al pus noble, al pus valen MW. 4, 100.
A sel que deu voler MW. 4, 125;

während acht andere direct als Lehrgedichte zu bezeichnen sind:

Aitan grans com devers MW. 4, 149.
A penas lunh pro te MW. 4, 157.
Per re non puesc estar MW. 4, 117.
Qui cunois et enten MW. 4, 106.

[10] Brunetto Latini im Tesoretto; allerdings kommt sie auch bei den Franzosen vor, schon bei Philipp de Thaun im Bestiaire, aber viel seltener. [11] Denkmäler 139—141; vgl. Anm. zu 140, 26. [12] Jahrbuch 11, 2 f. [13] Diez, Leben und Werke der Troubadours S. 468. [14] Ein Stück bei Heyse, Romanische Inedita S. 20—27. [15] In Hs. R, Bl. 139. Anfang: *El nom del paire glorios*. Ein Stück daraus I.B. 130—132. Chrest. 301—306. Im Ganzen über 500 Verse.

Sel que sap cocelhar MW. 4, 201.
Sim fos saber grazitz MW. 4, 131.
Sim fos tan de poder MW. 4, 205.
Tant petit rey prezar MW. 4, 191.

Das vorletzte derselben wird bezeichnet als *novas*, ein Ausdruck, der sonst nur auf erzählende Gedichte angewendet wird; das letzte trägt Lehren und Ansichten über Poesie vor. Ein anderes ist ein Lobgedicht auf eine Dame[16], aber doch von anderem Charakter wie etwa die früher (§. 29) besprochenen Liebesbriefe. Von bedeutendstem Inhalt ist die Bittschrift, welche Guiraut an Alfons X von Castilien wegen der Unterscheidung von Troubadours und Jongleurs richtete[17]; der darauf ertheilte Bescheid des Königs, der sich ebenfalls erhalten hat[18], und auch in gleicher poetischer Form ist, ist, wie schon Diez[19] wahrscheinlich gemacht, von Guiraut im Auftrage des Königs verfasst. Literarisches Interesse hat auch die in Versen abgefasste Erklärung einer Canzone von Guiraut de Calanso über das ‚kleinere Drittel der Liebe', *del menor terz d'amor*[20], als einziger Beleg eines poetischen Commentars *(expozitio)*. Sie beginnt *Als suptils aprimatz*[21]; es schliesst sich daran ein Zeugniss in Versen, von Graf Heinrich II von Rhodez, welcher die Canzone noch drei andern Troubadours zur Erklärung gegeben hatte, aber der Deutung von Guiraut den Vorzug ertheilte[22]. Eine formelle Eigenthümlichkeit der fast durchgängig in sechssilbigen Reimpaaren verfassten Lehrgedichte Guirauts besteht darin, dass sie mit einem reimlosen Verse schliessen, was mit dem Reimbrechen bei ihm zusammenhängt[23].

Ein Zeitgenosse Guirauts, Nat de Mons, scheint an ihm sich gebildet zu haben, wenigstens tragen seine didaktischen Sachen durchaus ähnlichen Charakter[24]. Die Lebensregeln, welche er einem Jongleur auf dessen Wunsch gab, sind ganz allgemein gehalten und wenig ausgiebig für die Kenntniss dieses Standes: das weitläufige, gegen 1500 Verse zählende Gedicht beginnt *Sitot non es enquist*[25]. Ein anderes ist gegen die Verderbniss der Welt gerichtet, aber auch an lebendigen Zügen arm: es beginnt *Si Nat de Mons agues* und steht wie alle übrigen nur in der Hs. R. Ausserdem besitzen wir von ihm zwei Send-

---

[16] *Qui a sen et entendemen* MW. 4, 103. [17] *Pus dieus m'a dat saber* MW. 4, 163; vgl. Diez, Poesie S. 331—342. Ein Stück daraus Chrest. 277—280. [18] *Sitot s'es grans afans* MW. 4, 183; vgl. Diez, Poesie S. 342—350. [19] Poesie S. 79. [20] Chrest. 161—164. [21] MW. 4, 210. Ein Stück Chrest. 280—282. [22] *E nos derem ses euer greu* MW. 4, 232. [23] Vgl. Archiv für das Studium der neueren Sprachen 16, 138. [24] Ob sie auch jene formelle Eigenthümlichkeit am Schlusse haben (Anm. 23), vermag ich nicht anzugeben. [25] In R.; vgl. Diez, Poesie S. 225 f., wo auch die andern Gedichte von ihm kurz erwähnt sind.

schreiben an den König Jacob II von Aragonien, beide moralischen Inhaltes[26], und ein gegen 2000 Verse langes an Alfons X von Castilien, worin unter Anderem von dem Einfluss der Sterne auf das Leben des Menschen gehandelt wird[27]; daran schliesst sich die Antwort des Königs, die vermuthlich vom Dichter verfasst ist.

Ein ungenannter Dichter am Ende des 13. Jahrhunderts verfasste ein Lehr- und Strafgedicht in Reimpaaren von vier und achtsilbigen Versen (doch sind die beiden ersten Zeilen achtsilbig) und gab ihm den Namen *arlabecca*[28], der wohl mit dem anderwärts[29] vorkommenden Namen *rebec* zusammenhängt, und von Raynouard mit dem portugiesischen *arrabecca* zusammengestellt worden ist[30]: es bezeichnet also ein zur dreisaitigen Geige (*rebec*) gesungenes Gedicht. Dasselbe ist in zwei Handschriften erhalten: 1, Pariser Hs. franç. 1745, Bl. 135, 14. Jahrhundert[31]; 2, latin. 10869, Bl. 30, Ende des 13. Jahrhunderts.[32]

Ein allegorisches Gedicht über die Liebe, sicher noch aus dem 13. Jahrhundert, führt den Titel *castel d'amors*, Minneburg, ein Name, den auch ein altdeutsches Gedicht verwandten Inhalts trägt. Der Dichter vergleicht den Weg zur Liebe dem mit Hindernissen verbundenen Eingang in eine Burg. Es steht in der Vaticanischen Hs. 3206, Bl. 1—2[33], und ist in lyrischer Form, siebensilbigen Versen, verfasst, deren je fünf auf einen Reim ausgehend mit einem sechsten, der mit der folgenden Strophe gebunden wird, immer eine Strophe ausmachen.

§. 33.

Von ganz besonderer literarischer und culturgeschichtlicher Bedeutung sind die *ensignamens*: so nannten sich schon einige der bisher besprochenen didaktischen Gedichte. In speciellem Sinne verstehen wir darunter Belehrungen für einen bestimmten Stand, worin die demselben zukommenden Pflichten aufgezählt werden, aber nicht in allgemein moralisierender Weise, sondern in individuellen aus dem Leben gegriffenen Zügen. Wir besitzen deren sieben, die von der zweiten Hälfte des 12. bis zum Schlusse des 13. Jahrhunderts reichen.

Wohl das älteste darunter ist eine von Garin dem Braunen verfasste Unterweisung für eine Dame aus ritterlichem Stande, wie sie in allen Lebensverhältnissen sich zu benehmen habe. Der Dichter war noch ein Zeitgenosse von Peire d'Alvergne[1] und ist auch als Lyriker

---

[26] *Al noble rey aragones* und *Al bon rey senhor d'Arago*. Diez deutet sie auf Jacob I. [27] Anfang *Al bon rey de Castela*. [28] Denkmäler 75, 23. 79. 13. [29] Leys d'amors 1, 348. [30] Lex. Rom. 2, 121. [31] Danach gedruckt Denkmäler 75—79. [32] Herausgegeben von P. Meyer im Jahrbuch 5, 393—397, mit den Varianten der andern. [33] Jahrbuch 11, 23. Ein Stück daraus Chrest. 267—268.

§. 33. [1] Vgl. meine Abhandlung Garin der Braune im Jahrbuch 3, 399—409.

bekannt. Sein Enseignamen ist uns anonym in den Handschriften GN überliefert²; den Namen des Verfassers hat uns Matfre Ermengau erhalten, der in sein Breviari d'amor eine Anzahl längerer Stellen aufgenommen hat³.

Drei andere enseignamens beziehen sich auf den Stand der Spielleute, denen ausführlich gesagt wird, was in den Bereich ihrer Kenntnisse gehört. Das älteste verfasste Guiraut de Cabreira, ein catalanischer Edler, Zeitgenosse von Bertran de Born und Peire Vidal, zur Belehrung des Spielmannes Cabra (Bock): wohl nicht später als 1170, wie man aus den literarischen Anspielungen ersieht⁴. Es findet sich in der Estensischen Handschrift zu Modena, Bl. 103⁵, und trägt die rhythmische Form wie das oben (§. 32, 4) erwähnte Lehrgedicht von Peire Cardenal.

Eine Nachahmung dieser Unterweisung, in gleicher rhythmischer Form, richtete am Anfang des 13. Jahrhunderts Guiraut de Calanso an den Spielmann Fadet (der Dümmling): sie ist erhalten in den Handschriften DR⁶. Eine Menge musikalischer Instrumente, sehen wir daraus, musste ein Jongleur zu spielen verstehen, in einer Menge von Gaukelkünsten bewandert sein und eine grosse Zahl epischer Stoffe in sein Gedächtniss aufnehmen.

Das dritte Gedicht, von Bertran de Paris aus Rovergue für einen Spielmann Namens Guordo verfasst, wohl aus der ersten Hälfte des 13. Jahrhunderts und spätestens um 1250⁷, ist in lyrischer Form, aber dem Inhalte nach gehört es ganz zu den beiden erwähnten Werken⁸.

Arnaut Guillem de Marsan, ein edler Herr, dessen unter den Gönnern der Dichtkunst am Ende des 12. Jahrhunderts Raimon Vidal erwähnt⁹, dichtete in der üblichen Form der sechssilbigen Reimpaare eine Unterweisung für einen Junker, welche in der Pariser Handschrift La Vallière 14, Bl. 133, sich findet¹⁰. Auffallend ist darin die zeitige Einmischung französischer Sprachelemente¹¹.

Im letzten Viertel des 13. Jahrhunderts¹² lebte und dichtete Amanieu des Escas, aus dem Bisthum Urgel in Catalonien, nach der einzigen Hs., die seine beiden Ensenhamens enthält (La Val-

---

² Beginnend *El termini d'estiu*: vgl. Jahrbuch 11, 2.   ³ Gedruckt im Jahrbuche 3, 402—407.   ⁴ Milá y Fontanals S. 265.   ⁵ Herausgegeben Denkmäler S. 88—94; vgl. dazu Mussafia, Del codice Estense S. 424—426. Ein Stück daraus auch Chrest. 79—82.   ⁶ Herausgegeben nach beiden Denkmäler 94—101; nach R, Mahn, Gedichte 111; zum Texte von D vgl. Mussafia S. 426.   ⁷ Denn der Dichter stand schon in der Vorlage von a: vgl. Jahrbuch 11, 15.   ⁸ Nach R, der einzigen Hs., herausgegeben Denkmäler 85—88.   ⁹ Denkmäler 168, 22.   ¹⁰ Herausgegeben LB. 132—139; im Auszuge bei Rayn. 5, 41—44.   ¹¹ Anmerk. zu LB. 132, 39.   ¹² Ein Brief von ihm trägt die Jahreszahl 1278; ein anderer ist zwischen 1291—94 entstanden: Milá y Fontanals S. 409.

lière 14), mit dem Namen *dieu d'amors* geehrt¹³. Beide sind erzählend eingeleitet, wie auch das vorher erwähnte Gedicht, das eine an einen Knappen, das andere an ein junges Mädchen, etwa eine Kammerjungfer *(donzela)* gerichtet¹⁴: beide haben die formelle bei Guiraut Riquier bemerkte Eigenthümlichkeit einer reimlosen Zeile am Schlusse¹⁵.

§. 34.

Noch bleiben die wissenschaftlichen Lehrgedichte zu erwähnen. Bei dem ältesten derselben steht der Gegenstand in nächster Verbindung mit dem praktischen Leben; er ist einer der Lieblingsbeschäftigungen der ritterlichen Kreise, der Falkenjagd, entnommen. Daude de Pradas, den wir schon als Verfasser eines anderen didaktischen Werkes kennen lernten (§. 31, 4), verfasste im ersten Viertel des 13. Jahrhunderts sein Lehrgedicht von den Jagdvögeln, *li auzel cassador*, welches wir nur in einer verhältnissmässig jungen Abschrift eines älteren Originals besitzen, der Barberinischen Handschrift XLVI, 29, früher 2777¹. Eine sehr fehlerhafte Copie davon, aus welcher alle bisherigen Abdrücke geflossen sind, befindet sich in der Pariser Arsenalbibliothek unter den Papieren von St. Palaye; eine alte catalanische Uebersetzung besass Raynouard², eine andere ebenfalls catalanische befindet sich in Vich³. An einer kritischen Ausgabe fehlt es noch⁴.

Einem anderen wissenschaftlichen Gebiete gehört ein Gedicht über den Computus an, welches Raimon Feraut (§. 20) verfasste, das wir aber nur aus seiner Erwähnung im Eingang des heiligen Honorat kennen⁵.

In encyklopädischer Weise versuchte einen Abriss des Wissens der Zeit Peire de Corbiac in seinem Schatze, *tezaur*, zu geben: eine Bezeichnung, die für derartige Werke im Mittelalter üblich war⁶. Der Dichter lebte in der ersten Hälfte des 13. Jahrhunderts, wie sich daraus ergibt, dass Aimeric de Belenoi, der um 1240 dichtete, sein Neffe war⁷, und dass sein Schatz sich in der 1254 geschriebenen Estensischen Handschrift findet. Wir besitzen ihn in zwei verschiedenen

---

¹³ Denkmäler S. 101. ¹⁴ Das erste, Bl. 146 der Hs., ist gedruckt Denkmäler 101—114; ein Stück Rayn. 2, 268—271. Das zweite, Bl. 145, LB. 140—148; zum Theil auch Chrest. 319—324. Rayn. 2, 263—268. ¹⁵ Vgl. §. 32, 23.

§. 34. ¹ Jahrbuch 11. 32. 36. ² Lex. Rom. 5, 610ᵃ. ³ Vgl. Sachs' Ausgabe S. 5. ⁴ *Los auzels cassadors* p. p. Sachs, 1ᵉ partie, Brandebourg o. J. 4; vgl. meine Anzeige im Jahrbuch 6. 348—350. Einzelne Stücke LB. 127 bis 130. Chrest. 173—180; der Anfang bei Mahn, Gedichte 200. Auszug bei Rayn. 5, 126—136. Galvani 355—372. ⁵ *els verses del compot tornar vole en vers plan* Lex. Rom. 1, 573. ⁶ Auch Brunetto Latini nannte seine französisch geschriebene Encyklopädie *tresor*, und seinen Auszug in italienischen Versen *tesoretto*. ⁷ Vgl. Jahrbuch 4, 230.

Redactionen, einer kürzeren und ursprünglicheren, die im cod. Estensis und dem Vaticanus 3206, und einer längeren, die in der Pariser La Vallière 14 sich findet"; die Interpolationen beziehen sich hauptsächlich auf die biblische Geschichte, in welcher auch ein Schreiber am leichtesten seine Kenntnisse entfalten konnte. Der Dichter entwickelt in Alexandrinern, die sämmtlich auf einen Reim *(ens)* ausgehen, sein Wissen in der biblischen und profanen, auch Sagengeschichte, und in den sieben freien Künsten.

In mehr gelehrtem Zuschnitt und mit umfassenderen Kenntnissen schrieb Matfre Ermengau sein Breviari d'amor, wie er der Richtung der Zeit gemäss, die alles auf die Liebe bezog, seine gereimte Encyklopädie des damaligen Wissens nannte. Der Dichter, von dem wir auch Lieder und einen früher erwähnten Brief (§. 31, G) besitzen, war später Mönch in Béziers, aber als er das Breviari schrieb, das im Frühjahr 1288 begonnen wurde, noch nicht ins Kloster getreten; denn er nennt sich darin mehrmals *senher en leys*, hatte also Rechtsstudien gemacht. Dagegen in dem Briefe bezeichnet ihn die Ueberschrift als Mönch. Er lebte noch 1322[8]. Von der Beliebtheit des Breviari zeigen die zahlreichen Handschriften, welche sich erhalten haben. Wir kennen im Ganzen fünfzehn Handschriften: 1, Pariser Hs. franç. 857, anc. 7226. 3, 3: 2, Pariser Hs. suppl. franç. 2001; 3, Pariser Hs. franç. 858, anc. 7227; 4, British Museum, Reg. 19 C 1; 5, British Museum, Harlei. 4940; 6, Hs. zu Lyon; 7, Hs. zu Carpentras; 8, Hs. zu St. Petersburg; 9, Wiener Hs. 2563; 10, Wiener Hs. 2583; 11, Hs. in der Escurialbibliothek, S. 1. 3; 12, Hs. zu Barcelona; 13, Pariser Hs. franç. 1601, anc. 7619; 14, Pariser Hs. St. Germain franç. 137, enthaltend eine prosaische Auflösung; 15, eine ebensolche, aber mit dem Prolog in Versen, in Madrid. Einzelne Abschnitte daraus, selbständig ausgehoben, finden sich ferner in der Pariser Hs. franç. 1745, Bl. 122 bis 125 und Bl. 130—134. Auch ins Catalanische wurde es übersetzt[10]. Die Leys d'amors erwähnen es mehrfach[11]. Die von Azaïs begonnene Ausgabe, deren Text im Wesentlichen P. Meyer bearbeitet hat, ist leider ins Stocken gerathen[12]. Das Werk umfasst das ganze theo-

---

[8] Ausgabe von C. Sachs: Le Trésor de Pierre de Corbiac, Brandebourg 1859, 4; dazu meine Recension im Jahrbuch 4, 229—237. Zu Grunde gelegt ist hier La Vall. 14. Nach D wesentlich vollständig bei Galvani 321—336. Auszug bei Rayn. 5, 310 bis 312. Grössere Stücke LB. 119—151. Chrest. 208—212. [9] Azaïs, Les Troubadours de Béziers, 2e édition S. 128 f. [10] Milá, Trovadores en España S. 482. [11] L.A. 1, 138, 3, 104. [12] Erschienen ist der erste Band, und vom zweiten eine Lieferung (Béziers und Paris), zusammen 20912 Verse; vgl. meine Recension im Jahrbuch 4, 421—432. Mussafia. Jahrbuch 5, 401—405. Derselbe, Handschriftliche Studien 3. Heft, Wien 1869. Einzelnes ist gedruckt durch Raynouard, Lex. Rom. 1, 515—537; Mahn, Gedichte Nr. 299; Sachs im Archiv 25, 413—426. 26, 49

logische und naturhistorische Wissen des 13. Jahrhunderts, unter Benutzung der verschiedensten Quellen, die des Verfassers Gelehrsamkeit und Belesenheit darthun. Er beginnt mit der Scheidung zwischen himmlischer und irdischer, unerschaffener und erschaffener Liebe und stellt sie unter dem Bilde des Baums der Liebe dar, der in den Hss. abgebildet und mit einer prosaischen Beschreibung begleitet ist[13]. Die himmlische Liebe behandelnd, erläutert er das Wesen Gottes, sowie der Engel und Teufel. Zu der irdischen Liebe übergehend, beschreibt er Himmel und Erde, Himmelskörper, Elemente, die Edelsteine und ihre Kräfte, Wind, Wolken, Regen; die Theilung der Zeit in Tage, Monate u. s. w., in Weltalter; die Pflanzen und Thiere. Dann handelt er vom Menschen und seiner Geschichte, von Natur- und Völkerrecht, von Gottes- und Nächstenliebe. Es folgt die Heilsgeschichte; Predigt und Gebet, die verschiedenen Arten desselben. Weiter von der Sünde und den Höllenstrafen; vom jüngsten Gericht. Die Sünden aller Stände werden von oben bis unten herab durchgegangen und getadelt; dieser Abschnitt ist culturgeschichtlich besonders interessant. Dann vom Glauben, den Glaubensartikeln, der Geschichte Jesu, Leben des heil. Andreas, Evangelisten Johannes und Thomas. Von der Liebe zwischen Mann und Weib, den Gefahren derselben. Abhandlung über die echte Liebe, wobei zahlreiche Stellen der Troubadours, zuweilen auch der Trouvères, angeführt, zum Theil auch widerlegt werden. Dieser Theil ist literarisch der wichtigste. Hierauf kommt er zur Gattenliebe, der Liebe zwischen Eltern und Kindern, und zur Erziehung, womit das Ganze schliesst.

§. 35.

Die dramatische Poesie hat bei den Provenzalen keine so reiche Entwicklung wie bei den Franzosen. Doch fehlt es nicht an Spuren von dem Vorhandensein einer solchen. Früher galt das in Bruchstücken erhaltene Spiel von den klugen und thörichten Jungfrauen des Evangeliums für den ältesten, nicht nur provenzalischen, sondern überhaupt romanischen dramatischen Versuch[1]; mit grösserem Rechte aber darf man es dem französischen Idiom zuschreiben.

Dagegen hat sich ein Bruchstück eines provenzalischen Mysteriums aus dem 13. Jahrhundert, im Ganzen freilich nur 22 Verse gefunden; man entdeckte es in dem Gesimse der Absis der Cathedrale von Périgueux. Wahrscheinlich gehört es zu einem Spiele vom beth-

---

bis 70. 33, 247—256 und im Jahrbuch 2, 325—357; und durch mich im LB. 151—154 und Chrest. 311—320. [13] Eine photographische Abbildung ist dem 1. Bande der Ausgabe beigegeben.

§. 35. [1] Gedruckt bei Raynouard 2, 134—143. Monmerqué-Michel, Théatre français, Paris 1839, 8. 1—9.

lemitischen Kindermord. Die Verse zerfallen in drei Fragmente: eine Person, Namens Morena, spricht mit dem Könige und dem Seneschall, und räth ersterem, alle Kinder bis zu drei Jahren tödten zu lassen[2].

Ganz vereinzelt stand dieser Versuch sicherlich nicht; aber ein hohes Alter werden wir dem provenzalischen Drama wohl nicht zuschreiben dürfen; vielmehr hat hier wohl schon das Vorbild der französischen Literatur eingewirkt. Einigen Ersatz geben für den Mangel die Tenzonen, die jedoch vielleicht gerade die Entwicklung einer dramatischen Poesie beeinträchtigten.

§. 36.

Die provenzalische Prosa hat ihren Hauptwerth nach der sprachlichen Seite, und dieser ist, namentlich was das Lexicalische betrifft, nicht gering anzuschlagen. Anders steht es mit dem literarischen Werthe. Hier können nur die Originalwerke als Erzeugnisse des Volksgeistes in Betracht kommen, nicht die Uebersetzungen, und diese bilden den Hauptbestandtheil der prosaischen Literatur. Die Prosa diente hauptsächlich dem praktischen Bedürfniss; so fanden wir sie am frühesten in der Sprache der Urkunden (§. 2). In diesem Zeitraume der Blüthe wird die Volkssprache mehr und mehr auch die Sprache des Verkehrs und des Rechtes. Die früher nur spärlichen provenzalischen Urkunden häufen sich, die Rechtsquellen werden überwiegend in der Landessprache abgefasst.

Von einer volksthümlichen Prosa geben Zeugniss die Sprichwörter, von denen wir allerdings keine alte Sammlung besitzen[1]. Mehrfach citiert Sprichwörter Guillelmus Durandus aus Clermont in Auvergne († 1336), der bekannte Jurist, z. B. *per gent parlar bocca non ca* oder *juxta provincialium vulgare proverbium: mais val calar que fol parlar*[2]. Die Troubadours citieren ausserordentlich häufig aus dem alten Schatz der Volksweisheit; ein Liebesbrief von Amanieu des Escas[3] ist fast ganz aus Sprichwörtern zusammengesetzt. Eine Sammlung derselben wäre ein werthvolles und verdienstliches Unternehmen.

§. 37.

Die geistliche Prosa entwickelte sich schon im vorigen Zeitraum (§. 12). Das selbständigste Product derselben ist die Predigt in der Volkssprache. Eine Sammlung von Predigten in provenzalischer

---

[2] *eu le coseil fasas aucire e thiorar a cruel martire tots los efans de ton regnat que son de tres ans enlescat*: vgl. Milá y Fontanals im Diario de Barcelona 1870, S. 2023.

§. 36. [1] Hänel, Catalogus p. 5. citiert eine Foliohandschrift in Aix, Recueil des proverbes provençaux, die aber schwerlich alt ist; doch verdiente sie eine Untersuchung. [2] Vgl. Histoire littéraire 20, 446. [3] Milá, Trovadores en España 422—425. Rayn. 5, 20—24.

Sprache, aus der ersten Hälfte des 12. Jahrhunderts, hat sich in der Pariser Handschrift lat. 3548 B erhalten. Es sind im Ganzen dreissig, doch ein Theil derselben etwa um fünfzig Jahre später geschrieben und wohl auch jüngeren Datums; die älteren können ihrem sprachlichen Charakter nach leicht noch in die vorige Periode hinaufreichen, zu deren Bestrebungen sie vollkommen passen würden[1]. Eine vollständige Ausgabe wäre schon aus sprachlichen, aber auch aus sachlichen Rücksichten erwünscht[2]. Einige sind in doppelter Fassung überliefert: es sind also zum Theil wohl nur Predigtentwürfe.

Dem 13. Jahrhundert gehören einige Predigten an, die sich in der Oxforder Handschrift Douce 162, Bl. 24 f., finden[3]; von der ersten scheint nur der Schluss erhalten, dann folgt eine *de panthacosta*, und eine zweite *de la assumpcio de nostra dona sanhta Maria*.

Dem Interesse der Laien kam nächst der Predigt in der Volkssprache die Uebersetzung der **heiligen Schrift** entgegen. Wir wissen, dass Petrus Waldus bereits 1179 auf dem Lateranischen Concil dem Papste Alexander III seine Uebersetzung der Bibel überreichte; 1199 zog Innocenz III beim Bischof von Metz nähere Erkundigung darüber ein, man fand es bedenklich, den Laien auf diese Weise den Zutritt zur Schrift zu öffnen, und so wurde 1229 der Gebrauch dieser Uebersetzung durch das Concil von Toulouse verboten[4]. Petrus Waldus bediente sich offenbar der damals herrschenden provenzalischen Literatursprache, nicht aber der waldensischen Mundart[5]. Ob wir von seiner Uebersetzung jüngere Abschriften besitzen oder ob diese ganz unabhängig von seiner Arbeit sind, lässt sich nicht entscheiden.

Das alte Testament haben wir in keiner vollständigen alten Uebersetzung; die historischen Bücher in freier Bearbeitung finden sich in einer Pariser Handschrift, allerdings erst des 15. Jahrhunderts, franç. 2426, anc. 8086. 3, aber sprachlich reicht sie doch wohl in diese Periode zurück. Gedruckt sind davon bis jetzt die Bücher von Tobias, Esther und Susanna[6].

Das neue Testament hat sich wegen seiner grösseren Wichtigkeit in zahlreicheren Handschriften erhalten, die bis ins 13. Jahrhundert hinaufreichen und mit grösserer Wahrscheinlichkeit auf die Arbeit von Petrus Waldus zurückgeführt werden können. Bis jetzt ist auch diese wichtige Sprachquelle erst theilweise bekannt gemacht; eine

§. 37. [1] Vgl. Diez, Grammatik 1³, 104. Chrest. 23—26, wo zwei derselben abgedruckt sind. [2] Besprochen und theilweise herausgegeben von P. Meyer, Jahrbuch 7, 74—84. [3] P. Meyer, Troisième rapport sur une mission littéraire S. 167. 268 f. [4] Grüzmacher im Jahrbuch 4, 372. [5] Jahrbuch a. a. O. 401. [6] Durch J. Wollenberg: *lo libre de l'estoria e de la vida de Tobias* Bl. 242—258, im Archiv 32, 337—352; *lo libre de Ester la reyna* Bl. 309—317, Archiv 30, 159—167; und Susanna, Archiv 28, 85—88.

kritische Bearbeitung ist allerdings wegen der weitzerstreuten Handschriften nicht leicht. Die älteren unter ihnen, die Pariser und die in Lyon, sind in provenzalischer Sprache, eine zweite Pariser in einer zum Französischen neigenden Mundart; die jüngeren, die in Grenoble, Zürich und Dublin[7], in der waldensischen Mundart späterer Zeit. Herausgegeben ist bis jetzt das Evangelium Johannis, in älterer und jüngerer Gestalt[8], und der Brief Pauli an die Epheser in der älteren Fassung[9].

Von mehr legendenhaften Geschichten, die sich an die Bibel anlehnen, ist zu erwähnen die Legende von Seths Sendung ins Paradies, welche sich in zwei Handschriften des Breviari d'amor, der Pariser franç. 858 und der Londoner Reg. 19 C 1, findet, und wahrscheinlich von Matfre Ermengau herrührt[10].

Von Stoffen des neuen Testaments die Zerstörung Jerusalems, d. h. die Geschichte der Juden von Christi Passion bis zur Zerstörung der Stadt durch Titus. Von dem im Lex. Rom. oft citierten Werke ist nur eine Pariser Hs. (fonds Gaignières 41) erhalten. In der Hs. findet sich eine geschichtliche Bemerkung auf 1373 bezüglich, welche also die Zeit bezeichnet, in der die Hs. geschrieben wurde. Von dem Werke, das im Hauptinhalt mit den apokryphischen Evangelien übereinstimmt, aber viele eigene Züge enthält[11], gibt es auch eine altcatalanische Uebersetzung[12].

Eine Sammlung von Marienwundern in provenzalischer Prosa findet sich in einer Hs. des British Museum, addit. 17920, Bl. 1—6; sie beruhen auf lateinischer Quelle[13].

Sodann ein in schwungvoller Sprache geschriebenes kleines Denkmal, die Vision des Apostels Paulus und des heil. Michael von den Strafen der Hölle, in der Pariser Handschrift La Vall. 14, Bl. 139[14]. Die Quelle ist die lateinische Historia Pauli descendentis cum archangelo Michaele ad inferos[15].

---

[7] Eine vollständige Abschrift der Dubliner Hs. von Herzog befindet sich in der Berliner Bibliothek: vgl. Grüzmacher im Jahrbuch 4, 372—402. [8] In jener von Wollenberg: L'évangile selon Saint Jean en vieux provençal, Berlin 1888. 4; nach der Pariser Hs. 8086. 3; in dieser durch St. Gilly: The romaunt version of the gospel according to St. John, London 1848. 8, nach der Dubliner, Trinity College Cl. A, Tab. IV, Nr. 13, jedoch mit Gegenüberstellung des Pariser Textes. [9] Archiv 28, 75—85; ein Stück daraus Chrest. 323—326. [10] Ungedruckt; im Auszuge bei Fauriel 1, 263—268 nach der Pariser Hs., die er allein kannte. Ueber die Sage vgl. Mussafia, Sulla leggenda del legno della croce, Vienna 1870, und C. Schröder, Van deme holte des hilligen cruzes, Erlangen 1869. [11] Ich verdanke diese Notizen P. Meyers Gefälligkeit. Raynouards Bezeichnung, Nr. 7498, trifft nicht zu. [12] Milá, Trovadores en España S. 482. [13] P. Meyer in Archives des missions scientifiques et littéraires, 2e série, 3, 307. [14] Gedruckt Denkmäler 310—313. Vgl. Fauriel 1, 260—262. [15] Wiener Hs. 876 des 14. Jahrh. „Dies dominicus est electus" u. s. w. Tabellae codicum 1, 147. Andere Hss., die eine Visio Pauli ent-

Damit im Zusammenhange stehen zwei andere visionsartige Werkchen, die ebenfalls die Strafen der Verdammten schildern: die Vision des heil. Patricius und die Vision des irischen Ritters Tungdalus[16]. Der Bearbeiter der ersteren nennt sich Perilhos. Auch von ihnen gibt es eine alte catalanische Uebersetzung[17].

Von prosaischen Heiligenleben dieses Zeitraums besitzen wir das Leben der heil. Doucelina[18], die in der zweiten Hälfte des 13. Jahrhunderts lebte: es ist die einzige wirklich originale Prosalegende der Epoche, auf mündlicher Tradition beruhend und bald nach dem Tode der Heiligen verfasst. Sie findet sich in der Pariser Handschrift franç. 13503, anc. suppl. franç. 766b.

Ein Mönch von St. Michel, Aumeric, übersetzte aus dem Lateinischen das Leben der heiligen Catharina. So gibt Raynouard an[19]; ich weiss nichts Näheres darüber zu sagen, nicht einmal ob die Uebersetzung in Versen oder in Prosa ist[20].

§. 38.

Nächst der Bibel und den Legenden lag es nahe, die Regeln der Mönchsorden in die Volkssprache zu übersetzen. So finden wir schon im 13. Jahrhundert die Benedictinerregel ins Provenzalische übertragen, in mehreren Handschriften, bei denen freilich noch zu untersuchen sein wird, ob sie verschiedene Abschriften einer und derselben Uebersetzung, oder verschiedene Uebersetzungen sind: 1, Paris, franç. 2428, anc. 8087. 2; 13. Jahrhundert, Bl. 1—38[1]; 2, Aix, *Regla de San Benezeg*, Pergamenths.[2]; 3, Avignon, *Regla de mossenher sang Benezeg*, Pergament[3].

Den Zwecken der Laien dienten Aufzeichnungen über die Sacramente, die sieben bonitates, die sieben Todsünden, die sieben christlichen Tugenden, die zehn Gebote, sämmtlich in der Pariser Handschrift La Vall. 14, Bl. 139[4]. Ferner eine Abhandlung über die Beichte in der Pariser Hs. franç. 1745, anc. 7693, Bl. 144-147[5], während das Verzeichniss der dreizehn Messen, ebenda Bl. 147, für die

---

halten, sind in Wien Nr. 362. 1629. Ein deutscher Text in einer Hs. der Zeisbergschen Bibliothek zu Wernigerode: Serapeum 16, 23. [16] Beide herausgegeben von Du Mège, Voyage au purgatoire de Saint Patrice par Perilhos et lo libre de Tindal. Toulouse 1832. Ueber die lateinische Quelle vgl. Visio Tnugdali ed. O. Schade, Halis 1869. 4; und die über die Legende Mussafia, Sulla visione di Tundalo, Vienna 1871. 8. [17] Milá a. a. O. 482. [18] Ein Abschnitt daraus Chrest. 299—302. [19] Lex. Rom. 5, 590. [20] Das vielleicht Aufschluss gebende Buch von Pierre Crespet, Vie de Sainte Catherine ou discours sur la vie et passion de Sainte Catherine, en vers, Sens 1577, ist mir nicht zugänglich.

§. 38. [1] Daraus ein Stück Chrest. 225—228. [2] Lex. Rom. 5 608. [3] Hänel, Catalogus p. 57. [4] Gedruckt Denkmäler S. 306. [5] *Ay(so) es la cofessio et en cal manyayra deu hom cofessar sos peccat: e sos falhimens*.

Geistlichen bestimmt ist. Auch die Anweisung für die Fasten in der Handschrift franç. 2428, Perg., 13. Jahrhundert, anc. 8087. 2, Bl. 80—81, wendet sich an die Mönche.

Einen gelehrteren Charakter trägt die Uebersetzung von Beda's liber scintillarum[6] in der Pariser Handschrift 1747, anc. 7694, Bl. 19—84, eine sachlich geordnete Sammlung von Aussprüchen der Kirchenväter. Auch eine kleinere Sammlung von moralischen Sentenzen in derselben Hs., Bl. 1—8, ist wohl aus dem Lateinischen übersetzt[7]. Die Handschrift ist allerdings erst aus dem 14. Jahrhundert, aber die Sprache weist auf ältere Zeit hin, die Fehler der Abschrift deuten ebenso auf eine ältere Vorlage. Auch das unmittelbar darauf folgende Werkchen über die sieben Todsünden, Bl. 9—18, welches zu unterscheiden ist von einem grösseren Werke der folgenden Periode, gehört derselben Zeit an und ist ausdrücklich für den des Lateinischen unkundigen Laien bestimmt[8].

§. 39.

Die geschichtlichen Prosawerke beziehen sich entweder auf die zeitgenössische Literatur- und politische Geschichte, oder es sind Werke von allgemeinerem Inhalt.

Den ersten Platz unter jenen behaupten unbestritten die Biographien der Troubadours. Dieselben finden sich in den Liederhandschriften (§. 24), theils unmittelbar vor den Liedern jedes Dichters (in den alten Handschriften), theils eine besondere Abtheilung derselben bildend (in den jüngeren). Ihrer Abfassungszeit nach reichen sie wenigstens in die erste Hälfte des 13. Jahrhunderts hinauf: zwei von ihnen gehen als ihren Verfasser ausdrücklich Uc von Saint Circ an[1], der etwa von 1200—1240 lebte und dichtete. Als Verfasser einer anderen[2] nennt sich ein Schreiber von Nimes, Miquel de la Tor. Aber ins 12. Jahrhundert gehen die Aufzeichnungen wohl kaum zurück, denn was über die älteren Dichter des 12. Jahrhunderts gesagt wird, ist meist ziemlich allgemein gehalten und bietet wenig positive Daten. Um die Mitte des 13. Jahrhunderts wurden die grossen Sammlungen der Lieder redigirt, in diese aber fast nur kurze Lebensnachrichten aufgenommen[3], die gleichwohl mitunter die Existenz längerer Nach-

---

[6] Ein Stück vom Anfang Chrest. 227—232. [7] Anfang: *Tot pechaz es obra, tota obra es de volontat, donc es o tot: pechaz de volontat, laissa l'escuzament, neguns hom non pecha no volen, nurimens e disciplina fant cosdumnes e en aquo ri(n) chascus que apren, per aisso deu li bona cosdumnes socodre aquo que li mala evenit* u. s. w.

[8] Es beginnt: *Saber pot per aquest romans qui non o sap e qui lati non entent.*

§. 39. [1] Die von Bernart de Ventadorn und Savaric de Manleo. [2] Der von Peire Cardenal. [3] Mit Ausnahme von Bertran de Born, dessen historische Gedichte einen Commentar am meisten nothwendig machten: hier geht jedem Liede seine razos, die Erzählung des Anlasses, voraus.

richten voraussetzen und abgebrochen erscheinen. Der Umstand, dass die ausführlicheren Biographien sich fast nur in jüngeren Handschriften finden, berechtigt noch nicht an ihrer älteren Existenz zu zweifeln. Nach der Mitte des 13. Jahrhunderts sind Biographien fast gar nicht mehr verfasst worden; von den späteren Dichtern besitzen wir daher nur einzelne biographische Notizen, meist in Ueberschriften; dafür sind ihre Gedichte häufiger mit Jahreszahlen versehen[4]. Einige der längeren Erzählungen sind aber entschieden jüngeren Ursprungs und beruhen zum Theil auf mündlicher Ueberlieferung, zum Theil auf Deutung der Lieder, daher sich Widersprüche zwischen kürzerer und weiterer Fassung finden. Andere sind in Italien entstanden, novellistisch ausgeschmückt, namentlich die in P, am meisten die Biographie von Guillem de Cabestaing, die hier ganz zu einer italienischen Novelle ausgebildet erscheint, die aber schon in ihrer kürzesten Fassung manche romantische und unhistorische Züge enthält[5]. Die Schreiber der Handschriften waren zum Theil mit der Literatur wohl vertraute Männer, die sich auch wohl nicht scheuten, die Texte und Biographien selbstständig zu redigieren. Anziehend in dieser Hinsicht sind die Bemerkungen von Bernart Amoros, einem Kleriker aus St. Flor de Planeza in Auvergne, dem Schreiber der Vorlage von a[6]. Die Biographien sind wiederholt gesammelt, aber noch nicht kritisch herausgegeben worden[7]. Ich lasse als Vorläufer einer kritischen Ausgabe ein Verzeichniss der uns erhaltenen mit Angabe der Handschriften und Drucke folgen.

Ademar lo Negre AIK. R. 5, 56. PO. 359. M. 57.
Aimeric de Belensi ABEIKPR. M. 14 B. R. 5, 4. PO. 204.
Aimeric de Peguillan ABEIKR. M. 17 B. R. 5, 8. PO. 169. M. 49. MW. 2, 158.
Aimeric de Sarlat ABIK. M. 32 B. R. 5, 13. PO. 238.
Albert Cailla IK. R. 5, 14. PO. 354. M. 50.
Albert marques IK. R. 5, 15. PO. 94. M. 51.
Albertet AA*IK. R. 5, 15. M. 52.
Almuc de Castelnou H. R. 5, 18. PO. 356. M. 53.
— Anfos d'Arago IK. M. 45 I. R. 5, 19. PO. 36. MW. 1, 126.
Arnaut Daniel ABEIKRa. M. 2 B. R. 5, 31. PO. 253. M. 54. MW. 2, 69.

---

[4] So bei Giraut Riquier und Johan Esteve. [5] Vgl. Hüffer, Der Trobador Guillem de Cabestanh, Berlin 1869. [6] Jahrbuch 11, 12. [7] Raynouard, Choix des poésies originales des Troubadours, Bd. 5. Parnasse Occitanien, Toulouse 1819. Die Biographien der Troubadours, herausgegeben von C. A. F. Mahn, Berlin 1853. Einzelne sind gedruckt LB. 157—162. Chrest. 231—238. Vgl. meine Abhandlung in Gödekes deutscher Wochenschrift 1854, Nr. 26.

Arnaut de Maroill ABEIKPRa. M. 11 B. LB. 160 R. R. 5, 45.
PO. 15. MW. 1, 147.
Augier IK. R. 5, 52. PO. 96. M. 55.
Azalais de Porcaraigas IK. R. 5, 56. PO. 27. M. 56.
Berenguier de Palazol AIK. R. 5, 62. PO. 117. M. 58.
Bernart de Ventadorn ABEIKR. M. 9 B, 48 I. R. 5, 69. PO. 3.
MW. 1, 10.
Bertolomeu Zorgi AIKi. M. 41 I. R. 5, 57. PO. 209.
Bertran d'Alamano A. R. 5, 72. PO. 110. M. 59.
Bertran de Born ABEFIKR. M. 34 B. R. 5, 76. PO. 64. MW.
1, 255.
Bertran de Born lo fills FIK. R. 5, 97. M. 60.
Bertran del Pojet IK. R. 5, 103. PO. 364. M. 61.
Blacasset I. R. 5, 106. PO. 121. M. 63.
Blacatz IK. M. 46 I. R. 5, 105. PO. 119. MW. 2, 135.
Cadenet ABIK. M. 18 B. R. 5, 110. PO. 113.
Castelloza AIK. R. 5, 111. PO. 245. M. 64.
Cercamon IK. R. 5, 112. PO. 250. M. 65.
Dalfi d'Alvergne ABHIK. M. 36 B. R. 5, 124. 104. PO. 84.
MW. 1, 130. M. 62.
Daude de Pradas ABIK. M. 29 B. R. 5, 126. PO. 86.
Elias de Barjols IK. R. 5, 140. PO. 96. M. 67.
Elias Cairel AIK. M. 42 I. R. 5, 141. PO. 108. M. 68.
Elias Fonsalada HIK. R. 5, 142. PO. 366. M. 69.
Elias d'Uisel H. R. 5, 143. M. 70.
Ferrari de Ferrara D. R. 5, 147. M. 71.
Folquet de Marseilla ABEIKORa. M. 6 B. R. 5, 150. PO. 58.
MW. 1, 315.
Folquet de Romans AHIK. R. 5, 152. PO. 121. M. 72.
Garin d'Apchier IK. R. 5, 155. PO. 10. M. 73.
Garin lo Brun IK. R. 5, 156. M. 74.
Gaucelm Faidit ABEHIKPRa. M. 7 B. R. 5, 158. PO. 99. M. 76.
MW. 2, 80.
Gauceran de Saint Leidier ABIK. M. 31 B. R. 5, 163. PO. 288.
Gausbert Amiel AIK. R. 5, 157. PO. 268. M. 75.
Gausbert de Poicibot AEIKPRa. M. 38 E. R. 5, 51. PO. 218.
Graf von Poitou IK. R. 5, 115. PO. 1. MW. 1, 1.
Graf von Rodes H. R. 5, 122. PO. 84. M. 66.
Gräfin von Dia ABIK. M. 24 B. R. 5, 123. MW. 1, 84.
Gui de Cavaillon H. R. 5, 173. PO. 269. M. 79.
Gui d'Uisel ABEIKPRa. M. 27 B. R. 5, 175. PO. 259.
Guillem Ademar ABEIKR. M. 12 B. R. 5, 178. PO. 258.
Guillem de Balaun HR. R. 5, 180. PO. 30. M. 80.

Guillem del Baus H. R. 5, 184. PO. 271. M. 81.
Guillem de Bergueda AIK. R. 5, 186. PO. 152. M. 82.
Guillem de Cabestaing ABHIKPR. Chr. 231 B. M. 8 B. LB. 157
  R. R. 5, 187. PO. 38. MW. 1, 104. Hüffer S. 7—13.
Guillem Figueira BIK. M. 35 B. R. 5, 198. PO. 243.
Guillem Magret IK. R. 5, 201. PO. 173. M. 83.
Guillem de Montaignagout a. Jahrb. 11, 19.
Guillem Rainols d'At IK. R. 5, 206. PO. 72. M. 84.
Guillem de Saint Leidier ABEIKPRa. M. 33 B. R. 5, 207. PO.
  281. M. 85. MW. 2, 37.
Guillem de la Tor IK. R. 5, 211. PO. 156. M. 86.
Guiraudo lo Ros IK. M. 39 I. R. 5, 172. PO. 64.
Guiraut de Borneill ABEIKRa. M. 1 B. R. 5, 166. PO. 123. MW.
  1, 184.
Guiraut de Calanso IK. R. 5, 168. PO. 142. M. 77.
Guiraut de Salignac IK. R. 5, 172. PO. 371. M. 78.
Iseut de Capnio H. R. 5, 18. PO. 356. M. 53.
Jaufre Rudel ABIK. M. 15 B. R. 5, 165. PO. 19. MW. 1, 61.
Jordan Bonel IK. R. 5, 239. PO. 202. M. 89.
Lanfranc Cigala IKPa. M. 40 I. R. 5, 244. PO. 157.
Lombarda H. R. 5, 249. M. 90.
Marcabrun A(I)K. R. 5, 251. PO. 175. MW. 1, 47.
Maria de Ventadorn H. R. 5, 257. PO. 266. M. 91.
Mönch von Montaudo ABEIKPR. M. 13 B. R. 5, 263. PO. 294.
  M W. 2, 57.
Palazi und Tomier IK. R. 5, 274. M. 92.
Peire d'Alvergne ABEIKR. M. 4 B. R. 5, 291. PO. 135. MW.
  1, 89.
Peire de Barjac IK. R. 5, 296. PO. 34. M. 94.
Peire Bremon lo Tortz AIK. R. 5, 300. PO. 377. M. 95.
Peire de Bussignac ABIK. M. 37 B. R. 5, 301. PO. 292.
Peire Cardenal IK. R. 5, 302. PO. 306. M. 96. MW. 2, 180.
Peire Guillem de Toloza IK. R. 5, 315. PO. 379. M. 97.
Peire de Maensac IK. M. 43 I. R. 5, 317. PO. 304.
Peire de la Mula A. Jahrbuch 11, 21.
Peire Pelissier H. R. 5, 321. M. 98.
Peire Raimon de Toloza ABIK. M. 26 B. R. 5, 323. PO. 29. MW.
  1, 133.
Peire Rogier ABEIKR. M. 26 B. R. 5, 330. PO. 24. MW. 1, 116.
Peire de Valeira IK. R. 5, 333. PO. 380. M. 99.
Peire Vidal ABEHIKPRae. Bartsch S. 2—4 ABEHIKR. M. 10 B.
  R. 5, 334. PO. 178. M W. 1, 216.

Peirol ABEIKRa. M. 19 B. R. 5, 281. PO. 88. MW. 2, 1.
Perdigo ABEIKRa. M. 21 B. R. 5, 278. PO. 114. M. 93.
Pistoleta IK. R. 5, 349. PO. 381. M. 100.
Pons de Capdoill ABEIKPRab. M. 5 B. R. 5, 352. PO. 10. MW. 1, 337.
Raimbaut de Vaqueiras ABEHIKPRa. M. 22 B. LB. 161 R. R. 5, 416. PO. 73. MW. 1, 358.
Raimon de Durfort IK. R. 5, 370. PO. 73. M. 102.
Raimon Jordan ABIKR. M. 16 B. R. 5, 376. PO. 199.
Raimon de Miraval ABEHIKPRa. M. 3 B. R. 5, 382. PO. 220. M. 104. MW. 2, 113.
Raimon de las Salas IK. M. 46 I. R. 5, 393. PO. 328.
Rainaut de Pons IK. R. 5, 430. PO. 384. M. 105.
Richart I von England IK. R. 5, 430. MW. 1, 127.
Richart de Berbezill ABIKP. M. 23 B. R. 5, 433. PO. 275.
Richart de Tarascon ABIK. M. 30 B. R. 5, 436. PO. 385.
Saill de Scola IK. M. 44 I. R. 5, 439. PO. 386.
Savaric de Mauleon IKR. R. 5, 439. PO. 147. M. 106. MW. 2, 142.
Sordel AIKa. R. 5, 444. PO. 145. M. 107. MW. 2, 246.
Tibors H. R. 5, 446. PO. 328. M. 108.
Tomier s. Palazi.
Uc de la Bacalaria IK. R. 5, 218. PO. 375. M. 87.
Uc Brunet ABEIKRa. M. 28 B. R. 5, 218. PO. 111.
Uc de Pena AIK. R. 5, 221. PO. 325. M. 88.
Uc de Saint Circ ABIKP. M. 20 B. R. 5, 222. PO. 161. MW. 2, 147.

Andere Quellen, aus denen wir unsere Kenntniss der persönlichen Verhältnisse bereichern würden, scheinen verloren. Francesco da Barberino (geb. 1264) benutzte für sein Documentum Amoris, das er 1290 begann, eine Anzahl provenzalischer Werke novellistischen und moralischen Inhalts, in welche viele Zeitgeschichten, Anekdoten u. dergl. verwebt waren[8]. Ein Sammelwerk der Art waren die *Flores dictorum nobilium provincialium*[9]. Daraus sind wahrscheinlich die Erzählungen entnommen, als deren Gewährsmänner Peire Raimon, Peire Vidal, Guillem Ademar, Raimon de Miraval und der Mönch von Montaudon genannt werden[10]. Auch wenn von den *illusiones* von Guillem de Berguedan gesprochen wird[11], sind wohl derartige Quellen gemeint.

---

[8] Aus solchen Quellen stammen mehrere auf Troubadours bezügliche Erzählungen, die sich bei italienischen Novellisten finden, die in den Biographien der Troubadours nicht erhalten sind.   [9] Jahrbuch 11, 57.   [10] Jahrbuch 11, 56.
[11] Jahrbuch 11, .

Raimon von Anjou, Raimundus de Andegavia, der wahrscheinlich auch provenzalischer Dichter war, verfasste mehrere von Francesco benutzte Werke¹². So einen *Tractatus de conversatione humana*, wohl eine Art von *enseignamen* (§. 33), und wahrscheinlich in Versen. Ferner einen *Tractatus de sollicitudine quae juvenibus est indicta*, von ähnlichem Inhalt. Ein drittes war der *Tractatus de societate fraterna*. Raimon war ein Zeitgenosse von Guillem Ademar und lebte also an der Grenze des 12. und 13. Jahrhunderts. Von seinem Ruhme bei den Zeitgenossen legt der Umstand Zeugniss ab, dass Hugolinus aus Forcalquier eines seiner Werke mit einer Glosse versah¹³, wahrscheinlich mit einer poetischen, wie wir eine solche Glossierung von Guiraut Riquier besitzen¹⁴.

Ein Buch mit provenzalischen Geschichten und Novellen verfasste ein nicht näher bezeichneter Raembaut, unter dem möglicherweise einer der als Dichter bekannten Raimbauts zu verstehen ist; auch dieses benutzte Francesco¹⁵. Eine Sammlung von Liebesstreitfragen scheinen die *Contentiones*¹⁶ von Blanchemain, einer in ihrer Jugend durch Schönheit wie Geist ausgezeichneten Dame, gewesen zu sein, ein Werk das Francesco vor sich hatte¹⁷.

§. 40.

Dem rein historischen Gebiete gehört zunächst die Geschichte des Albigenserkrieges, eine Prosaauflösung des älteren Gedichtes (§. 16), die sich in mehreren Handschriften erhalten hat und mehrmals herausgegeben worden ist¹.

Eine provenzalische Genealogie der Grafen von Toulouse hat Catel² veröffentlicht; ein Verzeichniss der römischen Päpste mit historischen Notizen in provenzalischer Sprache enthält die Pariser Handschrift fonds Gaignières 99.

Auf das Gebiet der historischen Sage führt uns das bekannte Werk des Pseudo-Turpinus, von welchem sich neuerdings auch eine provenzalische Uebersetzung in einer Handschrift des British Museum, addit. 17920, Bl. 7 ff., gefunden hat³. Das Werk wurde in seiner ursprünglichen Gestalt um die Mitte des 11. Jahrhunderts, der zweite

---

¹² Jahrbuch 11, 57 f. ¹³ Jahrbuch 11, 58. ¹⁴ Vgl. §. 32, 21. ¹⁵ Jahrbuch 11, 58. ¹⁶ prov. *contensos*; vgl. §. 25, 25. ¹⁷ Jahrbuch 11, 58.

§. 40. ¹ Vaissette, Histoire de Languedoc, Tome III, preuves, p. 1—108. Bouquet, Recueil des historiens des Gaules XIX, 114—192. Histoire anonyme de la guerre des Albigeois. Nouv. éd. revue et corrigée, avec un glossaire, des fragments de langue romane depuis le XI⁰ siècle jusqu' à nos jours, Toulouse 1863. Uebersetzt von Guizot, Collection des mémoires 15, 1—202 Eine Hs. in St. Omer (Nr. 725) scheint einen Pierre Desvaux de Cernai, einen Cistercienserönch, als Verfasser zu nennen; Hänel, Catalogus p. 251. ² Histoire des comtes de Toulouse, Toulouse 1623. fol. ³ P. Meyer in Archives des missions 2⁰ série, 3, 310.

Theil im zweiten Jahrzehnt des 12. von einem Geistlichen in Vienne verfasst⁴. Verwandten Geistes ist der Prosaroman Philomena der ebenfalls dem Sagenkreise Karls des Grossen angehört und die Thaten des Kaisers vor Carcassonne und Narbonne erzählt. Als Verfasser wird ein angeblicher Secretär Karls, Namens Philomena, bezeichnet. Der sagenhafte Inhalt ist dürftig; das meiste sind mönchische Erfindungen, die auf die Verherrlichung des Klosters de la Grasse hinauslaufen. Das Werk, welches wenigstens der ersten Hälfte des 13. Jahrhunderts angehört, ist uns in zwei Handschriften erhalten: A. British Museum, addit. 21218, aus Narbonne stammend; eine Abschrift des 17. Jahrhunderts in Paris fonds Doat t. VII; B, Paris, franç. 2232, anc. 10307. 2, am Anfang unvollständig. Jene enthält den besseren Text. Eine lateinische Uebersetzung wurde von Guillaume von Padua auf Veranlassung des Abtes Bernhard III von la Grasse (1237—1255) verfasst⁵.

§. 41.

Die übrigen wissenschaftlichen Prosawerke in provenzalischer Sprache gehören theils der Philologie, theils den Naturwissenschaften und der Medizin, theils endlich der Rechtswissenschaft an.

In nächster Beziehung zu der Literatur stehen die philologischen Arbeiten, die Versuche, die Volkssprache grammatisch und lexikalisch darzustellen. Der älteste derselben, aus dem Anfang des 13. Jahrhunderts, wurde von Uc Faidit unternommen. Sein Werk führt in Anlehnung an die im Mittelalter verbreitetste lateinische Schulgrammatik den Titel *Donatus provincialis*[1]. Wir besitzen es in mehreren Handschriften, die ausser dem Original eine lateinische Uebersetzung enthalten. Der Umstand, dass alle Handschriften in Italien sich befinden, deutet darauf hin, dass man hier das Werkchen zum Studium der eifrig betriebenen provenzalischen Sprache benutzte und zu diesem Zwecke auch die lateinische Uebersetzung, ursprünglich in interlinearer Form, wie sie sich in einer Handschrift (A) findet, hinzufügte. Wir kennen

---

⁴ G. Paris, De Pseudo-Turpino, Paris 1865, 8. ⁵ Herausgeg. ist diese Uebersetzung von Ciampi: De gestis Caroli Magni ad Carcassonam et Narbonam, Florentiæ 1823, nach der Laurent. Hs. plut. 66. cod. 27. Vgl. G. Paris, Histoire poétique de Charlemagne S. 89—91. Pertz, Archiv 10, 238. In einer andern Hs. wird ein Vidal als Uebersetzer genannt: les faits de Charlemagne par Philomena en roman et traduit en latin par Vidal par ordre d'un abbe de Grasse. Perg. hs. in Carcassonne, Nr. 5201. Hänel, Catalogus p. 115. Sie scheint danach auch das Original zu enthalten.

§. 41. [1] Grammaires provençales de Hugues Faidit et de Raymond Vidal de Besaudun, 2ᵉ édit. p. F. Guessard, Paris 1858; die erste Ausgabe erschien in der Bibliothèque de l'École des chartes t. I (1859—40). Ein Stück Chrest. 189—192. Vgl. noch Wildermuth, Die drei ältesten süd- und nordfranzösischen Grammatiken, Tübingen 1857. 4 (Programm des Gymnasiums).

folgende Hss.: 1, Laurentiana, fonds S. Maria del Fiore Nr. 187, Bl. 1—28. 13. Jahrhundert; 2, Laurent. Plut. XLI. 42, Bl. 67—78. 14. Jahrhundert; Abschrift davon in der Pariser Hs. lat. 7534; 3, Riccardiana Nr. 2814, Bl. 1—15. 16.—17. Jahrhundert, am Ende defect; 4, Ambrosiana in Mailand, D 465 inf., 17. Jahrhundert, unter Nr. 26 dieses Sammelbandes, und mit italienischer Uebersetzung in Nr. 35. Unter diesen scheidet sich der Riccard. durch einen vielfach abweichenden und selbständig redigierten Text aus. Der Grammatik schliesst sich unter der Aufschrift *De las rimas* ein metrisch wie lexikalisch wichtiges Reimlexikon an[2], an dessen Ende der Verfasser angibt, er habe sein Buch auf Bitten des Jacob von Mora und Conrad von Sterleto geschrieben: waren diese Italiener, wie es den Anschein hat, dann wurde wohl das Werk eigens für Italiener verfasst.

Die zweite Grammatik verdanken wir dem schon als Novellendichter (§. 19) erwähnten Raimon Vidal aus Besaudun. Sie führt den Titel *Las rasos de trobar* und ist in den vorhin erwähnten Hss. 2, Bl. 79—83, und 3. Bl. 15—28 enthalten, von denen wieder die letztere, die auch den Titel allein hat, durch ihren abweichenden Text bemerkenswerth ist. Das Werk von Raimon Vidal ist für Provenzalen bestimmt, für diejenigen, die sich im Dichten der rechten Sprache befleissigen wollen, und entnimmt zu diesem Zwecke die Belege den classischen Dichtern, deren Verstösse gegen die grammatische Correctheit getadelt werden. Auch in Spanien verschaffte diese Grammatik sich grosses Ansehen: eine catalanische Erklärung dazu verfasste Jofre Foxá[3], und noch der Marquis von Santillana kannte und citiert sie in der Einleitung zu den proverbiis von Don Inigo Lopez de Mendoza[4].

Eine Art Poetik, eine Anweisung zum Dichten, mit Analysierung einzelner Lieder und Strophen, enthält die Vaticanische Handschrift 3207, Bl. 47--49[5].

Ein provenzalisch-italienisches Wörterbuch, jedenfalls zum Gebrauch von Italienern angelegt, die Provenzalisch lernen wollen, findet sich in der Handschrift der Laurentiana Plut. XLI. 42, Bl. 78—79[6]: es scheint zunächst für die Hs. selbst angefertigt, denn die Wörter kommen meist in den Formen vor, wie sie in den provenzalischen Texten der Hs. erscheinen[7].

§. 42.

Unter den belehrenden Werken, welche ihren Stoff aus der Naturgeschichte entnehmen, stellen wir wegen ihrer populären Haltung

---

[1] Guessard S. 40—65.   [2] Milá, Trovadores en España S. 480.   [3] In seinem bekannten Schreiben über die altspanische Literatur bezeichnet er Raimon Vidal von Beralú als den Begründer des Consistoriums der gaya sciensa in Toulouse (§. 48).   [4] Ein Stück daraus Chrest. 291—294.   [5] Abschrift desselben in der Pariser Hs. lat. 7534.   [6] Zum Theil (A—E) gedruckt Jahrbuch II. 6—8.

und Verbreitung im ganzen Mittelalter eine Sammlung von Fragen und Antworten voran, welche in längerer und kürzerer provenzalischer Version vorliegt: die kürzere, in der Pariser Handschrift La Vall. 14, Bl. 138, hat den Titel *Episcopus declaramens de motas demandas*[1]; die längere steht in den Pariser Hss. franç. 1745, anc. 7693, Bl. 153—156[2]; fonds Gaignières 41, und Arsenalbibliothek espagnol 10[3]. In jener wird ein junger Mann, Pictaus, vor den Kaiser geführt und von ihm befragt. Jener Name ist aus Epictavus und dies aus Epictetus entstellt; der Kaiser wird in andern Quellen Hadrian genannt. Die gemeinsame Quelle der Bearbeitungen in den verschiedensten mittelalterlichen Sprachen ist ein lateinisches Werkchen, welches unter dem Titel *Joca monachorum* in einer Handschrift des 9. Jahrhunderts zu Schlettstadt sich findet[4] und seine Entstehung durch diesen Titel am besten bezeichnet[5]. Im 14. Jahrhundert war es unter dem Namen L'enfant sage, in Spanien unter dem der Donzella Theodor[6] bekannt und verbreitet.

Eine Naturgeschichte in kürzester Form ist das Werkchen über die Natur einiger Thiere und Vögel, ein gedrängter Physiologus, all die wunderlichen Eigenschaften aufzählend, welche das Mittelalter den Thieren beilegte, aber ohne die dabei geläufigen allegorischen Deutungen auf Christus, die wir schon in den griechischen und lateinischen Originalen, und ebenso in den altfranzösischen, altdeutschen, altenglischen Nachahmungen finden. Es steht in der Pariser Handschrift La Vallière 14, Bl. 140[7].

Von einem provenzalischen Lapidarius in Prosa, aus dem 13. Jahrhundert, haben sich ein paar Blätter in Paris gefunden (suppl. franç. 98. 19. 2, zwei Blätter in kl. 4), welche eine Uebersetzung eines Theils von Marbods Gedichte sind[8].

Von grösserer Bedeutung sind die medizinischen Schriften, weil sie meist in naher Beziehung zu der berühmten medizinischen Schule von Montpellier stehen. Die Handschrift der Baseler Universitätsbibliothek D II 11, aus Pergament und Papier gemischt, enthält eine Sammlung medizinischer Werke in provenzalischer Sprache. Das

---

§. 42. [1] Gedruckt Denkmäler 306—310. [2] Mittheilungen daraus Denkmäler S. 342 f. Germania 4, 308—315. [3] Die beiden letztgenannten erwähnt P. Meyer in der Bibliothèque de l'École des chartes 5e série, 3, 162. [4] Vgl. Germania 4, 310. [5] In der Münchener Hs. cod. germ. 77, Bl. 102—106, als *Altercatio Adriani Aug. et Epictari*. [6] Vgl. über diese Germania 4, 310. Knust im Jahrbuch 10, 150—153; und überhaupt über dieses Werk und seine Verbreitung Köhler in Germania 7, 350—354. Wilmanns in Zeitschrift für deutsches Alterthum 14, 530—555. 15, 166—180. [7] Gedruckt I.B. 162—66, und theilweise Chrest. 325—330. [8] Cap. 1—3. 30. 4—7. 43—56, in dieser Reihenfolge. Gedruckt in Notices et extraits des Mss. 5, 689—708. P. Meyer im Jahrbuch 4, 78—84.

älteste darunter ist die Chirurgie des bekannten Roger von Parma, Bl. 131—144 der Hs., welcher in Montpellier lebte und wirkte. Nach Häser[9] fällt er um 1214, und in den Anfang des 13. Jahrhunderts reichen die lateinischen Handschriften zurück. Roland von Parma, der um 1264 seine Chirurgie verfasste, war ein Schüler Rogers, dessen Werk nach Gui de Chauliac das erste im Mittelalter über Chirurgie geschriebene war. Es beruht hauptsächlich auf Abul Chasem und blieb lange Zeit hindurch in Ansehen. Der provenzalische Text ist wahrscheinlich erst aus dem Latein übersetzt. Ihm folgt in der Hs. ein kleineres anonymes Werk (Bl. 144—154), eine Harnlehre nebst Mitteln gegen verschiedene Krankheiten[10]. Das dritte ist eine Schrift über Anatomie nach Galenus, *Galiau* wie er hier heisst, mit einer grossen anatomischen Zeichnung versehen (Bl. 155—162). Daran schliesst sich eine Augenheilkunde (Bl. 163—169), wahrscheinlich auch von einem Italiener, da der Verfasser bemerkt, dass er ein bestimmtes Augenleiden vielfach in Toscana und der Marca angetroffen habe.

Mehrere kleinere medizinische Sachen haben sich ausserdem zerstreut in Handschriften erhalten: so eine Aufzeichnung über die dem Aderlass günstigen Tage in zwei Pariser Handschriften, La Vallière 14, Bl. 141, und franç. 1745, Bl. 147. Dann eine Schrift über die Wirkung des Branntweins, *aiga arden*, in medizinischer Hinsicht, in der Hs. des Arsenals, espagnol 10, Bl. 19[11]. Dieselbe findet sich auch in catalanischer Sprache in einer Madrider Handschrift des 13.—14. Jahrhunderts (A 115)[12]. Vielleicht ist das Werkchen aus dem lateinischen übertragen; in der Wiener Hs. 2466 des 14. Jahrhunderts, Bl. 88—90[13], findet sich ein lateinischer *Tractatus de aqua vite* von etwa gleichem Umfange[14]. Ein Fragment einer provenzalischen Receptensammlung, 2 Blätter des 13. Jahrhunderts, findet sich in der Pariser Handschrift suppl. franç. 98. 19. 2[15]. Auch Raynouard führt im Lex. Rom.[16] eine Sammlung von Recepten an, die von jener verschieden scheint, deren Quelle ich nicht habe entdecken können.

§. 43.

Von rechtshistorischen Werken ist zunächst zu nennen eine Compilation nach dem Codex Justiniani, welche sich in zwei Pariser Handschriften, A: espagnol 254, anc. 8164. 2, B: franç. 1932,

---

[9] Geschichte der Medizin, 2. Auflage, Jena 1853, 1, 341. [10] Hieraus ist die kurze Diätetik mitgetheilt durch W. Wackernagel in Haupts Zeitschrift 5, 16 f. [11] Gedruckt Denkmäler 314—315. [12] Denkmäler S. XXV. [13] Tabulae codicum Vindobon. 2, 79. [14] Anfang *Hec sunt virtutes*, Schluss *aqua non extinguitur*, genau wie im Catalanischen *Aquestes son les virtuts de l'ayqua ardent*. [15] Die erste Spalte herausgeg. durch P. Meyer, Jahrbuch 4, 80 f. [16] Lex. Rom. 2, 107. 120. 246. 417. 3, 236. 6, 21 u. s. w.

anc. 7893. 2. 2 A findet. Eine freie, auf mittelalterliche Verhältnisse und Anschauungen übertragene Bearbeitung, in welcher z. B. von den Kriegen gegen die Sarazenen die Rede ist[1], was auf das Zeitalter der Kreuzzüge, also spätestens die zweite Hälfte des 13. Jahrhunderts hindeutet. Bis jetzt ist nur ein Abschnitt aus dem Erbrecht gedruckt[2].

Sodann die zahlreichen Rechtsbücher, unter welchen wir nur die Statuten von Montpellier 1204, in doppelter Redaction, als grand talamus und petit talamus de Montpellier, vorhanden, ferner die von Avignon, Cahors, Marseille, Condom, Montcuq, und die Sammlung der von den Königen von England ertheilten Privilegien anführen wollen, alle wichtig als Sprachquellen, namentlich für die Kenntniss der älteren Mundarten, aber ebenso wenig wie die im 12. und 13. Jahrhundert sehr zahlreichen Urkunden in provenzalischer Sprache in das eigentliche Gebiet der Literatur gehörend.

Anhangsweise erwähnen wir noch eines provenzalischen Calendariums in der Pariser Handschrift franç. 1745, Bl. 148—153, worin unter Anderem über Wetterprophezeihungen und den Einfluss des Mondes gehandelt wird[3], und einer Münztabelle in der Handschrift des Arsenals, espagnol 10, aus dem 14. Jahrhundert, beide also in naher Beziehung zum praktischen Leben stehend, und nur in sprachlicher Beziehung für uns beachtenswerth.

§. 44.

Die Sprache dieses Zeitraums zeigt eine Erscheinung, wie sie kaum in einer andern mittelalterlichen Literatur in diesem Umfange begegnet. Die provenzalische Literatur des 12. und 13. Jahrhunderts, zunächst die poetische, hat es bis zu einem gewissen Grade zu einer allgemeinen Schriftsprache gebracht. Zwar bestanden von Alters her in den verschiedenen Theilen des südlichen Sprachgebietes verschiedene Mundarten, wie aus den Urkunden und den dem praktischen Leben dienenden Schriftwerken ersichtlich ist; auch in den Prosawerken, die meist dem Schlusse der Periode angehören, tritt der mundartliche Charakter mehr oder weniger hervor. In der Poesie aber flossen die Eigenthümlichkeiten der Dialekte in eine Literatursprache zusammen, deren die Troubadours aus den verschiedensten Gegenden Südfrankreichs sich bedienten. Diese Erscheinung erklärt sich aus dem ausserordentlich regen literarischen Verkehr, aus dem ununterbrochenen Wanderleben der Dichter, welches die mundartlichen Besonderheiten abschliff. Allerdings finden wir bei den Dichtern verschiedene Sprachformen in Gebrauch, aber nicht so, dass Dichter einer bestimmten Gegend auch

---

§. 43. [1] Chrest 298, 10, 12. [2] Chrest. 295—298, nach beiden Hss. bearbeitet. [3] Dieser Theil ist gedruckt Denkmäler 315—318.

bestimmter Sprachformen sich bedienen, sondern ein und derselbe Dichter braucht sie neben einander. Ursprünglich waren diese verschiedenen Formen sicher mundartlich, aber sie gehen neben einander her in der allgemeinen Dichtersprache. Aehnliche Erscheinungen bieten seit dem Ende des 12. Jahrhunderts auch Nordfrankreich und Deutschland, seit dem Ende des 13. auch Italien, aber keines dieser Länder hat eine Literatursprache so frühe und in so ausgedehntem Masse entwickelt.

Erscheint die sprachliche Gestaltung aus diesem Grunde wenig mannigfaltig, so ist die Entwicklung der Kunstformen eine um so reichere. Am reichsten natürlich im Mittelpunkte der Literatur, in der Lyrik. In der nichtstrophischen Poesie war der alte achtsilbige Vers, paarweise gereimt, bei weiblichem Reime neunsilbig, das herrschende Mass: in ihm sind die höfischen Romane, die Novellen, Legenden, die meisten Lehrgedichte, endlich auch die dramatischen Fragmente geschrieben. In der zur Lyrik hinüberleitenden Form des Liebesbriefes waltet er ebenfalls, und in der ältesten Form der Lyrik, dem *vers*, spielt er eine bedeutende Rolle (§. 25). Das Versmass der nationalen epischen Dichtung ist der zehnsilbige Vers[1], entweder mit der Cäsur nach der betonten vierten, weiblich nach der fünften Silbe, oder wie im Girart von Rossilho nach der sechsten Silbe, die auch die altfranzösische Poesie kennt[2]. Auch in die Lyrik gieng er über, mit Beibehaltung der Cäsur nach der vierten Silbe, nur dass dieselbe hier auch auf eine unbetonte fallen darf[3]. Weniger häufig ist der zwölfsilbige Vers, der Alexandriner, mit der Cäsur nach der sechsten Silbe: in der Lyrik kommt er fast nur in der einreimigen Strophe vor, in der Epik und Didaktik ist er auch nicht gerade oft verwendet. In der didaktischen Poesie wird dagegen sehr häufig der sechssilbige, paarweise gereimte Vers gebraucht; so in den meisten *enseignamens* und in vielen lehrhaften Briefen. Die Versformen der Lyrik sind ungleich mannigfaltiger; die Zahl der Silben, aus denen ein Vers besteht, steigt von 1 bis 12, die zwischen den einzelnen Versarten vorkommenden Combinationen in der Verbindung zur Strophe sind sehr zahlreich[4]. Besonders hervorzuheben ist der elfsilbige Vers, mit einer Cäsur nach der achten, oder wenn männlich, nach der siebenten Silbe, eine auch bei den Nordfranzosen vorkommende volksthümliche Form, deren hohes Alter schon durch die häufige Anwendung bei dem ältesten Troubadour, Guillem von Poitou, bestätigt wird: sie ist ihrem Ursprunge nach celtisch.

§. 44. [1] Vgl über diesen Diez, Altromanische Sprachdenkmale S. 75—132. Rochat im Jahrbuch 11, 65—93. Gautier, Les épopées françaises 1, 192 ff. [2] Meine Romanzen und Pastourellen I, 5, Anmerk. [3] Die epische Weise, nach der fünften Silbe, ist selten: vgl. Sancta Agnes S. XXVII. LB. 78, 40 Aum. Peire Vidal S. LXXIII. [4] Vgl. meine Abhandlung Der Strophenbau in der deutschen Lyrik, Germania 2, 257—298, wo auch die romanische Lyrik berücksichtigt ist.

Die Verse werden zur Strophe, *cobla*, verbunden. Die Gliederung derselben in drei Theile ist auch bei den Provenzalen nachzuweisen, aber mit der eigenthümlichen Modification, dass die Reime der beiden ersten, gleichen Strophentheile in umgekehrter Folge zu stehen pflegen[5]. Die Reime gehen gewöhnlich durch alle Strophen eines Liedes hindurch, seltener treten in jeder Strophe neue Reime ein, mitunter nach je zwei Strophen; auch kann ein Theil der Reime neu hinzutreten, ein anderer Theil bleiben. Die Kunst der Reimverwendung ist eine sehr mannigfaltige[6], die Künsteleien steigern sich, je weiter wir im 13. Jahrhundert vorrücken: grammatische, rührende, gebrochene, Binnenreime u. s. w. tragen dazu bei, die Formen sehr bunt und wechselreich zu machen. Manche Dichter erfreuten sich daran, besonders schwierige Reime und dunkle Ausdrucksweise anzuwenden: man nannte diese Dichtungsart *trobar clus*, *escur*, oder *trobar en rimas caras*. Der älteste Dichter, den wir sie anwenden sehen, ist Raimbaut d'Aurenga, vereinzelt auch Peire d'Auvergne, häufiger Guiraut de Borneill, und am meisten Arnaut Daniel, der wohl das Möglichste darin geleistet hat[7]. Jedes Lied ist begleitet von seiner Melodie, *so*, *sonet*, die die Dichter meist selbst erfanden. Beliebte Melodien wurden vielfach nachgeahmt, und dann mit Beibehaltung derselben Reimklänge, nicht Reimworte; das letztere findet nur Statt bei den Nachahmungen der Sextine (§. 28, 1). Am Schlusse des Liedes steht die *tornada*[8], das Geleit, eigentlich Wendung, weil der Dichter sich damit von dem Gegenstande seines Liedes ab- und an eine Person, entweder einen Gönner oder einen Freund, die Dame seines Herzens oder den Spielmann wendet, oder er redet das Lied selbst an. Das Geleit bildet eine kürzere Strophe und schliesst sich in der Form dem letzten Theile der Strophe an, selten ist es länger als die Hälfte derselben; bei mehreren Geleiten, die dann meist an verschiedene Personen sich wenden, pflegt jedes folgende kürzer zu sein als das voraufgehende, aber man findet auch mehrere Geleite von gleicher Länge. Diese Andeutungen mögen genügen, um eine ungefähre Vorstellung von dem Reichthum der provenzalischen Kunstformen im 12. Jahrhundert zu geben.

---

[5] Vgl. Germania 2, 280 f. Jahrbuch der Dantegesellschaft 3, 335. [6] Vgl. meine Abhandlung Die Reimkunst der Troubadours, Jahrbuch 1, 171—197. [7] Vgl. Diez, Poesie 100. Leben und Werke 131—132. 351. Jahrbuch 1, 195–197.
[8] Kalischer, Observationes in poesim Romancensem, Berol. 1866, 8; vgl. dazu Liter. Centralbl. 1867, Nr. 21, und Revue critique 1866, II, 298 ff.

Dritte Periode.

Das vierzehnte und fünfzehnte Jahrhundert.

§. 45.

Die wirkliche Lebensfähigkeit der provenzalischen Literatur, zumal der Poesie, ist mit dem 13. Jahrhundert erschöpft. Die beiden letzten Jahrhunderte des Mittelalters können höchstens als eine Nachblüthe gelten, in welcher die alten Traditionen noch fortwirkten. Die nationale Bedeutung der Literatur ist mit der politischen Selbstständigkeit Südfrankreichs gefallen; die Poesie hat daher, wo sie noch gepflegt wird, überwiegend einen gelehrten Charakter. Es war ein ernstliches, ja auch wohl ein nationales Streben, welches diese gelehrten dichterischen Bemühungen herbeiführte, aber sie vermochten nicht dem geschichtlichen Gange der Ereignisse sich entgegenzusetzen, um so weniger als kein einziges bedeutendes Talent auftrat, welches im Stande gewesen wäre, der Poesie einen neuen Inhalt zu geben oder auch nur im Geiste der alten Troubadourspoesie lebendig zu wirken. So finden wir allerdings alle Richtungen der Literatur des vorigen Zeitraums auch in diesem vertreten, aber es sind spärliche Trümmer, sind Nachzügler einer vergangenen Zeit, die sich ausgelebt hatte.

§. 46.

Die epische Poesie hatte schon in der Literatur des 12. und 13. Jahrhunderts keine bedeutende Stellung und trat hinter der französischen sehr zurück; jetzt, wo Frankreich auch politisch im Süden herrschte, wo französische Sprache mehr und mehr eindrang, übte die französische Epik einen um so grösseren Einfluss, aber auch sie hatte in demselben Zeitraume ihren Höhepunkt lange überschritten. Kein einziges episches Gedicht aus dem Kreise nationaler Sage begegnet uns, und auch auf dem Gebiete des Kunstepos finden wir nur einen vereinzelten Spätling des Ritterromans.

Arnaut Vidal von Castelnoudari verfasste im Jahre 1318 seinen *Guillem de la Barra*, welcher sich in einer beinahe gleichzeitigen Handschrift im Besitze des Marquis de la Garde erhalten hat[1]. Zu Ende des Mai des genannten Jahres wurde, laut der Schlussschrift, dieser Roman d'aventure beendet[2], der, in der gewöhnlichen Form der Reimpaare verfasst, von den ritterlichen und Liebesabenteuern des Helden handelt, welcher einem Könige jenseits Ungarn, genannt König von der

---

§. 46. [1] Guillaume de la Barre, Roman d'aventure. Notice accompagnée d'un glossaire publiée par P. Meyer, Paris 1868. 8; vgl. Literar. Centralblatt 1868. Sp. 1386 f. [2] P. Meyer S. 7, vgl. S. 17.

Serra *(de la Serra)* dient. Der Stoff ist ganz Erfindung des Dichters, armselig genug und zusammengeborgt aus Motiven, die wir sonst in der erzählenden Dichtung und Sage häufig finden und unter denen das altepische Motiv eines Kampfes zwischen Vater und Sohn hervorzuheben ist. Dem Dichter werden wir auf lyrischem Gebiete wieder begegnen; er gehört jenem toulousanischen Kreise an, der eine Erneuerung der provenzalischen Poesie beabsichtigte.

§. 47.

Zahlreicher sind die **geistlichen Stoffe** in erzählender Form vertreten. Ein ungenannter Dichter bearbeitete, wie es scheint im 14. Jahrhundert, die **Evangeliengeschichte** auf Grund eines apokryphischen Evangeliums. Die einzige Handschrift des noch ungedruckten Werkes, das in achtsilbigen Reimpaaren verfasst ist, besass Raynouard, der in seinem Lexique Roman es vielfach citiert[1].

Ebenfalls nach einer apokryphischen Quelle, dem sogenannten **Evangelium Nicodemi**, wurde im 14. Jahrhundert in gleicher Form[2] von einem Meister Eneas, der sich am Schlusse nennt[3], eine provenzalische gereimte Bearbeitung verfasst, die sich in der Pariser Handschrift franç. 1745, anc. 7693, Bl. 106—122, findet[4].

Das evangelium infantiæ[5], ebenfalls apokryph, diente als Quelle dem ungenannten Dichter der **Kindheit Jesu**, die in derselben Handschrift Bl. 170—181 steht[6]. Doch ist der Theil der Handschrift jünger als das Uebrige; durch den aus Nordfrankreich gebürtigen Schreiber, der das Gedicht 1374 schrieb, Simon Bretelli aus Tournay[7], hat die Sprache manchen französischen Einfluss erfahren. Der poetische Werth dieser wie der meisten Legenden des Zeitraums ist sehr gering, die Darstellung trocken, farblos und monoton.

Von **Heiligenleben** wurde bearbeitet die Legende vom heil. **Alexius**, einer der beliebtesten geistlichen erzählenden Stoffe im Mittelalter, ebenfalls in der genannten Handschrift, Bl. 158—166[8].

Auf localer Grundlage beruht das Leben des heil. **Trophimus**, welches in der Gegend von Arle seine Heimat zu haben scheint. Wir besitzen davon nur eine Abschrift aus dem 16. Jahrhundert in Paris,

§. 47. [1] z. B. Lex. Rom. 2, 1. 12. 50, 52. 78. 80. 89. 149. 158. 164. 165. 192. 5, 118. 206. 338. 524. 6, 13. 24. 37. 38. [2] Nur die beiden Anfangszeilen (LB. XII) sind, wohl fehlerhaft, zehnsilbig. [3] Oder ist damit nur der Schreiber gemeint? [4] Der Anfang Chrest. 371—376; ein anderes Stück Lex. Rom. 1, 577—578, wiederum ein anderes Die Erlösung (Quedlinb. 1858) S. XXIV—XXIX [5] Liber de infantia Mariæ et Christi salvatoris ed. O. Schade, Halis 1869. 4. [6] Herausgeg. Denkmäler 270—305; einzelne Stücke Lex. Rom. 1, 579 f. LB. 38—41. Chrest. 377-382. [7] Denkm. 305, 34 ist *Tornaco* für *Turnaro* zu lesen; s. Anmerk. zu 278, 6. [8] Anfang *E nom de dieu lo salvador*. Ein Stück Lex. Rom. 1, 575 f.

franç. 13514, welche von einer älteren Handschrift vom Jahre 1379 genommen ist. Etwa dieser Zeit wird auch das Gedicht angehören. Dasselbe unterscheidet sich in der Form von den übrigen Legenden, indem es in paarweise reimenden zehnsilbigen Versen verfasst ist[9].

Ein gereimtes Leben des heil. Georg in der Pariser Handschrift franç. 14973, Bl. 27—44 (Papierhs. des 14. Jahrhunderts), welches Dr. Hertz herausgeben wird, ist in stark catalanisch gefärbter Sprache, daher wohl auf spanischem Boden geschrieben[10].

§. 48.

Den grössten Reichthum zeigt auch in dieser Periode die lyrische Dichtung, die freilich an nationaler und nach aussen wirkender Bedeutung sich nicht entfernt mit der Lyrik des 12. und 13. Jahrhunderts messen kann. Sie ist eine künstliche Blume, eine Treibhauspflanze, welcher der nationale stärkende Boden, der befruchtende Sonnenschein fehlte. Toulouse ist der Ausgangspunkt und der Sitz dieser zünftigen, gelehrten Lyrik. Hier thaten sich im Jahre 1323 sieben Bürger zu einer Gesellschaft unter dem Namen *la sobregaya companhia dels set trobadors de Tolosa* zusammen und forderten ihre Mitbürger zu einer Versammlung in einem Garten der Augustinerstrasse auf[1]. Diese sieben Begründer waren Bernat de Panzac, Guilhem de Lobra, Berenguer de San Plancat, Peyre de Mejanaserre, Guilhem de Gontaut, Peyre Camo und Bernat Oth[2]. Jeden ersten Sonntag im Mai vereinigte man sich zu poetischen Wettkämpfen. Um jeden politischen Anstrich zu vermeiden, nannten sie sich Liebhaber des *gay saber*, der *gaya sabensa*, der fröhlichen Wissenschaft, und eine harmlose Fröhlichkeit war es sicherlich. Die Preise, welche für die besten Gedichte ertheilt wurden, hiessen *joyas del gay saber*; die Gesellschaft selbst, die sich 1324 förmlich constituierte, nannte sich *Consistori de la gaya sciensa*. An ihrer Spitze stand ein Kanzler und sieben *mantenedors*. Der erste Preis, bestimmt für die beste Dichtung im Genre der Canzone, des *vers*, des *descort*, war ein goldenes Veilchen, *violeta d'aur*: die erste Auszeichnung dieser Art erhielt 1324 der oben (§. 46) erwähnte Arnaut Vidal. Der zweite, eine wilde Rose von Silber, *ayglentina*, war für das beste Sirventes, Pastorelle oder Marienlied bestimmt; die silberne Ringelblume als dritter Preis für die beste *dansa* und für geringere Gedichte der ersten Classe. Da die alten poetischen Traditionen ziemlich vergessen waren, so wurde der Kanzler Guillem Molinier mit

---

[9] Ein Stück vom Anfang Chrest. 381—384; Einiges auch Lex. Rom. 1, 571 bis 572.   [10] Anfang *El nom de dieu omnipotent*.

§. 48.   [1] Das poetische Einladungsschreiben, beginnend *Als honorables et als pros*, steht bei Mary-Lafon, Tableau de la langue parlée dans le midi de la France, Paris 1842, S. 151.   [2] Vgl. Cambouliu im Jahrbuch 3, 132.

der Abfassung eines poetischen Gesetzbuches beauftragt, welche Arbeit 1356 vollendet wurde (§. 56). Seit der Zeit gewann die Gesellschaft einen bedeutenden Aufschwung; man nahm die Einrichtungen der Universitäten zum Muster und ertheilte förmliche Grade in Grammatik und Poesie[3]. Um einen Grad zu erlangen, war erforderlich, dass man als orthodox auf religiösem Gebiete, d. h. als streng katholisch, und als correct in sprachlicher Beziehung sich auswies. Merkwürdig ist es, dass die Liebe, welche den Mittelpunkt der Lyrik bildete und auch dem Gesetzbuch der Gesellschaft, *leys d'amors*, den Namen gegeben, so gut wie ausgeschlossen war: kein Dichter durfte individuelle Liebesempfindungen besingen, nur die Liebe im Allgemeinen und die zur heiligen Jungfrau war gestattet; unter der Dame *Amor* verstand man gradezu Maria mit dem Jesuskinde auf den Armen. Die Frauen waren von der Mitbewerbung um dichterische Preise ganz ausgeschlossen[4]. Jeder Bewerber musste sich persönlich einstellen, ausgenommen wenn er eine sehr hohe gesellschaftliche Position einnahm. Nicht zugelassen wurde, wessen Lebenswandel und religiöse Gesinnung nicht makellos war. Die Berufung zu den Versammlungen geschah in poetischer Form: eine solche Citation haben wir von Matieu d'Artigualoba aus dem Jahre 1468[5]. Die Preisrichter mussten schwören, aufrichtig und wahr zu entscheiden und sich von keiner Rücksicht leiten zu lassen. Die eingereichten Werke durften von ihnen vorher nicht corrigirt werden, höchstens durften sie die Autoren auf Fehler aufmerksam machen. Der Dichter musste eidlich versichern, dass er seine Dichtung ohne fremde Hilfe verfasst und kein Plagiat verübt habe; das bezog sich namentlich auf die Form, auch die Weise musste eine neue, selbständige sein. Wer drei Preise gewonnen hatte, hiess *trobador*. Die ganze Einrichtung und der Betrieb hat auffallende Aehnlichkeit mit den deutschen Meistersängerschulen, nur dass hier die Mitglieder ausschliesslich dem Handwerkerstande angehörten.

Die Wirksamkeit der Gesellschaft blieb nicht auf Toulouse beschränkt; es bildeten sich seit dem Ende des 14. Jahrhunderts Zweiggesellschaften mit gleicher Einrichtung, auch in Catalonien und Aragonien. Gegen Ende des folgenden Jahrhunderts finden wir dagegen die poetische Akademie von Toulouse in Gefahr des Verfalls: dem Interesse einer reichen Bürgerin, Clemence[6], verdankte sie neue Anregung und vielleicht ihre Erhaltung. Dieselbe, früher irrthümlich als die Be-

---

[3] Etwas Aehnliches ist schon der von Guiraut Riquier vorgeschlagene Name *doctor de trobar*: §. 21, 8.   [4] Erst am Ausgange des 15. Jahrhunderts finden wir Frauen an der Gesellschaft theilnehmend.   [5] Joyas del gay saber S. 235. Chrest. 379; eine andere s. Joyas S. 281.   [6] Vgl. Chrest. 407, 3. Dass sie Clemence Isaure geheissen, wie man meist angegeben findet, ist nicht erwiesen, aber ebensowenig darf man ihre Existenz in Abrede stellen.

gründerin der Gesellschaft betrachtet und ins 14. Jahrhundert gesetzt,
stiftete 1484 neue Blumenpreise und sorgte durch testamentarische
Schenkung für die Fortexistenz der Akademie, die ihre poetischen
Uebungen fortan jeux floraux, Blumenspiele, nannte. In dieser neuen
Gestalt trat sie aus dem Mittelalter in die neuere Zeit und hat sich
unter manchen Wechselfällen bis in die Gegenwart erhalten[7].

Die Acten der Gesellschaft sind leider nicht vollständig auf uns
gekommen: das Vorhandene besteht aus drei Registern, in welchen die
gekrönten Stücke aber mit einer Menge anderer Gedichte, die nicht
an der Bewerbung Theil nahmen, gemischt sind. Das älteste Manuscript gehört dem 14. Jahrhundert an und beginnt mit 1324, reicht
aber nur bis in die 30er Jahre; das zweite, 1458 beginnend, enthält
zum Theil ältere Stücke, zum Theil die Preisgedichte von 1458—1484;
das dritte stammt bereits aus dem 16. Jahrhundert.

§. 49.

Ausserhalb des toulousanischen Kreises stehen einige Dichter, deren
dichterische Thätigkeit noch vor die Begründung der Gesellschaft fällt;
sie finden sich fast alle in der Handschrift f (§. 24). So Rostanh
Berenguier aus Marseille, der am Anfang des 14. Jahrhunderts
dichtete und den auch Nostradamus (S. 192) erwähnt[1]. Vielleicht
noch dem 13. Jahrhundert und dem Beginn des folgenden gehören
Johan de Pennas[2], Ponson[3] und Berenguier Trobel[4] an.
Die Leys d'amors[5] führen von einem sonst unbekannten Dichter,
Peire Arquier, eine Strophe in einer vielgebrauchten Strophenform an[6]; der Dichter gehört wie alle in dem genannten Werke mit
Namen angeführten wohl noch ins 13. Jahrhundert, aber ans Ende desselben. In den Anfang des 14. fällt ein Sirventes von Johann
Nicolaus aus Piniac vom Jahre 1303, gerichtet gegen den Geistlichen Rogier von Piniac: ein Beispiel von dem Fortleben und Wirken
des persönlichen Rügeliedes[7]. Ein Nachzügler des Kreuzliedes ist das

---

[1] Vgl. zur Geschichte: Poitevin Peitavi, Mémoires pour servir à l'histoire
des jeux floraux, Toulouse 1815. Joaquin Rubio, Sobre los juegos florales, in: Arte,
Mayo 1857 (vgl. Mila, Trovadores S. 482). F. R. Camboulin, Renaissance de la
poésie provençale à Toulouse, Jahrbuch 3, 125—145 (vgl. Meyer in Bibliothèque de
l'Ecole des chartes, 5e série, 5, 51 ff.). V. le Clerc, Histoire littéraire 21, 475 ff.
Gatien-Arnoult, Monuments de la littérature romane, Paris 1841, und dazu F. Wolf,
Studien zur Geschichte der spanischen und portugiesischen Nationalliteratur, Berlin
1859, S. 235—270.
§. 49.   [1] P. Meyer, Les derniers troubadours de la Provence S. 481—503.
[2] P. Meyer S. 503—505. Chrest. 319.   [3] P. Meyer S. 505—510.   [4] P. Meyer
S. 510 f.   [5] I, 316.   [6] Andere Beispiele in Haupts Zeitschrift 11, 157.
[7] P. Meyer in der Revue des sociétés savantes, 4e série, 10, 10—16.

Sirventes des Ritters Lunel von Mouteg oder Moncog[8] vom Jahre 1326, in welchem zu einer Zeit, wo man den Gedanken das heilige Land zu erobern bereits aufgegeben hatte, zu einem Kreuzzug aufgefordert wird[9]. Von demselben Dichter besitzen wir eine Anzahl Coblas esparsas, die sich wie jenes Sirventes in die Pariser Hs. La Vallière 14 nachgetragen finden, und die zusammen die Form eines Liedes mit Geleit bilden[10], wie man seit dem Ende des 13. Jahrhunderts auch in Deutschland Sprüche, meistens drei, zu Liedern vereinigte.

Unbekannt ist der Name des Dichters, der dem Tode Roberts von Sicilien (6. Januar 1343), wahrscheinlich als Augenzeuge berichtend, ein Klagelied widmete[11]; dasselbe steht in der Pariser Handschrift franç. 1049, anc. 7337, Bl. 14, in welcher dem Gedichte ein Bild vorausgeht, das den König umringt von den Seinen im Tode darstellt, und hat ausser dem literarischen auch geschichtliches Interesse. Vom Eingreifen der Poesie ins Leben, dem die toulousanische Dichterschule sich ganz fern hielt, gibt noch am Ende des 14. Jahrhunderts (1380) ein Process Zeugniss, welchen Antoine Barjac gegen Johan Pellenc wegen eines Liedes führte[12].

Wir sehen in der Lyrik die Hauptformen der alten Troubadourspoesie fortleben, den Vers, die Canzone, das Sirventes: dagegen hat die Tenzone alle Bedeutung verloren und wird auch fast gar nicht mehr cultiviert. Von den zum Volksthümlichen neigenden Gattungen finden wir ausserdem die *dansa*, aber fast nur in geistlicher Wendung, vereinzelt die Pastorelle, auch diese zum Theil nur mit Bewahrung des Namens, ohne den früheren Inhalt. In den Leys d'amors werden allerdings sämmtliche früher vorkommende Dichtungsarten erwähnt, aber sie scheinen nach den bis jetzt bekannten Proben nur zum kleinsten Theil in wirklichem Gebrauche gewesen zu sein. Dem volksthümlichen Elemente, das wir schon in der classischen Zeit sehr zurücktretend fanden, war die künstliche Poesie der Toulousaner noch weniger hold; doch entnehmen wir aus Andeutungen der Leys d'amors, dass noch im 14. Jahrhundert neben der Kunstpoesie die Volksdichtung in Südfrankreich fortdauerte.

§. 50.

Den Reigen der lyrischen Dichter der toulousanischen Zunft[1] eröffnet Arnaut Vidal von Castelnoudary, welcher durch ein Ge-

---

[8] Gedruckt Denkmäler 124—126. [9] Vgl. Denkmäler S. XIX. [10] Gedruckt Denkmäler 131—132. [11] Denkmäler 50—57. [12] Bouillon-Landais, Un procès pour une chanson (Marseille 1380). Antoine Barjac contre Jean Pellenc, Marseille 1865.

§. 50. [1] Ein Verzeichniss der gekrönten Dichter des 14. und 15. Jahrhunderts, soweit sie in den Akten vorkommen, geben die Joyas del gay saber S. 297 f.

dicht auf die Jungfrau Maria in grammatischen Reimen im Jahre der
Stiftung das goldene Veilchen, den ersten überhaupt ertheilten Preis,
errang². Es wird als Sirventes bezeichnet, ein Beweis, wie wenig man
damals die alten Dichtungsgattungen aus einander zu halten wusste.

Von den sieben Dichtern, welche die Gesellschaft begründet hatten
(§. 48, 2), wissen wir nichts als ihre Namen; doch ist Peire Camo
wohl derselbe wie Peire Camor, dem die Handschrift C ein Peire
Bremon gehöriges Lied³ beilegt.

Im folgenden Jahre (1325) gewann den ersten Preis Raimon
d'Alayrac, Kaplan aus Albigeois, mit einem in schweren Reimen,
rimas caras (§. 44, 7), verfassten Gedichte auf die Liebe⁴. Raimon
de Cornet errang die Violeta 1333: auch er gehörte dem geist-
lichen Stande an und wird als *frayre* bezeichnet. Sein Preisgedicht
ist uns nur verstümmelt erhalten⁵, ein Loblied auf die heil. Jungfrau
mit durch alle Strophen hindurchgehenden Reimen. Wir besitzen von
ihm ausserdem Canzonen, Verse, Sirventes, Tenzonen und Briefe⁶. Unter
den Sirventes ist namentlich die mit Unrecht Peire Cardenal beigelegte
gesta hervorzuheben, in welcher alle Stände scharf mitgenommen
werden⁷. Hier erscheint er bedeutend genug um wünschen zu lassen,
dass mehr von ihm bekannt werde.

Pons de Prinhac gewann den ersten Preis 1345: er beklei-
dete in Toulouse schon 1309 die hohe Stellung eines Capitols, zu
welchem Amte er 1349 nochmals gewählt wurde. Sein Gedicht, als
vers bezeichnet⁸, vergleicht in guter Durchführung die Welt mit einem
Garten, in welchem der Mensch als Blume wächst. Austorc de
Galhac siegte 1355 mit einer *canso retrogradada* auf die Jungfrau
Maria: er war Doctor der Rechte zu Vilalongua in Nieder-Languedoc
und leistete Guilhem Molinier bei der Abfassung seines poetischen
Gesetzbuches durch seine Kenntnisse gute Dienste⁹.

Guilhem Molinier, der mehrfach erwähnte Kanzler der Ge-
sellschaft, war, wie sich erwarten lässt, auch Dichter. Wahrschein-
lich rühren von ihm die meisten der in den Leys d'amors angeführten
Musterverse und Mustergedichte her. Ausserdem besitzen wir von
ihm einige Verse, worin er den *mantenedors*, den Beiständen, für ihre
Hilfe bei Abfassung seines grossen Werkes dankt¹⁰. Auffallen müsste
es, ihn nicht unter den Preisgekrönten zu finden, wenn wir nicht
wüssten, dass die Listen jener Zeit uns nur unvollständig erhalten sind.

¹ Las joyas del gay saber p. p. Gatien-Arnoult (Monuments de la littérature
romane depuis le 14ᵉ siècle,' 2ᵉ publication, Toulouse 1849), S. 3—6. Chrest. 351
bis 354.   ² Nr. 380, 7 des Verzeichnisses.   ³ Joyas S. 7—9.   ⁴ Joyas
S. 246.   ⁵ Joyas S. 247.   ⁶ Ein Stück Chrest. 355—358. Vollständig, aber
unter dem Namen P. Cardenal, Lex. Rom. I, 464—473.   ⁷ Joyas S. 10—12,
vgl. S. 247. Chrest. 365 366.   ⁸ Joyas S. 13—15; vgl. S. 247.   ¹⁰ Vgl.
Joyas S. 247.

Huc del Valat, Arzt in Montpellier, erhielt die Violeta 1372 mit einem Gedichte[11], welches die Form der Canzone und des Tanzliedes mischt, einer *canso e dansa mesclada*, so dass die ungraden Strophen der Canzone, die graden der *dansa* gehören. Dass diese wenig geschmackvolle Manier eine Neuerung war, deutet er selbst an[12].

Im folgenden Jahre (1373) wurde die Violeta Peire Duran für einen Vers auf die Liebe zu Theil[13]. Dasselbe Lied wird jedoch von einer anderen Handschrift dem Ritter Peire de Monlasur beigelegt und dieser als Sieger des Jahres 1373 bezeichnet[14]. Um dieselbe Zeit wurde Arnaut Donat, Licentiat des Rechtes, wegen eines geistlichen Vers gekrönt[15].

Nach einer langen Lücke in der Ueberlieferung sehen wir 1436 Martin de Mons, einen Kaufmann aus Toulouse und vielleicht einen Nachkommen von Nat de Mons, den zweiten Preis, die Aiglentina, gewinnen: sein *vers figurat*[16], d. h. ein allegorisches Gedicht, stellt das Concil von Basel unter dem Bilde eines Gartens dar, dessen Fruchtbäume die Cardinäle und Prälaten sind. Andere Sachen desselben Verfassers sind eine ABC-Canzone vom Jahre 1433, mit Bezug auf die damalige Theuerung[17], und mehrere Chronogramme in Versen auf Ereignisse der Jahre 1392, 1415 und 1436[18].

Guilhem de Galhac, Licentiat des Rechts und königlicher Procurator des Appellhofes, später (1455) Capitol in Toulouse, wurde dreimal mit Preisen gekrönt: er gewann 1446 die Aiglentina mit einem Sirventes figurat, worin er bildlich das Gemeinwesen von Toulouse darstellte[19]. Vermuthlich schon vorher hatte er einen geringeren Preis, *lo gauch*, mit einer *dansa d'amors* auf die Jungfrau Maria erlangt[20]; endlich, 1453, wurde ihm auch der höchste Preis zu Theil: mit einem Gedichte über die sieben Gaben des heil. Geistes[21]. Seine Verdienste ehrte die Gesellschaft durch Ernennung zum *mantenedor*; ihm verdanken wir eines der Manuscripte, welches die gekrönten Lieder enthält, und ein Verzeichniss der damaligen *mantenedors*[22].

1450 erlangte Johan del Pegh, ein Studierender, den Preis der Aiglentina durch ein Sirventes auf Karl VII von Frankreich[23]. Ramon Valada, königlicher Notar in Toulouse, später (1475) Capitol daselbst, gewann im folgenden Jahre (1451) die Violeta durch einen Vers zu Ehren Karls VII und Dorvals, gerichtet an den König

---

[11] Joyas 16—19. Chrest. 375—378. Dass der Schluss (S. 20) einem anderen Gedichte angehört, ist zu Chrest. 378, 10 bemerkt. [12] Chrest. 375, 17. [13] Joyas 25—28. [14] Joyas 248—250. [15] Joyas 21—24. [16] Joyas 105—107. Chrest. 389—392. [17] Joyas 256—267. [18] Joyas 270—272. Ein paar andere Chronogramme auf 1350 und 1463 ebenda S. 268. 273. [19] Joyas 108—110. [20] Joyas 190. 192. [21] Joyas 33—38. [22] Joyas S. 250 f. [23] Joyas 119—123; vgl. S. 274.

von England[24]. 1458 wurde er zum Secretär des Consistori der gaya sciensa ernannt und führte als solcher 1464 das noch erhaltene Protokoll der Wahl von Johan de Sayses zum Kanzler der Gesellschaft[25]. In demselben Jahre errang Johan Johanis de Gargas, der 1441 Capitol von Toulouse war, die Aiglentina durch einen Vers auf die Pest, welche 1450 in Toulouse geherrscht hatte[26]. Der kleine Preis, *lo gauch*, wurde gleichzeitig Johan de Calmo, Baccalaureus des Rechtes, später (1474) Capitol von Toulouse, für eine Dansa auf die heil. Jungfrau zu Theil[27]. 1464 gewann er die Violeta mit einem *vers capcoat*[28] geistlichen Inhalts[29].

Anthoni de Jaunbac, Rector von Sant-Sarni in Toulouse, erhielt die Violeta 1455 durch eine Canzone auf Maria[30]. Auch die beiden anderen Preise erlangte er, den zweiten durch einen allegorischen Vers[31], den dritten durch eine Dansa auf Maria[32]. Ausserdem verfasste er 1455 eine Canzone zu Ehren des heil. Exuperius, die aber noch nicht aufgefunden ist[33].

Johan Gombaut, Kaufmann in Toulouse, 1472 Capitol, erlangte ebenfalls alle drei Preise; zuerst die *gauch* 1456 durch eine Dansa auf Maria[34], die Violeta 1466 durch eine ebenfalls an die heil. Jungfrau gerichtete Canzone[35], und im folgenden Jahre die Aiglentina durch ein Sirventes, welches die Verderbniss der Zeit straft[36].

Bertran de Roaix, Baccalaureus des Rechts, gewann die Violeta 1459 durch eine Mariencanzone[37] und 1461 durch eine Liebescanzone[38]. 1459 erlangte Berenguier del Hospital, damals Student in Toulouse, mit einem allegorischen Gedichte auf die obersten Behörden der Stadt die Aiglentina[39], 1467 den dritten Preis mit einem Lobgedicht auf Toulouse[40], und 1471 den ersten mit einem Klageliede der Christenheit über den Türkenkrieg[41]. Er war sehr eifrig für die Gesellschaft thätig; er hauptsächlich veranlasste ihre Erneuerung am Ende des 15. Jahrhunderts. Noch 1513 war er am Leben.[42]

Danis Andrieu, Kaufmann in Toulouse, gewann 1460 den ersten Preis für eine Canzone auf Maria in grammatischen Reimen[43]. Im folgenden Jahre erhielt ihn Anthoni del Verger aus Perpignan, damals Student, mit einem Vers auf die heil. Jungfrau[44]. 1462 wurde die Violeta Thomas Luys, Baccalaureus des Rechts,

---

[24] Joyas 29—32.   [25] Joyas S. 250.   [26] Joyas 124—127; vgl. S. 274.   [27] Joyas 199—201.   [28] d. h. mit Aufnahme des Schlussreimes jeder Strophe in den Anfang der folgenden.   [29] Joyas 59—63.   [30] Joyas 42—44 und 251—253, nach zwei verschiedenen Hss.   [31] Joyas 111—115.   [32] Joyas 196—198.   [33] Joyas 253.   [34] Joyas 205—207.   [35] Joyas 73-76.   [36] Joyas 159—161.   [37] Joyas 45—47.   [38] Joyas 136—138.   [39] Joyas 131—135.   [40] Joyas 220—223.   [41] Joyas 83—88.   [42] Joyas 255.   [43] Joyas 48—50.   [44] Joyas 51—55.

für einen Vers zu Ehren des Königs von Frankreich zuerkannt[45]. Derselbe erhielt 1465 die Aiglentina für ein Sirventes, auf Diejenigen, die die christliche Liebe nicht üben[46].

Johan de Recaut[47] gewann die Aiglentina drei Jahre vorher (1462) durch einen allegorischen Vers[48]. Der dritte Preis wurde in diesem Jahre Peire de Blays, einem Studenten, für eine Dansa verliehen[49]. Helias de Solier, Baccalaureus des Rechts und der Medizin, bekam 1464 die Aiglentina für ein Sirventes über den grossen Brand von Toulouse 1463[50]. Derselbe Gegenstand ist wahrscheinlich von dem Dichter selbst in anderem Versmass nochmals behandelt worden[51]. In dem genannten Jahre (1464) gewann Peire de la Roqua, Baccalaureus, später (1470) Capitol in Toulouse, den dritten Preis durch ein Sirventes, welches ebenfalls den Brand von 1463 zum Gegenstande hat[52]. Die Violeta erhielt er 1465 für einen Vers über den Antichrist[53] und die Aiglentina 1468 für ein Kampfgespräch zwischen Krieg und Frieden[54], also einen Nachzügler der alten Tenzone.

Peire Duran de Vilamur, Baccalaureus des Rechtes, später (1476) Capitol, erlangte mit einer Dansa d'amors 1465 den dritten Preis[55]. Im folgenden Jahre wurde die Violeta Johan Salvets, einem Carmelitermönche, für einen Vers auf die Passion Christi verliehen[56]. Doch wird bemerkt, dass auch Johan Gombaut in diesem Jahre die Violeta bekam[57]; vielleicht also, dass ausnahmsweise zwei Preise ertheilt wurden. Gleichzeitig erwarb Bertran Brossa, Baccalaureus des Rechtes, den zweiten Preis mit einem allegorischen Vers[58]. Den dritten in diesem Jahre bekam für ein geistliches Tanzlied[59] Frances de Morlas, Baccalaureus des Rechts, aus einer edlen Familie in Toulouse, die eine Reihe von Capitols des 15. Jahrhunderts geliefert hat. Zwei Jahre nachher wurde er mit der Violeta gekrönt für eine Canzone auf Maria[60], und 1471 gewann er die Aiglentina für ein politisches Sirventes[61]. Auch einen ausserordentlichen Preis, einen silbernen Zweig, erhielt er 1468, und zwar für ein mit vorher bestimmtem Refrain versehenes Lied[62]. In demselben Jahre bekam Raimon Stairem, ebenfalls Baccalaureus des Rechts, für ein geistliches Tanzlied[63] den dritten Preis.

---

[45] Joyas 56—58. [46] Joyas 152—154. [47] Ein Capitol dieses Namens von 1410 kann nicht derselbe sein: Joyas S. 275. [48] Joyas 139—142. [49] Joyas 208—210. [50] Joyas 143—147. [51] Joyas 148—151; vgl. S. 275. Chrest. 393—396. [52] Joyas 211—213. [53] Joyas 61—63. [54] Joyas 162—167. [55] Joyas 214—216. Chrest. 395—398. [56] Joyas 69—72. [57] Anmerk. 35. [58] Joyas 155—158. [59] Joyas 217—219. [60] Joyas 77—79. [61] Joyas 164—170. [62] Joyas 237—238. [63] Joyas 224—226.

Anthoni Cousn, Baccalaureus des Rechts, erlangte 1471 die Violeta mit einem allegorischen Vers auf Maria[64], die er unter dem Bilde eines Baumgartens, ihre Tugenden als die Obstbäume darin darstellt. Doch liegt vielleicht ein Irrthum in der Zahl vor, denn in demselben Jahre bekam auch Berenguier del Hospital den erwähnten Preis[65]. Der gleiche Zweifel waltet bei Anthoni Racaud, einem Kaufmann aus Toulouse, der 1471 die Aiglentina durch ein Sirventes[66] erlangt haben soll, während doch Frances de Morlas auch als Sieger bezeichnet wird[67]. Den dritten Preis des genannten Jahres gewann Raimon Benedicti, Baccalaureus des Rechts, für eine geistliche Dansa[68]. Einen ausserordentlichen Preis erhielt in diesem Jahre der Baccalaureus des Rechts Peire de Janilhac, aus Paris gebürtig, damals Student in Toulouse, für eine *letra d'amors*, aber in lyrischer Form[69].

Bernart Arnaut, Collegiat aus Perigord, bekam 1472 die Violeta für einen *vers claus*[70], ein Gedicht in allegorischer Einkleidung. 1474 wurde sie Bernart Nunho, einem Arzte, für ein Marienlied[71] verliehen. Den zweiten Preis desselben Jahres bekam Johan Cathel, Kaufmann in Toulouse, für ein Sirventes *capcoat*[72]. Den dritten erhielt Johan Bemonis, Collegiat von Saint-Raimond in Toulouse, für ein mit Refrain versehenes Tanzlied[73]. Im Jahre 1474 sehen wir die Violeta an Arnaut de Bernart, Baccalaureus des Rechts, für eine Canzone, die die politischen Ereignisse in der Grafschaft Foix betrifft, verliehen[74].

1498 bekam Bertran de Roaix zum ersten Male die neue Aiglentina, welche Clemence gestiftet hatte, für eine Canzone auf Maria[75]: es ist dies ohne Frage ein anderer als der früher (1459—1461) vorkommende Dichter gleiches Namens[76].

Nicht näher lässt sich die Zeit einiger anderer Dichter bestimmen, die ebenfalls Preise gewannen: vermuthlich fallen sie in die Lücke zwischen 1373 und 1436.

Arnaud Algar, Baccalaureus des Rechts und Richter in Fenolhedas, erlangte die Violeta für eine Canzone auf Maria[77]; die Aiglentina bekam Guillem Bru, Richter in Toulouse, für einen Vers religiös-moralischen Inhalts[78]; den dritten Preis errangen Bonet mit einem geistlichen Tanzliede[79], und mit einem ebensolchen Peire de Malardier[80] und de Brolh[81]. Die Pastourelle eines ungenannten Dichters,

---

[64] Joyas 81—82.   [65] Anmerk. 41.   [66] Joyas 171—176.   [67] Anmerk. 61.
[68] Joyas 227—229.   [69] Joyas 239—241.   [70] Joyas 93—95.   [71] Joyas 96—98.   [72] Joyas 177—180.   [73] Joyas 230—232.   [74] Joyas 99—101.
[75] Joyas 181—183. Chrest. 407—408.   [76] Anmerk. 37. 38. Joyas 277.
[77] Joyas S. 39—41.   [78] Joyas 116—118; vgl. S. 274.   [79] Joyas 187 bis 189.   [80] Joyas 193—195.   [81] Joyas 202—204.

welche die Christenheit wegen des Türkenkrieges tröstet, wurde ebenfalls mit der Violeta gekrönt⁸².

Die einzige Dichterin dieses Zeitraums ist die Dame von Vilanova, von welcher wir eine Canzone aus dem Jahre 1496 besitzen⁸³; sie ist an Maria, nicht, wie man in falscher Deutung einer Stelle⁸⁴ annahm, an Clemence gerichtet⁸⁵. Die Dame dichtete schon im Jahre 1463: ein nicht erhaltenes Liebeslied gehörte dieser Zeit an⁸⁶.

Ausser den Genannten kennen wir eine Anzahl anderer Dichternamen desselben Kreises, ohne dass jedoch von ihren Werken etwas sei es erhalten, sei es veröffentlicht wäre. Guilhem de Galhac hat uns ein Verzeichniss der Männer überliefert, welche zugleich mit ihm das Präsidium der Gesellschaft bildeten⁸⁷: es waren Gualhart d'Aus, Johan de Sayses, Bernart de Goyrans, Johan Amic, Peire Isalguier, Ramun de Puybusqua, und Uc Pageza, die alle ohne Frage auch als Dichter auftraten, weil sie sonst jene Stellung nicht bekleidet haben könnten. Doch ist mit ihren Producten schwerlich etwas Werthvolles untergegangen oder uns entzogen.

§. 51.

Die didaktische Poesie hat einen vom vorigen Zeitraume wesentlich verschiedenen Charakter: während sie dort ihren Mittelpunkt in der höfischen Lehre, in den Anweisungen für das höfische Leben und seine Erfordernisse und Bedürfnisse findet (§. 31), ist sie hier überwiegend geistlich. Hierher gehört die poetische Bearbeitung des 108. Psalmes Deus laudem ne tacueris in der Pariser Handschrift franç. 1745, anc. 7693, Bl. 182—185¹, in wechselnden Versmassen und ziemlich unvollkommenen Reimen, die keinen gewandten Dichter verrathen, wahrscheinlich ein Geistlicher aus dem 14. Jahrhundert.

Die Verse vom jüngsten Gericht in der Pariser Hs. franç. 14973, Bl. 26—27², in paarweisen Reimen, die sich zu vierzeiligen Strophen gliedern, gehört wie die darauf folgende Legende von S. Georg (§. 47, 10) mehr der catalanischen als der provenzalischen Sprache an. Dieselbe Handschrift enthält auch ein Streitgedicht zwischen Körper und Seele, Bl. 1—26³, ein beliebter Gegenstand der betrachtenden Poesie im Mittelalter, vielleicht auch auf der lateinischen Visio Philiberti⁴ beruhend, welche den zahlreichen deutschen und romanischen Dichtungen des gleichen Inhalts zu Grunde liegt. Die Sprache ist wie bei dem vorigen Denkmale stark catalanisch gefärbt.

---

⁸² Joyas 89—92. Chrest. 397—400.   ⁸³ Joyas 278—279. Chrest. 405—406.   ⁸⁴ Chrest. 405, 26.   ⁸⁵ Vgl. Jahrbuch 3, 139.   ⁸⁶ Joyas 278.   ⁸⁷ Joyas 251.
§. 51. ¹ Gedruckt Denkmäler 71—75.   ² Anfang *Un rey contra perpetual*. ³ Anfang *Lautrier auciey una tenso*.   ⁴ Karajan, Frühlingsgabe für Freunde älterer Literatur, Wien 1839.

Endlich die Poesien der Waldenser. Während man früher allgemein dieselben in den Anfang des 12. Jahrhunderts setzte, ist in neuerer Zeit der unumstössliche Beweis geführt worden, dass sie nicht früher als im 15. Jahrhundert abgefasst sind[5]. Sämmtliche Handschriften, in Genf, Dublin, Zürich, Grenoble, gehören erst dem 15., zum Theil sogar dem 16. Jahrhundert an; Sprache und Versbau widerstreiten schlechterdings einer so viel früheren Periode[6].

Als das älteste unter den waldensischen Gedichten betrachtete man allgemein die *Nobla leyczon*, welche im Anfang des 12. Jahrhunderts verfasst sein sollte. Die Handschriften, deren wir vier, darunter ein Fragment, besitzen, haben *ben ha mil e cccc. an compli entierament*, in der einen ist die Zahl 4 c geschrieben und die 4 ausradirt, in dem Bestreben dem Gedichte ein höheres Alter zu geben. Dasselbe, in Alexandrinern geschrieben, die theils paarweise, theils mehrfach reimen, gibt eine lehrhafte Darstellung der Heilsgeschichte und ist wiederholt herausgegeben[7].

Denselben Charakter tragen, und ohne Zweifel auch derselben Zeit, dem Anfange des 15. Jahrhunderts, gehören einige andere Gedichte. *La Barca*, von der Kürze und den Leiden des menschlichen Lebens handelnd, in einer Genfer Handschrift[8], in sechszeiligen Strophen verfasst, die Reime und Verse wie bei der Nobla leyczon; *Lo novel sermon*, ebenfalls in einer Genfer Handschrift erhalten[9] und in Alexandrinertiraden mit zwei- und mehrfachen Reimen. *Lo novel confort* ist dagegen in vierzeiligen Strophen geschrieben, auf je einen Reim ausgehend[10].

---

[5] Am besten orientiert über die Streitfrage P. Meyer's Darstellung in der Revue critique I, 36—42. Die einschlagenden Schriften, die zugleich auch die waldensische Prosa umfassen, sind: Perrin, Histoire des Vaudois, 1618. Morland, History of the churches in the valleys of Piemont, 1658. Léger, Histoire générale des églises évangéliques des vallées de Piémont ou vaudoises, 1669. Monastier, Histoire de l'église vaudoise, 1847. Hahn, Geschichte der Ketzer im Mittelalter, 2. Band, 1847. Dieckhoff, Die Waldenser im Mittelalter, 1851. Herzog, Die romanischen Waldenser, 1853. Bradshaw, Communications made to the Cambridge antiquarian society, 1862. Zeschwiz, Die Katechismen der Waldenser und böhmischen Brüder, 1863. Todd, The books of the Vaudois, 1865. [6] Grüzmacher, Die waldensische Sprache: Archiv für das Studium der neueren Sprachen 16, 369 bis 404, und über den Versbau S. 404—407. [7] Raynouard 2, 73—102. Mätzner im Jahresbericht der ersten städtischen höheren Töchterschule, Berlin 1845. Hahn, Geschichte der Ketzer 2, 628—647. C. Dühr, Programm des Gymnasiums in Friedland 1869. Im Auszuge bei Morland 1, 99 ff. und bei Léger 1, 25 ff. Dazu Ebrard, Ueber das Alter der Nobla leiczon, Zeitschrift für historische Theologie 1864, 316—320 (für das 12. Jahrhundert eintretend); dagegen Herzog, ebenda 1865, S. 160—168, und Replik von Ebrard S. 506—512. [8] Gedruckt bei Hahn 2, 560—570. Im Auszuge bei Raynouard 2. 103—104. [9] Bei Hahn 2, 570—581. Auszug bei Rayn. 2, 105—110. [10] Hahn 2, 581—589. Im Auszuge bei Rayn. 2, 111—116.

Lo payre eternal besteht aus 52 dreizeiligen Strophen in Alexandrinern [11], während *Lo despreczi del mont*, die Verachtung der Welt, von ähnlichem Inhalt wie La barca, die rhythmische Form der Nobla leyczon hat [12]. Endlich *L'arangeli de li quatre semenez*, die neutestamentliche Parabel vom Säemann, in derselben Form wie Lo novel confort [13].

§. 52.

Dem Gebiete der **weltlichen Didaktik** gehört nur ein Denkmal an, ein später Nachahmungsversuch ähnlicher Werke aus der vorigen Periode. Der Ritter **Lunel von Monteg** oder **Moncog** verfasste im September 1326 ein Ensenhamen, eine Belehrung und Anweisung für einen Knappen *(guarso)*, welches sich in der Pariser Hs. La Vallière 14, Bl. 140 von jüngerer Hand, wahrscheinlich von dem Dichter selbst eingetragen findet. Denn dieser scheint die genannte Handschrift besessen zu haben [1] und an den darin vorkommenden ähnlichen älteren Gedichten nahm er sich sein Vorbild. Hauptsächlich ahmte er Amanieu des Escas nach, von dem wir zwei derartige Gedichte besitzen (§. 33, 13. 14). Sein Ensenhamen [2] ist in abwechselnd acht- und viersilbigen Versen (nur die ersten beiden Zeilen sind achtsilbig) geschrieben und hat die erzählende Einkleidung und Einleitung, die bei dieser Art von Gedichten üblich war.

Auch von **wissenschaftlichen Lehrgedichten** haben wir wenigstens ein Beispiel aus dieser Periode anzuführen. Der als lyrischer Dichter bekannte **Raimon de Cornet** (§. 50, 5—7) verfasste etwa im Jahre 1324 ein *Doctrinal*, wahrscheinlich grammatischen und rhetorischen Inhalts, in der für Lehrgedichte beliebten Form sechssilbiger Reimpaare. Aus den mitgetheilten Anfangsversen [3] entnehmen wir, dass er Kaplan von S. Antoninats war. Sein Werk wurde im Jahre 1358 von einem catalanischen Schriftsteller **de Castelnou** glossiert, in der Art, dass er seine prosaischen Bemerkungen, meist kritischer tadelnder Art, zwischen die Verse einflocht [4].

---

[11] Hahn 2, 590—594. Auszug bei Rayn. 2, 117—120. [12] Hahn 2, 594—597. Auszug bei Rayn. 2, 121—125. [13] Hahn 2, 598—604. Auszug bei Rayn. 2 126—133.

§. 52. [1] Denkmäler S. XVII. [2] Herausgegeben Denkmäler 114—124. [3] *Quar sabers m'o permet, yeu Ramons de Cornet, capelas ordonatz de San Antoninats, faray un doctrinal ab rethorica tal que bo romans demostre*: Milá, Trovadores S. 479, 12. [4] So macht er zum ersten Verse die Bemerkung: *reus frevol comensament, car a lauzor de si e no de dieu comensa*, zu V. 4: *reus aqui replicació can dits ninats e es gran vicis*: Milá S. 479. Die Veröffentlichung des Doctrinals wäre erwünscht.

§. 53.

Die dramatische Poesie hat auch in diesem Zeitraum keine reiche Entwicklung gehabt, die sich auch nur annähernd mit der gleichzeitigen französischen messen könnte. Doch vertreten wenigstens zwei dramatische Werke die beiden Jahrhunderte und den einem jeden eigenthümlichen Charakter.

Die Legende von Sancta Agnes wurde im Anfang des 14. Jahrhunderts von einem ungenannten Dichter nach der lateinischen dem heil. Ambrosius zugeschriebenen Vita des Heiligen in dramatischer Form bearbeitet. Die Bearbeitung ist erhalten in einer etwa gleichzeitigen Handschrift der Bibliothek Chigi in Rom, C. V. 151[1]. Der Dichter schliesst sich ziemlich treu seiner Vorlage an, doch zieht er das Ganze in Begebenheiten eines Tages zusammen und flicht, um der Darstellung ein volksthümliches Gepräge zu geben, verschiedene Persönlichkeiten, Knechte, Soldaten, Freudenmädchen, ein, die er benennt und redend einführt. Der Anfang des Stückes, ein paar Blätter der Handschrift, fehlt. Die Form ist überwiegend das achtsilbige Reimpaar, zuweilen wird auch der zehn- und zwölfsilbige Vers verwendet; die Bühnenanweisungen sind lateinisch. Von besonderem literarischem Interesse ist das Drama dadurch, dass eine Anzahl von Gesängen eingelegt sind, welche zwar geistlichen Inhalt haben, wie es der Stoff erforderte, aber den Melodien von beliebten volksthümlichen Liedern, geistlichen und weltlichen, lateinischen und provenzalischen, folgen[2].

Um mehr als anderthalb Jahrhunderte jünger ist das zweite dramatische Erzeugniss, der Ludus Sancti Jacobi, ein Fragment von 705 Versen, dem der Schluss fehlt. Die Handschrift wurde in ein Notariatsregister von 1495 im Städtchen Manosque geschrieben gefunden[3], und die Dichtung ist aus derselben Zeit; der sprachliche Charakter ist beinahe schon der des modernen Provenzalisch, die rhythmische Form die der alten Reimpaare, aber sehr nachlässig behandelt, das Werk also in Kreisen entstanden, die der Literatur fremd waren. Den Inhalt bildet eine Legende von S. Jacob von Compostella, ein Wunder, welches er an Pilgern thut, die nach dem berühmten Wallfahrtsorte kamen; der Stoff ist auch aus andern Quellen bekannt. Die Darstellung

---

§. 53. [1] Sancta Agnes, provenzalisches geistliches Schauspiel, herausgegeben von K. Bartsch, Berlin 1869; vgl. dazu P. Meyer in der Revue critique 1869, II, 183—190. Mussafia im Literar. Centralbl. 1869, Nr. 48; Milá y Fontanals im Diario de Barcelona 1870, Nr. 56; Gröber im Jahrbuch 11, 335—344; Liebrecht in Heidelb. Jahrbüch. 1870, Nr. 5. [2] Vgl. §. 6. [3] Ludus S. Jacobi, fragment de mystère provençal découvert et publié par C. Arnaud, Marseille 1858; vgl. dazu E. du Méril im Jahrbuch 3, 186—205. Ein Stück in Chrest. 399—406.

ist eine ans Komische und Burleske streifende; vermuthlich hat hier schon der Einfluss der französischen Farce mitgewirkt.

§. 51.

Die provenzalische Prosa des 14. und 15. Jahrhunderts ist zwar reich genug, aber sie zeigt am deutlichsten die hereinbrechende Entstellung der Sprache. Nur die gelehrten Werke, die mit den Bestrebungen der Toulousaner zusammenhängen, bewahren eine grössere Reinheit und Correctheit. Das geistliche Element bildet hier ebenso wie in der Epik, Lyrik, Didaktik und dem Drama das Uebergewicht.

Die Predigt in der Landessprache wurde durch das Umsichgreifen des französischen Idioms beeinträchtigt. Wir finden daher nur ein einziges Denkmal zu verzeichnen, eine Predigt, welche der berühmte Dominikanermönch Vincent Ferrer am Charfreitage 1416 in Toulouse über die Passion hielt. Sie findet sich in der Hs. Douce 162 der Bodleiana zu Oxford[1] und ist auch in lateinischer Sprache erhalten[2]; die Abweichungen sind ziemlich bedeutend, und man ist daher berechtigt, den provenzalischen Text eher für eine selbständige Redaction als für eine Uebersetzung aus dem Latein zu erklären[3].

Eine Uebersetzung der Bibel in reinem Provenzalisch kennen wir aus diesem Zeitraume nicht; die eine der uns aufbewahrten Uebersetzungen, das neue Testament und einzelnes des alten enthaltend, ist in waldensischem Dialekte[4] (§. 37), und aus ihr hat Herzog neulich das hohe Lied mit altem Commentar herausgegeben[5]; die andere, welche die historischen Bücher des alten Testamentes, das Buch Hiob und die Psalmen umfasst, ist catalanisch. Die Handschrift der letzteren, im Jahre 1445 beendet, befindet sich im British Museum, bibl. Egerton 1526, 305 Bl. in Folio[6]. Ein Abriss des alten und neuen Testamentes in ganz freier Bearbeitung steht in der Pariser Handschrift suppl. franç. 2317bis und ist mit Bildern geschmückt. Ein Verzeichniss der Bücher des alten und neuen Testamentes, als deren Summe 62 sich ergibt, enthält die Pariser Hs. franç. 1852, anc. 7872. 1, Bl. 134[7]; es ist ebenfalls catalanisch, wiewohl der Katalog es als provenzalisch bezeichnet. Das Gleiche gilt von einer Uebersetzung des Psalters, welche in einer Pariser Handschrift des 14. Jahrhunderts (franç. 2434.

---

§. 51. [1] Gedruckt bei P. Meyer, Troisième rapport sur une mission littéraire S. 256—268. [2] In der Ausgabe seiner Werke von Diaz, Anvers 1572, S. 724 f. [3] Meyer a. a. O. 167. [4] Grüzmacher, Die waldensische Bibel: Jahrbuch 4: 372—402, worin das Gleichniss vom verlorenen Sohn (S. 373 f.) abgedruckt ist. [5] Cantica. Waldensischer Text der Auslegung des hohen Liedes: Zeitschrift für historische Theologie 1870, S. 516—620. [6] Vgl. LB. XIX. [7] *Division dels libres de la Villa que compren lo antic he lo nouvel testamen.*

Perg.) sich findet, und von einer jüngeren aus dem 15. in der Handschrift 2434: beide sind catalanisch. Ebenso die kurze *exposicion*, welche den Inhalt eines jeden Psalms angibt, in der Pariser Hs. franç. 1852, Bl. 72—103, aus dem 15. Jahrhundert, und die Uebersetzung des Psalms In te domine speravi in derselben Handschrift Bl. 15ᵃ. Dem neuen Testamente gehören an die Uebersetzung oder Bearbeitung des apokryphischen Evangelium Nicodemi in der Pariser Handschrift 6847[9].

Eine ganz freie Bearbeitung der biblischen und zum Theil auch der Profangeschichte, eine Art Weltchronik, findet sich in der Handschrift der Bibliothek S. Geneviève zu Paris A. F. 4. 52[10].

Der Heiligenlegende mangelt es ebenfalls nicht an Vertretung. Die Legenda aurea von Jacobus a Voragine, das verbreitetste Legendenbuch des späteren Mittelalters, wurde schon im 14. Jahrhundert ins Provenzalische übersetzt; sie findet sich in einer Pergamenthandschrift, die dieser Zeit angehört, auf der Pariser Bibliothek 7265. 2[11]. Nach Ochoa[12] ist die Uebersetzung catalanisch; doch tragen die mitgetheilten Anfangsworte einen echt provenzalischen Charakter.

Die vielverbreitete Legende von dem Einsiedler Barlaam und dem indischen Königssohne Josaphat wurde im 14. Jahrhundert aus dem lateinischen Texte ins Provenzalische übertragen. Sie steht in der Pariser Handschrift franç. 1049, anc. 7337, Bl. 180—219[13]. Auch das Leben des heil. Florus besitzen wir in provenzalischer Uebersetzung[14], die nach den im Lex. Rom. mitgetheilten Belegen dem 14. Jahrhundert anzugehören scheint, ebenso wie das Leben des heil. Honorat, welches nicht eine Prosaauflösung des älteren Gedichtes von Raimon Feraut, sondern Uebersetzung des lateinischen Textes ist, der 1511 im Druck erschien[15]. Die einzige bekannte Handschrift davon ist in der Bibliothek zu Lyon.

§. 55.

Die prosaischen Schriften, welche dogmatische Gegenstände, die christliche Glaubens- und Sittenlehre, den Cultus und das religiöse Leben behandeln, sind ziemlich zahlreich, fallen aber zum Theil der

---

[8] Catalogue des Mss. français 1, 326. [9] Nach Lex. Rom. 5, 610ᵇ, doch stimmt die Nummer nicht mit der neuen franç. 187. [10] Ein Stück daraus LB. 177—179, Chrest. 383—388 [11] P. Paris, Les manuscrits françois 7, 175 [12] Manuscritos españoles S. 40. [13] Ein Stück vom Anfang LB. 166—171; ein kleineres Chrest. 345—352. Weitere Mittheilungen durch P. Meyer in seiner und Zotenbergs Ausgabe des Barlaam von Gui von Cambrai S. 352—356. [14] Collection Doat t. CXXIII. auf der Pariser Bibliothek. [15] Vgl. Acta SS. 16. Januar, wo diese Darstellung als *fabulis et deliramentis conferta* bezeichnet ist.

waldensischen, zum Theil der catalanischen Mundart zu. Waldensisch sind der Katechismus aus dem Anfang des 15. Jahrhunderts[1], das Glaubensbekenntniss vom Jahre 1420[2], das katharische Rituale[3], die Abhandlung *De li articles de la fe*[4], die Glosse über das Vaterunser[5], der Sermon vom jüngsten Gericht[6], die Schrift über den Antichrist[7] und das Purgatorium[8], die Epistola amicus[9] und die Epistola fideli[10], über die Furcht des Herrn[11] und manche andere; die Schrift vom Worte Gottes *(La parolla de dio)* fällt bereits ins 16. Jahrhundert (1530).

Rein provenzalisch ist die *Soma de la trinitat e de la fe catholica* in der Pariser Hs. franç. 2426, Bl. 362—366, aus dem 15. Jahrhundert, während eine Auslegung der zehn Gebote, nach dem übrigen Inhalt der Handschrift zu schliessen, in der Pariser Hs. franç. 1852, Bl. 58—71, catalanisch ist. Dasselbe gilt von dem Tractat über die Erkenntniss des Schöpfers in derselben Handschrift, Bl. 1—15, ebenso von dem Officium passionis in lateinischem und romanischem Texte, in der Pariser Hs. franç. 2434, anc. 8179. 3, aus dem 14. Jahrhundert; von dem Tractat vom Wege des Heils, *la via del salut,* in der Handschrift 1852, Bl. 19; von einem andern über den Stand der Mönche und Nonnen, in derselben Handschrift, Bl. 104—108, dem Tractat über die Prädestination und Verwerfung, Bl. 109—112, einer Sammlung geistlicher Lehren und Regeln, aus der Summa Anthonini gezogen, Bl. 33—57, und dem Tractate des Albertus Brixianus *De la perfectio de religio,* Bl. 112—134.

In reinem Provenzalisch und wenig beeinflusst durch das französische Original ist die Uebersetzung des Buches über die Tugenden und Laster, welches Bruder Laurent, ein Predigermönch, im Jahre 1279 auf Bitten König Philipps III von Frankreich, dessen Beichtvater er war, unter dem Titel ‚Somme le Roi' verfasste. Von diesem in sehr vielen französischen Handschriften erhaltenen Werke gibt es auch vier Manuscripte der provenzalischen Bearbeitung, deren älteste dem 14. Jahrhundert angehören, und älter ist wohl auch der Sprache nach die Uebersetzung nicht. A, Pariser Hs. franç. 1049, anc. 7337, Bl. 19—179; B, Pariser, franç. 1745, anc. 7693, Bl. 1—105; C, Pariser, franç. 2427, anc. 8087; D, Oxford, Douce-Ms. 162, Bl. 25—96, unvollständig[12].

§. 55. [1] Léger 1, 58—64. Hahn 2, 673—679. [2] Léger 1, 92—95. Hahn 2, 647—652. [3] Herausgegeben von Kunitz, Jena 1852. [4] Hahn 2, 605—611. [5] Léger 1, 19—46. Hahn 2, 697—716. [6] *Sermon del judyci* Hahn 2, 617—623. [7] Gedruckt in Perrin's Histoire des Vaudois. [8] Gedruckt bei Monastier, Histoire de l'église vaudoise. [9] Hahn 2, 623 - 626. [10] Hahn 2, 626—628. [11] Léger 1, 39—81. Hahn 2, 689—692. [12] Ein Stück nach A

§. 56.

Die Prosawerke weltlichen Inhalts tragen entweder ein rein gelehrtes, oder ein mehr praktisches Gepräge. Sie gehören dem Gebiete der Philologie, der Naturwissenschaften und Medizin, und dem des Rechtes an.

Unter den philologischen Werken ist eines von hervorragender literarischer Bedeutung. Der Kanzler der im Jahre 1324 gegründeten Gesellschaft der *gaya sciensa*, Guillem Molinier, wurde von dem Consistori beauftragt, eine Poetik zu verfassen, an deren Bestimmungen die Dichter sich halten könnten und sollten, da im Laufe der Zeit die Ueberlieferungen der alten Troubadours abhanden gekommen waren. Dieser Aufgabe entledigte sich der Genannte mit grossem Geschick; sein Werk, welches den Titel *Las leys d'amors* führt[1], ist in zwei verschiedenen Redactionen erhalten, von denen die erste, im Archiv der Akademie der jeux floraux, nur ein Art Entwurf zu sein scheint, wie die vielen Rasuren und Correcturen beweisen; während die zweite, die handschriftlich in dem genannten Archive und im Archiv der Krone Aragon in Barcelona[2] sich findet und der Ausgabe zu Grunde liegt, die definitive Gestaltung darstellt. Das Werk ist in drei Theile, Grammatik, Metrik und Rhetorik, eingetheilt. Der Verfasser bezieht sich zwar häufig auf die alten Troubadours, die er offenbar auch studirt hat, aber nicht ihnen entnimmt er seine Beispiele, wie es Raimon Vidal in seiner Grammatik (§. 41) that, sondern gibt Belege eigener Erfindung. Citiert werden von älteren Dichtern nur Raimbaut de Vaqueiras[3], ein Lied von Peire Vidal, aber ohne Angabe des Namens[4], in gleicher Weise eins von Richart de Berbesill[5], mehrfach Nat de Mons[6], das Breviari d'amor[7], ferner ein Marienlied eines ungenannten Dichters[8], das Lehrgedicht Seneca[9] und ein sonst unbekannter Dichter Peire Arquier[10]. Das Werk wurde noch bei Lebzeiten Ludwigs des Baiern, also vor 1347, geschrieben, denn er wird als Gegner des Papstes erwähnt[11]; es mag also um 1350 abgeschlossen sein. Ein Compendium daraus in cata-

---

Chrest. 341—346, und daselbe nach D. P. Meyer, Troisième rapport sur une mission littéraire S. 269—272, vgl. S. 167 f.

§. 56. [1] Herausgegeben von Gatien-Arnoult, Les fleurs du gai savoir ou les lois d'amour, 3 Bde. (Monuments de la littérature romane I), Toulouse 1841. 8; vgl. Wolf, Studien S. 235—270. Einige Abschnitte Chrest. 367—372. Ueber die Räthsel darin: A. Tobler im Jahrbuch 8, 353 f. Zuerst benutzt in Simon de la Loubère, Traité de l'origine des jeux floraux, Toulouse 1715. [2] Milá, Trovadores en España S. 477. [3] *en Riambaut* 1, 344: Strophe aus seinem in verschiedenen Sprachen verfassten Descort; §. 27, 14. [4] 3, 286. Es ist das Lied 37 meiner Ausgabe. [5] 3, 286. [6] 1, 138. 1, 248. 3, 216. 3, 220. [7] 1, 138. 3, 104. [8] 1, 250; vgl. §. 27, 5. [9] 3, 274—278. 288. [10] 1, 316; vgl. §. 49, 6. [11] 3, 336.

lanischer Sprache verfasste der schon früher erwähnte Castelnou (§. 52, 4); dasselbe existiert handschriftlich in Barcelona[12]; ein anderes catalanisches Werk[13] scheint nur den Anfang der Leys d'amors, die Grammatik, zu bearbeiten.

Provenzalische Wörterbücher besitzen wir in mehreren Handschriften: in der Pariser, lat. 7657, steht ein lateinisch-provenzalisches Glossar des 14. 15. Jahrhunderts[14]; ein zweites in einer Handschrift des 16. Jahrhunderts, lat. 7685, ebenfalls lateinisch-provenzalisch[15], zeigt die Sprache schon stark entstellt, gleichwohl reicht es seiner Grundlage nach wohl noch in das 15. Jahrhundert zurück.

§. 57.

Dieselbe Stellung wie unter den philologischen Prosawerken die Leys d'Amors, nimmt unter den übrigen wissenschaftlichen der provenzalische Lucidarius oder *Elucidari de las proprietatz de totas res naturals* ein, eine grosse naturhistorische Encyklopädie, welche auf dem lateinischen Lucidarius und anderen encyklopädischen Werken des Mittelalters, namentlich Isidorus Hispalensis, beruht. Er wurde auf Veranlassung und Wunsch des strebsamen Gaston II, Grafen von Foix (1315—1343) zusammengetragen[1]. Das Manuscript, mit recht hübschen und sauberen Abbildungen von Thieren und Vögeln geschmückt, befindet sich in der Bibliothek Sainte-Geneviève zu Paris, Nr. 1523—54. Der Compilator, der sich nicht mit Namen genannt hat, hat seinem Werke eine poetische Einleitung, ein aus 46 vierzeiligen Strophen bestehendes allegorisches Gedicht, welches er Palast der Weisheit, *Palaitz de savieza* nannte[2], und worin er den Plan des Ganzen darlegt, vorausgeschickt. Es ist eine Encyklopädie des gesammten Wissens damaliger Zeit, ähnlich wie das Breviari d'amor, aber in weiterer Ausdehnung und in speciellerem Eingehen auf die einzelnen Gebiete. In 24 Bücher zerlegt, behandelt es die Theologie, Mathematik, Philosophie, Politik, Baukunst, Rhetorik, Malerei, Physiologie, Anatomie, Diätetik, Heilkunde, Astronomie, Chronologie, die Elemente und ihre Bewohner, die Geographie, die Farben, Speisen und Getränke und die Kunst des Gesanges. In sprachlicher wie sachlicher Hinsicht gleich wichtig und anziehend, verdiente das Werk wohl bekannt gemacht zu werden[3].

Eine weniger systematische Anlage und geringeren Umfang hat das in der beliebten Form von Fragen und Antworten abgefasste Buch

---

[12] Milà S. 478. [13] Comensamens de la doctrina provincial vera e de rahonable locucio y Flors del gay saber: Milà S. 480. [14] Histoire littéraire 22, 27. [15] Histoire littéraire 22, 28; vgl. Glossaire Occitanien S. L.

§. 57. [1] Vgl. Denkmäler S. X. [2] Herausgegeben Denkmäler 57—63. [3] Stücke daraus sind gedruckt LB. 179—181. Chrest. 360—364. Denkmäler S. XI f.

von dem weisen Sydrac, dessen Antworten auf die von einem Könige gestellten Fragen es enthält. In zahlreichen lateinischen und französischen Handschriften aufbewahrt, existiert es auch in provenzalischer Uebersetzung, die wahrscheinlich auf dem lateinischen Texte beruht, in der Pariser Hs. franç. 1158, anc. 7384. 3. 3, aus dem Anfang des 14. Jahrhunderts[4]. Nach der Einleitung der provenzalischen Version wurde es von einem Geistlichen aus Antiochia am Hofe des Kaisers Friedrich (II) übersetzt und dem Patriarchen von Antiochia zugesendet[5].

Mit der Erdkunde insbesondere befassen sich einige kleinere Werke. Ein Bruder Philipp aus dem Predigerorden, an der Kirche zu Cork in Irland, verfasste unter Benutzung von Giraldus Cambrensis eine Beschreibung der Merkwürdigkeiten von Irland, welche er dem Papste Johann XXII (1316—1334) widmete. Dieselbe findet sich in provenzalischer Uebersetzung des 14. Jahrhunderts in der Handschrift des British Museum, addit. 17920, Bl. 20—29[6].

Auch von dem Briefe des Priesters Johannes, der in alle mittelalterlichen Sprachen übersetzt wurde, und bald an den griechischen Kaiser Manuel, bald an Kaiser Friedrich (I) gerichtet erscheint, gibt es einen provenzalischen Text in der Hs. anc. 10535 der Pariser Bibliothek[7].

§. 58.

Von medizinischen Werken ist zu nennen die provenzalische Uebersetzung von der Chirurgie des Albucasim, d. h. Abulcasis (Abul Kasem Alzabravi), eines Spaniers († 1106), welche handschriftlich in der Bibliothek der medizinischen Facultät zu Montpellier sich findet[1] und der zweiten Hälfte des 14. Jahrhunderts angehört: sie wurde veranlasst vom Grafen Gaston Phoebus von Foix (1343—1395), der wie sein Vorgänger (§. 57, 1) wissenschaftliche Interessen besass und sich selbst als Schriftsteller versuchte[2].

Eine originale medizinische Arbeit dagegen ist die Chirurgie von Meister Stephanus Aldebaldi, welche sich in der Handschrift

---

[4] Der Catalogue des Mss. français 1, 194 gibt das 13. Jahrhundert an: wenn dies richtig, dann gehört das Werk noch in die vorige Periode. [5] Vgl. Germania 4, 308. Ein Stück des provenzalischen Textes Chrest. 335—340. [6] P. Meyer in Archives des missions scientifiques et littéraires, 2° série III, 262. 311. Anfang *Aissi de jotz s'ensec d'un libre que parla de las mereveilhas de la terra de Ybernia e fo trames lo dih libre al s. e benaurat papa Johan XXII per fraire Phelip de l'ordo de predicadors de la glieja de Corcagen en Ybernia pausada.* [7] Vgl. Jubinal, Oeuvres de Rutebeuf, Paris 1839, II, 442 ff.

§. 58. [1] Nr. 95. Perg. *Aysi comensan las paraulas de Albucasim.* Catalogue des bibliothèques des départements 1, 320. [2] Vgl. Tourtoulon im 1. Hefte der Revue des langues romanes. P. Meyer, Revue critique 1870, I, 338.

der Baseler Universitätsbibliothek D II 11 findet und dem 15. Jahrhundert angehört[3]. Der Verfasser hat die älteren medizinischen Werke, namentlich von Roger von Parma (§. 42, 9), Roland, aber auch weniger bekannte, von Thederic u. A., benutzt. Seine Sprache ist schon stark mit französischen Elementen versetzt.

Gui de Chauliac, aus der Auvergne, verfasste im 14. Jahrhundert mehrere medizinische Schriften, ursprünglich lateinisch, aber auch in französischer Fassung vorhanden. Diese französische Uebersetzung scheint in Südfrankreich entstanden, denn es kommen darin unfranzösische Ausdrücke wie *mege* für Arzt (provenzalisch *metge, mege*, französisch *mire*) vor[4].

Eine Abhandlung aus einem anderen Gebiete, über die Feldmesskunst, eine Uebersetzung, befindet sich handschriftlich in der Bibliothek zu Aix[5]. Dem Gebiete der Politik gehört die Uebersetzung von Honoré Bonnet's *Arbre de batailles* aus dem 15. Jahrhundert an. Der Verfasser, Prior von Salon, schrieb sein Buch auf Befehl Karls VI für den Dauphin, um ihn über die Fürstenpflichten, die Staatsverwaltung und das Staatsrecht aufzuklären. Neben den zahlreichen französischen Handschriften findet sich auch eine provenzalische, Paris anc. 7807. 2[6]: diese Uebersetzung ist schon ziemlich stark französisch gefärbt.

§. 59.

Das genannte Werk bildet den natürlichen Uebergang zu den Rechtsquellen. Hier finden wir zwar die provenzalische Sprache im 14. und 15. Jahrhundert ebenso wie im vorigen Zeitraum angewendet, aber der Einfluss des französischen Idioms macht sich mehr und mehr geltend, und gegen Ende des Mittelalters hatte das Französische zum Theil schon die heimische Sprache aus dem Geschäfts- und Rechtsleben verdrängt. Von Rechtsquellen dieser Zeit erwähnen wir beispielsweise die Sammlung von Freiheiten und Privilegien von Montpellier, *Franquezas de Montpeslier*, welche handschriftlich in der Bibliothek der École de Médecine zu Montpellier existiert[1], die *Bailliage de Sisteron* vom Jahre 1391, handschriftlich im Archive von Sisteron[2], die Sammlung von Freiheiten, Privilegien und Gewohnheiten der Stadt und Gemeinde von Albi, im Archiv zu Albi[3], die Règle des états de Provence von 1401, im

---

[3] Ich habe den Verfasser vergeblich in Häsers Geschichte der Medizin gesucht.
[4] Vgl. die Pariser Hs. franç. 2027, anc. 7932: *pour ce que selon G(alien) lumiere des meges* u. s. w. Catalogue des Mss. franç. 1, 348. [5] Lex. Rom. 5, 610[b]. [6] Einzelne Stücke daraus sind gedruckt LB. 174—176. Chrest. 391—394.
§. 59. [1] Nr. 119. Pergam. 14. Jahrhundert. [2] Lex. Rom. 5, 602. [3] *Lo libre de alcunas libertatz, privilegis, franquezatz, costumas e prerogativas que an los consols et habitans de la ciutat et juridiction de Alby:* Gloss. Occit. p. LI.

kaiserlichen Archive zu Paris (fonds Monteil), das Statut der Gemeinde von Tarascon vom Jahre 1422, im Archive zu Tarascon[4], die Polizeiverordnungen von Assas vom Jahre 1483[5], die *Regles des maestras et confraires de l'amorna et de las armas de purgatorii*, einer Bruderschaft in der Kirche S. Bernard zu Rascas, deren Statuten sich in Avignon finden[6], und viele andere derartige Quellen, die in den Archiven liegen, und zwar sprachliche, auch historische und sittengeschichtliche Bedeutung haben, indess in der Literatur nur in beschränktem Masse berücksichtigt werden können.

§. 60.

Der Zustand der Sprache in diesem Zeitraume ist schon wiederholt berührt worden. Auf der einen Seite treten die Mundarten wieder stärker hervor als im 12. und 13. Jahrhundert, wo sie hinter einer nahezu allgemeinen Literatur- und Dichtersprache fast verschwanden; auf der andern Seite macht sich die Einwirkung der französischen Sprache in Folge der veränderten politischen Verhältnisse mehr und mehr bemerkbar. Selbst diejenigen Kreise, welche auf Reinheit der *lengua d'oc* mit pedantischer Strenge zu halten sich bemühten, die Correctheit der grammatischen Formen lehrten, vermochten diesem Einflusse sich nicht zu entziehen. In den Producten der toulousanischen Dichterschule findet man häufig unprovenzalische, aus dem Französischen eingedrungene Worte, Wortformen und Wendungen. Auch hierin berühren sich ihre Bestrebungen mit denen der deutschen Meistersänger, die gleichfalls sich zur Aufgabe machten, das rechte Deutsch zu pflegen, und dabei doch die Muttersprache in ihren Gedichten aufs gewaltsamste misshandelten.

Mit dem Verfalle der Sprache geht der der poetischen Kunstformen Hand in Hand. Die Reime, im 12. und 13. Jahrhundert von bewundernswürdiger Reinheit, werden ungenau und unrein, verletzen die grammatischen Gesetze und verfallen in eine ermüdende Monotonie, welcher der wenig gewählte und mannigfaltige dichterische Ausdruck in jeder Beziehung entspricht. Statt des früheren Reichthums an Versarten und Strophenformen finden wir eine auffallende Armuth. Zwar die nicht strophischen Dichtungen waren auch im vorigen Zeitraum auf einige Versarten beschränkt, und so finden wir auch jetzt in ihnen vorwiegend den achtsilbigen Vers, paarweise gereimt, verwendet, seltener den zehnsilbigen, den sechssilbigen und den Alexandriner. In der lyrischen Poesie liefern zwar die Leys d'amors eine grosse Fülle von verschiedenen Strophengebäuden, aber in Wirklichkeit sind nur sehr wenige gebraucht worden. Die bis jetzt veröffentlichten Gedichte der

[4] Gedruckt Chrest. 387—390. [5] Vgl. Revue des langues romanes 2. Heft. Revue critique 1870, 1, 340. [6] Hänel, Catalogus p. 57.

Toulousaner zeigen einen Mangel an Originalität der Formen, der sein Gegenstück in dem magern und dürftigen Inhalt findet. Die fast ausschliesslich in der Lyrik verwendeten Versarten sind von sogenannten jambischen der zehn-(elf-)silbige, von trochäischen der sieben- und achtsilbige, jener für die ernsten, dieser für die leichteren Dichtungsarten, namentlich die Dansa, angewendet. Von den alten Reimkünsten hat sich zwar einiges erhalten, wir finden den grammatischen Reim mehrfach gebraucht, sehen auch die Aufnahme von Schlussreimen in die folgende Strophe, aber im Ganzen sind es doch nur kümmerliche Reste eines einst reichen Besitzes, den die Troubadourspoesie des 12. und 13. Jahrhunderts darstellt. Es war eine Poesie, die innerlich und äusserlich des wirklichen Lebens entbehrte. Traurig und wenig tröstlich ist daher der Gesammteindruck dieser letzten Periode des Untergangs der provenzalischen Literatur, die zur Zeit ihres Glanzes die gefeiertste in ganz Europa gewesen und die auch in der That in mancher Hinsicht als die originellste Blüthe des romantischen Geistes des Mittelalters bezeichnet werden muss.

Alphabetisches Verzeichniss

der

lyrischen Dichter des 12. und 13. Jahrhunderts.

1. **Ademar.**
    1. Miraval tenzon granda (l. grazida) O. Tenzone. Arch. 34, 379.
2. **Ademar (Aimar) Jordan.**
    1. Paris viscom leiz e sojor H. Arch. 34, 412.
    2. Si tot m'ai estat lonjamenz D. (R. 5, 1).
3. **Ademar (Aimar) lo Negre.**
    1. Aram don deus que repaire CDFIKT; Raimon Jordan de Cofenolt S; anonym L. Arch. 34, 438 L.
    2. Aram vai meills que no sol ACDIKT. Arch. 34, 178 A.
    3. De solatz e de chansos DeIK. (R. 5, 57).
    4. Ja ogan pel temps florit CDeIK. PO. 359.
        Vgl. noch 216, 7.
4. **Ademar lo Peitens** (wohl de Peitens).
    1. En Ademar chanzetz de tres baros. Tenzone mit Raimbaut de Vaqueiras.
5. **Ademar de Rocaficha;** in a (Jb. 11, 14) Haumerics, l. Naimerics.
    1. Ges per freg ni per calor CIi*a*; Ricart de Berbezill M.
    2. Nom lau de mi dons ni d'amor C. (R. 5, 3).
    3. Si amors fos conoissens CM*a*. (R. 5, 2).
        Vgl. noch 243, 10.
6. **Aenac.**
    1. En amor a tals plazers cen. Strophe bei Raimon Vidal, Denkm. 176, 24 R.
7. **Aicart del Fossat.**
    1. Entre dos reis vei mogut et empres IKd. R. 4, 230.
8. **Aimeric.**
    1. Peire del Puei, li trobador M. Tenzone. Denkm. 134, MG. 1015.
9. **Aimeric de Belenoi.**
    1. Ailas per que viu lonjamen ni dura CER. R. 4, 59, MG. 905, Milá 195.
    2. Aimeric, cil queus fai aman languir. Tenzone mit Arnaut Catalan.
    3. Aissi col pres que s'en cuja fugir ACDEFHIKLMNRSUcf*a*; Guiraut de Borneill P. MG. 194 C, 889 M, Arch. 35, 446 U.

4. Aissi cum hom pros afortitz ABCD*IKRd. MG. 10 B, 890 C.
5. Al prim pres dels breus jorns braus EIKNd; Guillem Ademar C. MG. 206 C, 891 E.
6. Anc pos que jois ni chans T.
7. Aram destreing amors ABCDD°EFHIKNPRSTac; Folquet de Marseilla M. MG. 57 B.
8. Cel que promet a son coral amic ABCDD°EHIKMRaf. MG. 45 B, 892 E.
9. Domna flor damor a.
10. Consiros cum partitz damor CE. MG. 893 C.
11. Ja n'er crezut qu'afans ni consiriers L; Peire Rogier T. Arch. 34, 437 L; MG. 903 L.
12. Meravill me com pot hom apelar ABCDHIKMNTa; R und C reg. Aimeric de Peguillan. MG. 69 B, 894 M.
13. Nom laissa nim vol retener C. MG. 895.
14. Nuls hom no pot complir adrechamen ABCDD°FGHIKLMN PQRSTb. MG. 77 B.
15. Per Crist, s'eu crezes amor ACDEHIKR. Arch. 33, 430 A, MG. 897. 898 AR.
16. Pos de joi mou e de plazer CR. MG. 899. 900.
17. Pos deus nos a restaurat N.
18. Pos lo gais temps de pascor ACDHIKMRaα; Uc Brunenc I¹K²d. PO. 204, MG. 904.
19. Quan mi perpens nim albire E; Willems en Aimerics D°. MG. 901 E.
20. S'a mi dons plazia C.
21. Tant es d'amor honratz sos seignoratges ABCD*HIKd. MG. 101 B, 902 I.
Vgl. noch 10, 27. 11, 2. 16, 18. 30, 3. 47, 2. 132, 8. 167, 9. 392, 26. 406, 9.

XX. Aimeric de Peguillan.

1. Ab marrimens angoissos et ab plor IK. MG. 557 I.
2. Ades vol de l'aondansa ACDD°EIKRf. MG. 236 C, 329 E, 1183 I, 1184 R.
3. Albert (Nalbert) chauzetz al vostre sen D*D°EGIK(R). Tenzone. MG. 330 E, 693 I.
4. A lei de fol camjador ACDMNRf. MG. 204, 1186—1188 CMNR.
5. Al rei que ten en pes H. Arch. 34, 415, MG. 1222.
6. Amics nAlbert, tensos soven MOR. Tenzone. R. 4, 36.
7. Amors, a vos meteissam clam de vos ACDD°EGIKMNQR TUef. MG. 739 C, 740 E, 1176 A. Arch. 34, 162 A, 35, 393 U.

8. Anc mais de joi ni de chan CD*EIKQRUc, Guillem Figueira C reg. DGI²K²R², Peire Milon N, Guiraut de Borneill P, anonym L. MG. 737 C, 738 E, 1166 R. Arch. 35, 389 U.
9. Anc tan bella espazada H. Arch. 34, 408.
10. Ara par be que valors se desfai ABCDEIKR. MG. 337 E, R. 4, 61. MW. 2, 168.
11. Ara parra qual seran envejos CDER. R. 4, 102. MW. 2, 169.
12. Atressim pren cum fai al jogador ABCDEGIKLMNPQRSUcf. MG. 35 B, 1167 C, 1168 S. Arch. 35, 391 U.
13. Bertram d'Aurel s . . . . H. Arch. 34, 408.
14. Car fui de dura coindansa ACDD°EIKMNQRTUc, Gausbert de Poicibot P, anonym G. MG. 1177—81 ACEMR. Arch. 34, 166 A, 35, 392 U.
15. Cel que s'irais ni guerrej' ab amor ABCDD°GIKMNOPQSU cf. MG. 343 B, 1166 S. Arch. 35, 389 U. LR. 430. MW. 2, 165.
16. Chantar voill per que jam platz c.
17. D'aisso don hom a lonjamen CD*D°EIKPR, anonym O. LR. 432. MW. 2, 162. MG. 1164 C.
18. D'avinen sap enganar e trair ACDEMT, anonym IK, Uc de Pena C reg. Arch. 34, 165 A. MG. 1190—92 ACE.
19. De Berguedan d'estas doas razos ACDIKMQRd. Tenzone. MG. 50 C, 590 I, 591 M. Milá 296.
20. De fin' amor comenson mas chansos ACDEIKNRScf. MG. 1165 S. LR. 429. MW. 2, 164.
21. Destreitz cochatz dezamatz amoros ABCDIKMNRUcf. MG. 52 B, 1172 M, 1173 N. Arch. 35, 394 U.
22. De tot en tot es ar de mi partitz CD*EIKR. R. 3, 428. MW. 2, 159.
23. Domna, per vos estauc en gran tormen CDIKLMNRc. Chr. 155 CIM. LB. 73 CIR. R. 3, 425. PO. 170. MW. 2, 161.
24. Eissamen cum l'azimans ACDD°EIKNR. Arch. 34, 165 A. MG. 1003 C, 1004 E, 1182 A.
25. En amor trop alques en quem refraing ACDIKMNQRSUcf. Arch. 34, 168 A, 35, 392 U. MG. 1193—96 ACMS.
26. En aquel temps quel reis mori nAnfos ABCDEIKNR. Chr. 158 BCI. R. 4, 195. MW. 2, 171.
27. En greu pantais m'a tengut lonjamen ACDD*IKMNOPQSUcf, Aimeric de Belenoi R, Peire Vidal R², anonym G. Arch. 35, 395 U. R. 3, 426. MW. 2, 160.
28. Gaucelm Faidit, de dos amics corals CD*D°GMNQ. Tenzone. MG. 1197—99 CMN. Arch. 32, 409 G.

- 29. Hom ditz que gaugz non es senes amor CR, Arnaut de
Maroill Tc. MG. 999 C, 1000 R.
- 30. Ja no cugei quem pogues oblidar CDEIKR. MG. 995 E,
996 I. R. 4, 63. MW. 2, 167. Galv. 56.
- 31. Lanquan chanton li auzel en primier AD•IK, Guillem Rainol
d'At D. MG. 604 I.
- 32. Li fol el put el fillol ACDIKR. LR. 433. MW. 2, 166.
- 33. Lonjamen m'a trebaillat e malmes ACDIKMNRf, Blacasset
P. Arch. 34, 161 A. MG. 991 M, 992 N, 1200 C, 1201
A. Crescimb. 241.
- 34. Maintas vetz son enqueritz ACD•IKQRUc. R. 4, 433. PO.
171. MW. 2, 172. Arch. 35, 394 U.
- 35. NAimeric, queus par d'aquest marques. Tenzone mit Guillem
Raimon.
- 36. NAimeric, queus par del pro Bertram d'Aurel. Tenzone mit
Anzer Figueira.
- 37. NElias, conseill vos deman A. Tenzone. R. 4, 22. MW.
2, 172.
- 38. Nuls hom non es tan fizels vas seignor ACDEIKNR. Arch.
34, 163 A. MG. 1202—1205 ACEN.
- 39. Nuls hom no sap que s'es gaugz ni dolors CORc. Arch. 34,
373 O. MG. 1001—2 CR, 1206 O.
- 40. Per razo natural ABCDD•EGIKMNQRUc. MG. 82 B, 1207
E, 1208 C. Arch. 35, 388 U.
- 41. Per solatz d'autrui chan soven ABCDD•GIKMNPQRUc. MG.
83 B, 993 M, 994 C.
- 42. Pos descobrir ni retraire ACD•EIKMNRT. Arch. 34, 163 A.
MG. 518—520 CEN, 1169 A.
- 43. Pos ma bela mal' amia ACDIKMNRc. Arch. 34, 166 A.
MG. 997 M, 998 C, 1209 A.
- 44. Quan qu'eu fezes vers ni chanso DU. Arch. 33, 296. 35,
395. MG. 1189, nach U. Galv. 230 D.
- 45. Qui la ve en ditz CDEIKQR, anonym MNW. MG. 1171 C.
Diez, Poesie 351.
- 46. Qui sofrir s'en pogues ABCDD•IKMNQRc. MG. 91 B,
1174 C, 1175 N.
- 47. Ses mon apleg no vauc ni ses ma lima ACDIKNPQRUc.
Arch. 34, 167 A, 35, 391 U. MG. 1210—12 ACI.
- 48. S'eu anc chantei alegres ni jauzens CR. MG. 1164 R. R.
5, 11. MW. 2, 174.
- 49. S'eu tan be non ames ACDD•EIKR. Arch. 34, 164 A.
MG. 1213—15 ACI.
- 50. Si com l'arbres que per sobrecargar ABCDGIKMNOPQRS

bef, Uc Brunenc g. Chr. 157 BCI. MG. 344 B, 1170 S. Diez, Sprachdenkm. 95 B.

51. Si tot m'es greus l'afans CR. MG. 1216, 1217.

52. Totz hom qui so blasma que deu lauzar ABCDDFIKNQRU cf, anonym GO. MG. 103 B, 1223—25 CIN. Arch. 35, 396 U.

53. Us jois novels complitz de grans beutatz CR. MG. 1218, 1219.

Vgl. noch 9, 12. 173, 8. 249, 1. 422, 1. 437, 28.

M. **Aimeric de Sarlat.**

1. Aissi mou mas chansos EMb. MG. 20 E, 675 M.
2. Fis e lejals e senes tot enjan ABDEFIKMRTba, Aimeric de Belenoi LSUc, Peirol N. MG. 142 B. Arch. 35, 445 U. R. 3, 386. PO. 238.
3. Quan si cargol ram de vert foill EM. R. 3, 384.

Vgl. noch 16, 18.

12. **Alaisina Yselda.**

1. A na Carenza al bel cors avinen Q.

13. **Albert.**

1. NAlbert, chauzetz la cal mais vos plairia. Tenzone mit Simon Doria.
2. Tenzone zwischen Albert und Gaudi stand in a, Jahrbuch 11, 16.

14. **Albert Cailla.**

Vgl. 174, 2.

15. **Albert marques (de Malaspina).**

1. Aram digatz, Raimbaut, sius agrada ADIKMNR. Tenzone. R. 4, 9.

16. **Albert de Sestaro oder Albertet.**

1. Ab joi comensi ma chanso AACDEFGIKMOR. MG. 183 C.
2. Ab so gai e leugier ACDDFERT. MG. 188 C.
3. Albert, chauzetz al vostre sen. Tenzone mit Aimeric de Peguillan.
4. Albertet, dui pro cavalier. Tenzone mit Raimbaut.
5. Amics nAlbert, tensos soven. Tenzone mit Aimeric de Peguillan.
6. Atrestal vol faire de mi m'amia ADGIK. LR. 496.
7. A ves voill mostrar ma dolor CDEIKT. MG. 780, 781 CI.
8. Bon chantar fai al gai temps de pascor L, anonym O. Arch. 34, 436 L.
9. Destreitz d'amor veing denan vos ACDEGIKMTf. Arch. 34, 446 A.

10. Domna, a vos me coman 'R. Tenzone. LB. 95. R. 3, 163. PO. 94.
11. Domna pros e richa CM, mit anderem Anfange Trop es de mi seigner N. MG. 293 N, 782, 783 CM.
12. En amor ai tan petit de fiansa ACDD°EGIKMOR, Folquet de Marseilla c. Arch. 33, 44b A. MG. 784 C, 785 M.
13. En amor trop tan de mals seignoratges ACDEGIKMO, Bernart de Ventadorn C reg. R. Arch: 32, 407 G.
14. En mon cor ai un' aital encubida AN, anonym W. MG. 294 N.
15. En Peire, dui pro cavalier ACT. Tenzone. LR. 505.
16. Gaucelm Faidit, eu vos deman ACDD*EGH²KK¹OQ. Tenzone. MG. 439 I. R. 4, 11. PO. 299. MW. 2, 100.
17. Monge, cauzetz segon vostra sciensa EIK(a)d. Tenzone. R. 4, 38. Milá 164.
18. Mout es greus mals de qu'om no s'auza plaigner ACEIKM Td, Aimeric de Sarlat F, Aimeric de Belenoi R und C reg., Raimbaut de Vaqueiras C reg. Arch. 33, 446 A.
19. NAlbert, eu sui en error. Tenzone mit Gaucelm Faidit.
Vgl. noch 124, 10. 167, 2. 55. 173, 3. 223, 3. 366, 13. 375, 4. 421, 9.

17. Alegret.
1. Aissi cum cel qu'es vencutz e sobratz C. MG. 18.
2. Ara pareisson l'arbre sec CM, die erste Strophe fehlt C. MG. 353 C. PO. 354.
Vgl. noch 293, 11.

18. Alest, lo senher de.
1. Senhen Enric, us reis un ric avar. Tenzone mit Guiraut Riquier und Enric.

19. Alexandri.
1. En Blacasset, bon pretz e gran largueza EM. Tenzone. (R. 5, 18.)

20. Almuc de Castelnou.
1. Amic ai de gran valor H. Arch. 34, 403.
2. Domna n'Iseus s'eu saubes H. Tenzone. R. 5, 18. PO. 357.

21. Ameus de la Broqueira.
1. Mentre quel talans mi cocha E. PO. 373.
2. Quan reverdejon li conderc E. (R. 5, 215).

22. Amoros dau Luc.
Gedichte von ihm enthielt a, Jahrbuch 11, 14.

23. Anfos d'Arago (König Alfons II).
1. Per maintas guizas m'es datz CDIKR, Peire Vidal c. Chr. 81 CIR. R. 3, 118. PO. 37. MW. 1, 126. Milá 264.

24. Arman.
   1. Bernart de la Bartal chauzit DGQS: in GQ heisst er Arnaut.
      Arch. 32, 414 G.
25. Arnaut.
   1. Amics nArnaut, cen domnas d'aut paratge. Tenzone mit dem Grafen von Provence.
   2. Seigner Arnaut d'un joven. Tenzone mit Guillem.
      Vgl. noch 24, 1.
26. Arnaut de Brancaleo.
   1. Pessius pessans peccans e penedens CR. R. 5, 26.
27. Arnaut Catalan.
   1. Aimeric, cil queus fai aman languir, im Register von B, Tenzone mit Aimeric de Belenoi.
   2. Als entendens de chantar C. MG. 207.
   3. Amors, ries fora s'eu vis CE. MG. 731. 732.
   4. Anc per null temps nom donet jai M. MG. 319.
   5. Dreitz fora qui ben chantes E. MG. 980.
   6. Lanquan vinc en Lombardia Mb. MG. 986 M.
      Vgl. noch 47, 9. 106, 10. 132, 12. 175, 1. 330, 4.
28. Arnaut de Cominge.
   1. Bem plai us uzatges que cor AD. Arch. 34, 197 A.
      Vgl. noch 302, 22.
29. Arnaut Daniel.
   1. Amors e jois e locs e temps Ta. MG. 426 T.
   2. Anc eu no l'aic, mas ela m'a ACDEGIKLNQRc. PO. 254. MW. 2, 72.
   3. Ans quel cim reston de brancas ABCDEIKLNRTUVbc. MG. 135 B, 412 E. Arch. 35, 378 U. 36, 411 V. R. 5, 32. MW. 2, 71.
   4. Ar vei vermeills, blaus blancs e grocs ADGHIKNQTUac. MG. 311 I, 422 T. Arch. 35, 378 U.
   5. Autet e bas entrels prims foills ACDEHIKNb. MG. 418 C, 419 E.
   6. Chanso doill mot son plan e prim ABCDEGHIKLNPQSc, Guillem de Cabestaing C reg. R. MG. 46 B, 431 C, 432 S Hüffer S. 64.
   7. D'autra guiz' e d'autra razo CE. MG. 433. 434.
   8. Douz brais e critz e sos e chans e voutas ACDHIKLM UVac, Guiraut de Borneill C reg. R. MG. 435 C, 436 M, 950 R. Arch. 35, 379 U, 36, 442 V.
   9. En breu brizaral temps braus ACDEHIKNR. MG. 423 C, 424 E.

10. En cest so coindet e leri ABCDHIKNRUVa. Arch. 35,
379 U, 36, 442 V. PO. 256. MW. 2, 73.

11. Lanquan son passat li giure A, Guiraut de Borneill D^a.
MG. 425 A.

12. Lanquan vei foill' e flor parer Ea. MG. 415 E.

13. L'aur' amara fals broills brancutz ACDHIKNRUVa. Chr.
131 CIR. MG. 416 C, 417 I. LB. 70. Arch. 35, 376 U,
36, 433 V.

14. Lo ferm voler qu'el cor m'intra ABCDEGHIKMQRSUVabc.
Chr. 134 BCI. LB. 99 I. MG. 145 B, 573 I. Arch. 35,
381 U, 36, 379 V. R. 2, 222. MW. 2, 70. Galv. 101.

15. Pos Raimons en Turcs Malecs DHIK, Guiraut de Borneill A,
Arnaut de Maroill CR. MG. 420 I, 421 C.

16. Quan chai la foilla CEa. MG. 427, 428 CE.

17. Sim fos amors de joi donar tan larga ABCDFHIKLMPQR
SUVcf. MG. 95 B, 429 C, 430 S. Arch. 35, 376 U,
36, 441 V.

18. Sols sui qui sai lo sobrafan quem sortz ABDEFHIKNU,
Raimbaut d'Aurenga a. MG. 97 B. Arch. 35, 380 U.
R. 5, 34. MW. 2, 75.

Vgl. noch 37, 3. 240, 4. 249, 1. 389, 16. 45 Q 1.

30. Arnaut de Maroill.

1. A grant honor viu cui jois es cobitz ACDD*EGIKLMNQRca.
LR. 351. MW. 1, 156.

2. A guiza de fin amador C. R. 3, 225. MW. 1, 168.

3. Aissi cum cel qu'am' e non es amatz ABCDD*FGIKNPSUca,
Aimeric de Belenoi C reg. R, Cadenet M, Folquet de Marseilla f, Raimundus Q, anonym O. Arch. 35, 405 U. R. 3,
214. MW. 1, 164.

4. Aissi cum cel que anc non ac consire ACDEMRca, Guiraut
de Borneill Q. R. 3, 218. MW. 1, 165.

5. Aissi cum cel que tem qu'amors l'aucia C reg. EPa, Perdigo CR, Guillem de la Tor M, Faidit de Belestar C reg.
R. 3, 346.

6. Aissi cum mos cors es ACDEIKR, Raimont Q. LR. 353.
MW. 1, 171.

7. Anc mais tan be chantar nom lic C. MG. 212.

8. Anc vas amor nom poc re contradire ACDD*FIKMNRTUc,
Raimont Q, Folquet de Marseilla V, anonym O. Arch. 35,
406 U, 36, 426 V. R. 3, 216. MW. 1, 157.

9. Bel m'es lo dous temps amoros CR, Perdigo V. Arch. 36,
443 V. R. 3, 210. MW. 1, 162.

10. Bel m'es quan lo vens m'alena CR. Chr. 87 CR. LB. 65 R. R. 3, 208. MW. 1, 155.
11. Cui que fin' amors esbandei C. MG. 233.
→ 12. En mon cor ai un novellet chantar C.
13. Franquez' e noirimens ACDEIKMNQRc. LR. 357. MW. 1, 159.
14. La cortezi' el gajez' el solatz C.
15. La franca captenensa ABCDDᵉEGIKMN(P)QRSUcα. Arch. 35, 407 U. LR. 355. PO. 16. MW. 1, 148.
16. La grans beutatz el fis enseignamens ACDEMPSUVc, Folquet de Romans C reg. R, Raimundus Q, Blacatz f. Arch. 35, 408 U, 36, 379 V. LR. 347. MW. 1, 150.
✗ 17. L'enseignamens e pretz e la valors ACDEFIKMNRSUc, Girardus Q, anonym O. Arch. 35, 405 U. R. 3, 212. MW. 1, 163.
. 18. Lo gens temps m'abelis em platz Cα, Richart de Berbezill IKd, Uc de Pena R, Pons de Capdoill C reg.
19. Mout eron dous mei consir ABCDDᵉEFGIKMNRSbc, Raimont Q. LR. 350. PO. 17. MW. 1, 170.
· 20. Sabers e cortezia CE.
21. Ses joi non es valors ACDGIKMNQRSTef, Gaucelm Faidit Aˣ. R. 3, 221. MW. 1, 167.
22. Si cum li peis an en l'aiga lor vida ABCDDᵉFGIKNPRSUef, Richart de Berbezill M, Pons de Capdoill Rˣ, Raimont Q, anonym O. Arch. 35, 404 U. R. 3, 207. MW. 1, 161.
23. Sim destreignetz, domna, vos et amors ABCDDᵉEFGIKMPR SUef, Raimont Q, anonym O. Arch. 35, 404 U. R. 3, 223. MW. 1, 158.
24. Tot quant en fauc ni die quem si' onrat CER. R. 3, 219. MW. 1, 166.
25. Us gais amoros orgoills ACDRTc. LR. 348. MW. 1, 169.
26. Us jois d'amor s'es en mon cor enclaus CT.
Vgl. noch 10, 29. 29, 15. 34, 1. 70, 10. 16. 155, 2. 213, 3. 6. 243, 10. 305, 4. 365, 20. 366, 34. 375, 11. 20.

31. **Arnaut Peire d'Agange.**
1. Quan lo temps brus e la freja sazos R. MG. 1082.

32. **Arnaut Plagues.**
4. Be volgra mi dons saubes CEM, Peirol C reg. R, Uc Bergnenc C reg. α, Peire Rogier S. PO 357.
Vgl. noch 330, 4.

33. **Arnaut Romieu.**
Erwähnt von Uc de l'Escura, R. 5, 220.

34. Arnaut de Tintignac (Quintenac; Cotinhac).
   1. En esmai et en consirier IKd, Arnaut de Maroill N. MG. 968 N.
   2. Lo joi comens en un bel mes CERbca, Gniraut de Quintenac a, Peire de Valeira D*IK. MG. 597—599 CEI.
   3. Mont dezir l'aura doussama CE, Marcabrun D*.
   Vgl. noch 411, 2.
35. Arver.
   1. Amics Arver, d'una re vos deman. Tenzone mit Enric.
36. Audoi.
   Vgl. 397, 1.
37. Augier Novella.
   1. Era quan l'iverns nos laissa IK, Gauberz en Bernart de Durfort D. MG. 578 K.
   2. Per vos bela douss' amia D, Ogier Niella C, Ugiers de Viena F, Uc de S. Circ E. R. 3, 104. PO. 397.
   3. Tostemps serai sirvens per deservir ADHIK, Arnaut Daniel c. MG. 577 I.
   Vgl. noch 124, 18.
38. Austorc.
   1. Senhen Austorc, de Boy lo coms plazens. Tenzone mit Guiraut Riquier.
39. Austorc de Maensac.
   Als Dichter erwähnt R. 5, 317. Bruder von Peire de Maensac.
40. Austore d'Orlac.
   1. Ai dieus, per qu'as facha tan gran maleza C. MG. 9.
41. Austorc de Segret.
   1. No sai quim so, tan sui desconoissens C. (R. 5, 55).
42. Auzer Figueira.
   1. Anc tan bel colp de jocanda (l. joncada) H. Arch. 34, 408.
   2. Bertram d'Aurel, si moria H. Arch. 34, 407.
   3. N'Aimeric, queus par del pro Bertram d'Aurel H. Tenzone. Arch. 34, 404.
43. Azalais de Porcaraignas.
   1. Ar em al freit temps vengut D*IKd, anonym CN. R. 3, 39. PO. 27. Azaïs 146.
44. Azar.
   1. Domna, platz vos el vers auzir F. (R. 5, 56.)
45. Baussan.
   1. Baussan, respondetz mi sius platz. Tenzone mit Uc, nach den meisten Hss. zwischen Dalfin und Uc. In a (Jahrb. 11, 16) Haugo e Bauzan, Bauzan e N'Ugo.

46. Beatritz de Dia.
  1. Ab joi et ab joven m'apais ABDHIKa, Uc de S. Circ T. R. 3, 23. PO. 54. MW. 1, 87.
  2. A chantar m'er de so qu'eu no volria ABCDIKLRab, una donna de Tolosa M, anonym GNW. Chr. 67 BMR. LB. 59 MR. R. 3, 22. PO. 55. MW. 1, 86.
  3. Amics, en gran consirier HM. Tenzone. R. 2, 188. PO. 47. MW. 1, 84.
  4. Estat ai en greu consirier ADIK. R. 3, 25. PO. 57. MW. 1, 87.
  5. Fis jois me don' alegransa D. PO. 57. MW. 1, 88.
47. Berenguier de Palazol.
  1. Ab la fresca clartat ACD*EIKf. MG. 3 C.
  2. Aissi cum hom que seigner ece aizona D*IK, Guillem de Berguedan C, wo aber die Lieder von Berenguier unmittelbar vorhergehen, Mönch von Montaudo C reg. R, Guillem Magret E, Aimeric de Belenoi f. MG. 156 C, 399 R, 400 I. Keller, Guillem von Berguedan Nr. 15.
  3. Aital domna cum eu sai CER. LR. 359.
  4. Bona domna, cui rics pretz fai valer CER, Perdigo V. Arch. 36, 444 V. R. 3, 239.
  5. De la gensor qu'om vej' al meu semblan CERf. R. 3, 232.
  6. Domna, la genser qu'om veja ACDHRa. Arch. 34, 179 A.
  7. Domna, si tostemps vivia CER. (R. 5, 62.)
  8. Plus ai de talan que no soill CR, Vidal Na, Pons Garda E, anonym V. PV. VIII. MG. 386 E, 387 N. Arch. 36, 440 V. R. 3, 238.
  9. S'eu anc per fol' entendensa D*IK, Joan Aguila CR, Arnaut Catalan E. (R. 5, 235.)
  10. S'eu sabi' aver guizardo CR. R. 3, 231. PO. 117. Milá 436.
  11. Tan m'abelis jois et amors e chans CER. R. 3, 236.
  12. Totz temeros e doptans CER. R. 3, 234.
  Vgl. noch 326, 1.
48. Berenguier de Peizrenger.
  1. Mal' aventura don deus a mas mas H. Arch. 34, 414.
49. Berenguier de Poivert (Poivent).
  1. Aveglas trichairitz H. Arch. 34, 414.
50. Berenguier Trobel.
  1. Aysi con sel que ses forfag es pres f. Meyer 513.
  2. Si vols amixs al segle guazainhar f. Meyer 511.
51. Bernado.
  1. Bernado, la genser domna ques mir. Tenzone mit Thomas.

52. Bernart.
  1. Ar parra si sabetz triar. Tenzone mit Guigo.
  2. En Bernartz, gran cortezia. Tenzone mit Bertran.
  3. Gaucelm, nom pose estener ER. Tenzone. R. 4, 19. PO. 362. MW. 2, 102.
  4. NElias, de dos amadors MORT. MG. 1014 M. Arch. 34, 380 O.
53. Bernart Alaban de Narbona.
  1. No puesc mudar qu'ieu non diga C. (R. 5, 64.)
54. Bernart Arnaut d'Armagnac.
  1. Lombartz volgr' en esser per na Lombarda H. MG. 648. R. 5, 239.
55. Bernart Arnaut de Moncuc.
  1. Er quan li rozier R. R. 2, 216. PO. 23.
    Vgl. noch 335, 4.
56. Bernart Arnaut Sabata.
    Vgl. 370, 7.
57. Bernart d'Auriac.
  1. Be volria de la mellor C. Azaïs 52. R. 4, 468.
  2. En Guillem Fabre sap fargar C. Azaïs 44.
  3. Nostre reis qu'es d'onor ses par C. Azaïs 57. R. 4, 241.
  4. S'eu agues tan de saber e de sen C. Azaïs 47. PO. 298.
58. Bernart de la Barta.
  1. Bernart de la Bartal chauzit. Tenzone mit Arman.
  2. Bernart de la Bart' anesem platz. Tenzone mit Guillem Peire de Cazals.
  3. Eu no cugei a trestot mon viven D'F. (R. 5, 65).
  4. Foilla ni flors ni cautz temps ni freidura D'lKd. R. 4, 194.
  5. Totz dos den esser mercejatz D'.
59. Bernart de Boudeills.
  1. Tot aissim pren com fai als assessis M.
60. Bernart de Durfort.
    Vgl. 37, 1.
61. Bernart Espanhol.
    Vgl. 70, 19.
62. Bernart de la Fon.
  1. Leu chansonet' ad entendre C&c, Bernart de Ventadorn E. PO. 395.
63. Bernart Marti.
  1. Amar deg, que ben es mezura E. MG. 331.
  2. A senhors qui so cuges CE. MG. 754. 755.
  3. Bel m'es l'an latz la fontana E.
  4. Ben es dreitz qu'en fass' oimai E, Pons de la Gardia E*, anonym V. MG. 509. 510. Arch. 36, 441 V.

5. Companha per companhia E.
   6. D'entier vers far ieu nou pes Ca.
   7. Farai un vers ab son novel C. (R. 5, 67.)
   8. Quan l'erb' es reverdezida CE.
      Vgl. noch 323, 5. 409, 2.
64. Bernart del Poget.
      Vgl. 409, 1.
65. Bernart de Pradas.
   1. Ab cor lejal fin e certa a C reg., Daude de Pradas C, Bernart de Ventadorn E. Denkm. 142 CE. MG. 181 C, 699 E.
   2. Ai s'eu pogues m'aventura saber C reg., Daude de Pradas C, Bernart de Ventadorn E. Denkm. 143 CE. MG. 193 C, 700 E.
   3. Si tot mais pretz un pauc de dan C reg., Daude de Pradas C.
66. Bernart de Rovenac.
   1. Bel m'es quan vei pels vergiers e pels pratz C. R. 4, 306. Milá 161.
   2. D'un sirventes m'es grans volontatz preza C. R. 4, 206. Milá 180.
   3. Ja no voill do ni esmenda CR. R. 4, 203. Milá 178.
   4. Una sirventesca CR. (R. 5, 67.)
67. Bernart Sicart de Marvejols.
   1. Ab greu consire C. R. 4, 194. Milá 182.
68. Bernart Tortitz.
   1. Per ensenhar los nescis amadors C. (R. 5, 68.)
69. Bernart de Tot-lo-mon.
   1. Be m'agradal temps de pascor C. (R. 5, 69.)
   2. Lo plazers qu'als plazens plai C.
   3. Mals fregz s'es els rics crois mes C.
70. Bernart de Ventadorn.
   1. Ab joi mou lo vers el comens ABCDEFGIKLMPQRSTUVa,γ, anonym W. MG. 133 B. Arch. 35, 422 U, 36, 400 V. R. 3, 42. MW. 1, 16.
   2. Amics Bernart de Ventadorn. Tenzone mit Peire d'Alvergne.
   3. Amors, enqueraus pregera CMRSa, Peire Vidal D*H. MG. 208 C, 259 S, 701 M, 702 R. Delius 24 S.
   4. Amors, e queus es vejaire ACD*EIKLMNRSaf. R. 3, 47. MW. 1, 37.
   5. Anc no gardei sazo ni mes V. Arch. 36, 408. MG. 795.
   6. Aram conseillatz, seignor ABCDEGIKMQRSVaf. Arch. 36, 410 V. R. 3, 88. MW. 1, 34.
   7. Ara no vei luzir soleill ABCDEFGIKLMPQRSVa, Peire Vidal W, anonym O. MG. 32 B, 255 S. Delius 20 S. LB. 52 1.

8. A tantas bonas chansos ACDFIKNR. MG. 33 I, 691 R, 692 N.
9. Bel m'es quant en vei la broilla D*IKN. MG. 37 I.
10. Bel m'es qu'eu chant en aquel mes ACDGIKMNVa, Arnaut de Maroill C reg. R, Folquet de Romans C reg. R², Guiraut de Borneill P. Muss. 432. MG. 819, 820 PR. Arch. 33, 304 P, 36, 402 V. R. 3, 77. MW. 1, 41.
11. Bels Monruels, aicel ques part de vos CE. mit anderem Anfange C²R, Raimon de las Salas P, Guillem Ademar S, Peire Rogier c. LB. 48 CE. MG. 340 R. Arch. 33, 310 P. R. 3, 60. MW. 1, 18.
12. Be m'an perdut lai enves Ventadorn ACDD*FGIKMNQRS Va, anonym O. Chr. 47 ACI. LB. 53 M. Arch. 36, 409 V. R. 3, 72. MW. 1, 20.
13. Bem engei de chantar sofrir CD*IKMRa. MG. 113 R. 703 M.
14. Bernart de Ventadorn, del chan. Tenzone mit Lemozi.
15. Chantars no pot gaire valer ACD*GIKPa. R. 3, 56. MW. 1, 33.
16. Conortz era sai en be ACDD*GIKMNPQRSVa, Arnaut de Maroill T, anonym O. Arch. 36, 409 V. R. 3, 79. MW. 1, 26.
17. En consirier et en esmai ACDGIKLMNQRV, anonym O. MG. 115 IR, 969 N. Arch. 36, 406 V.
18. En maint geing se volv es vira Ca. MG. 704 C.
19. Estat ai cum hom esperdutz ACDD*EGIKMNQRSVa, Peire Espanhol R², B. Espanhol C reg. Arch. 36, 402 V. LR. 329. MW. 1, 42.
20. Gent estera que chantes V. Arch. 36, 400. MG. 793.
21. Ges de chantar nom pren talans CGMNRSa, Saill de Scola D*IK, Guillem Ademar E. MG. 256 S, 370 E, 705 M. Delius 17 S.
22. Ja mos chantars nom er honors ACD*IKNRTVa. Arch. 36, 405 V. R. 3, 74. MW. 1, 28.
23. La doussa votz ai auzida CD*GIKRVX. Arch. 36, 410 V. R. 3, 91. MW. 1, 30.
24. Lanquan foillon bose e garric CE, anonym W. MG. 706 C.
25. Lanquan vei la foilla ABCDGIKLMPQRSTVa. MG. 144 B. Arch. 36, 403 V. R. 3, 62. MW. 1, 14.
26. Lanquan vei per mei la landa CD*GIKNQ. MG. 118 I, 707 C.
27. Lonc temps a qu'eu no chantei mai ACDFIKMNQRVa,$, anonym O. Arch. 36, 406 V. LR. 332. MW. 1, 45.

28. Lo dous temps de pascor ABCDGIKNR, Peire Vidal MTae*c*, anonym O. R. 3, 51. MW. 1, 13.
29. Lo rossignols s'esbaudeja ABCDD*e*FIKMNQRSVa, mit anderem Anfange R². LB. 51 B. MG. 68 B, 257 S, 708 C. Delius 15 S. Arch. 36, 403 V.
30. Lo temps vai e ven e vire ACDGIKQRa, G. de Quintenac C reg. Arch. 33, 456 A. MG. 119 IR, 709 C.
31. Non es meravilla s'en chan ACDFGIKMNPQRSUVWag, anonym LO. Arch. 35, 423 U, 36, 401 V. R. 3, 44. PO. 3. MW. 1, 36.
* 32. Peirols, cum avetz tant estat ADIKN. Tenzone. Chr. 137 AI. Arch. 34, 184 A. MG. 710 I.
33. Pel dous chan quel rossignols fai ACDGIKNQRad. R. 3, 86. MW. 1, 21.
34. Per Crist, amor, en gentil loc saubes V. Arch. 36, 408. MG. 794.
35. Per meills cobrir lo mal pes el consire ACDGIKNQRSVa. MG. 122 IR, 258 S. Delius 22 S. Arch. 36, 406 V.
36. Pos prejatz mi, seignor ACDEGIKMNQRSa. R. 3, 58. MW. 1, 39.
37. Quan la douss' aura venta ACD*GIKMNQRVa, Peire Cardinal D*b*, anonym O. Chr. 48 ACMR. LB. 49 AC. MG. 929 O, 930 V. Arch. 36, 405 V. R. 3, 84. PO. 5. MW. 1, 22.
38. Quan la vertz foilla s'espan D*IK. MG. 123 I.
39. Quan l'erba fresc' el foilla par ACD*IKMNRVa, anonym O. MG. 927 O, 928 V. Arch. 36, 404 V. R. 3, 53. MW. 1, 11.
40. Quan lo boscatges es floritz C.
41. Quan par la flors jostal vert foill ABCDD*e*FGIKMNOPQQ² RSUaf, Folquet de Marseilla W. Arch. 35, 424 U. R. 3, 65. MW. 1, 19.
42. Quan vei la flor, l'erba fresc' e la foilla ACDD*e*FGIKMPQ RVXa*j*, Peire Vidal, I²K². Arch. 36, 400 V. LR. 330. MW. 1, 44.
43. Quan vei la lauzeta mover ACDEFGIKLMNPQRSUVa, Peire Vidal W, anonym O*s*. Chr. 52 CIMR. Arch. 35, 423 U, 36, 404 V. Jahrb. 11, 166 *s*. R. 3, 68. MW. 1, 32.
44. Tant ai mon cor plen de joja ACDIKMNRSVa. Chr. 50 CIMR. LB. 50 CS. MG. 762, 763 CR. Arch. 36, 410 V. PO. 7. MW. 1, 23.
45. Tuit cil quem pregon qu'eu chan ABCD*D*e*GIKNQRV, Peirol MN²a. Arch. 36, 401 V. R. 3, 70. MW. 1, 29.

Vgl. noch 16, 13. 62, 1. 65, 1. 2. 112, 2. 124. 1. 2.
7. 132, 12. 133, 3. 167, 49. 213, 4. 234, 11. 242, 12.
293, 40. 331, 1. 344, 3. 366, 1. 375, 10. 377, 4. 6.
392, 27.

71. Bernart de Venzac.
+ 1. Iverns vai el temps tenebros C. ?
2. Lo pair' el filh el sant espirital CR. R. 4, 432.
+ 3. Pos vei lo temps fer frevoluc Cα.
Vgl. noch 293, 12. 27. 323, 6.

72. Bernart Vidal.
Als Dichter erwähnt von Serveri de Girona, dessen Landsmann er war: Milá S. 390.

73. Berta oder Barta, Fraire.
1. Fraire B. trop sai estatz. Tenzone mit Maistre.

74. Bertolomeu Zorgi.
1. Aissi col focs consuma totas res A. Arch. 34, 182. Chr. 269. MG. 668.
2. Atressi cum lo gamel AIKd. MG. 308 I.
3. Ben es a dreigz e sap qu'es alegranza IKd. R. 4, 459.
4. Eu tal dezir mos cors intra IKd. MG. 573 I.
5. Entre totz mos consiriers A. Arch. 34, 180. MG. 666.
6. Jesu Crist per sa merce IKd. MG. 570 I.
7. L'autrier quan mos cors sentia IKd. MG. 556 I. PO. 210 I.
8. Mal aja cel que m'apres de trobar IKd. MG. 574.
9. Mout fai sobreira folia AIKd. PO. 214.
10. Mout fort me sui d'un chan meravillatz IKd. R. 4, 232.
11. No laissarai qu'en chantar non atenda IKd. MG. 572 I.
12. On hom plus aut es pojatz AIKd. R. 4, 234.
13. Pos eu mi feing mest los prims entendens IKd. MG. 944 I.
14. Pron si deu mais pensar al meu semblan A. Arch. 34, 180. MG. 665.
15. S'eu trobes plazer a vendre IKd.
16. Sil mons fondes a meravilla gran IKd. MG. 571 I.
17. Si tot m'estauc en cadena A. Arch. 34, 181. MG. 667.
18. Totz hom qu'enten en valor IKd.

75. Bertran.
1. Bertran e soa domna. Tenzone, die in a sich befand, Jahrb. 11, 16.
2. En Bernartz, gran cortezia M. Tenzone.
3. Gausbert, razon ai adrecha CD·EG(R). Tenzone. Arch. 35, 102 G.
4. Javare, anc a mercat P. Tenzone.
5. Monge, eu vos deman Q. Tenzone.

6. Seigner Bertran, per la desconoissensa. Tenzone mit Mathieu.
7. Seigner Bertrans, us cavaliers prezatz. Tenzone mit Uc de la Bacalaria.

76. Bertran d'Alamano.
1. Amics Guigo, be m'azaut de tos seus HR. Tenzone. (R. 5, 73. 175.)
2. Bertran, lo joi de domnas e d'amia. Tenzone mit Sordel.
3. Bertran, vos qu'anar soliatz ab lairos. Tenzone mit Guillem Augier.
4. De l'arcivesque mi sap 60 M. R. 4, 218.
5. De la sal de Proensam doill a.
6. De vos mi rancur, compaire. Tenzone mit Granet.
7. Doas domnas amon dos cavaliers. Tenzone mit Sordel.
8. D'un sirventes mi ven grans volontatz T. (R. 5, 72.)
9. Ja de chantar nuill temps no serai mutz C. R. 4, 220.
10. L'escur gazhs me fa tan gran feresa P.
11. Lo segle m'es camjatz CRa. R. 4, 330.
12. Mout m'es greu d'en Sordel, quar l'es faillitz sos sens AC D*HIK, Peire Bremon R. R. 4, 68.
13. Nuls hom no deu esser meravillatz H.
14. Pos anc nous vale amors, seignen Bertrans. Tenzone mit Granet.
15. Pos chanso far nom agensa M. MG. 1060.
16. Qui ques esmai nis desconort H. Arch. 34, 392.
17. Seigner coms, eus prec quem digatz HP. Tenzone. Arch. 34, 411 H.
18. [Segnor, lo rey s'alegra en ton divin secors f. Unecht. Meyer 663.]
19. S'eu agues virat l'escut F.
20. Tuit nos cujavam ses faillir F.
21. Una chanson dimeja ai talan a.
22. Un sirventes farai ses alegratge C, Peiro Bremon M, Sordel C reg. R. 4, 222.
23. Us cavaliers si jazia C. LB. 102. R. 5, 74. PO. 110.
24. Vist ai, Bertran, pos nous viron mei oill. Tenzone mit Guigo de Cabanas.
Vgl. noch 330, 15.

77. Bertran Albaric.
1. Amic Guibert, ben a set ans passatz f. Tenzone. Meyer 655.
2. Ieu ame tal ques un emperador f. Meyer 656.

78. Bertran Arnaut.
Vgl. a im Jahrb. 11, 15. Wohl derselbe wie Bernart Arnaut.

79. Bertran d'Aurel.
   1. N Aimeric, laissar poiria H. Arch. 34, 408.
80. Bertran de Born.
   1. Ai Lemozis, franca terra corteza FIK. R. 5, 78. MW. 1, 257.
   2. Al non dous termini blanc ACDDᵉEFIK, anouym N. R. 4, 172. MW. 1, 298.
   3. Anc nous poc far major anta CIKMd. MG. 213 C.
   4. Ara sai eu de pretz quals l'a plus gran DᵉFIKd. R. 4, 94. MW. 1, 302.
   5. Ar ve la coindeta sazos ADIK. LR. 388. MW. 1, 314.
   6. A tornar m'er enquer al premier us IKd, Guillem Rainols Dᵉ. MG. 313 I.
   7. Bel m'es quan vei camjar lo seignoratge CM. R. 4, 261. MW. 1, 307.
   8. Bem platz car trega ni fis ADFIK. LR. 336. MW. 1, 313.
   9. Cazutz sui de mal en pena ABCDEFIKRT. R. 3, 135. MW. 1, 290.
   10. Cel que camja bon per meillor FGIKd. Arch. 35, 103 G.
   11. Cortz e gestas e joi d'amor AIKd. Arch. 34, 187 A.
   12. Domna, pos de mi nous cal ABDFIK. R. 3, 139. PO. 67. MW. 1, 273.
   13. D'un sirventes nom cal far longor ganda ACDFIKR, Raimon de Miraval M, anonym N. R. 4, 148. MW. 1, 280.
   14. Eu chan quel reis m'en a pregat C.
   15. Eu m'escondisc, domna, que mal no mier ABCDEFIKR, Peire Vidal C reg., Peire Cardinal T. Chr. 109 BCEI. R. 3, 142. MW. 1, 272.
   16. Foilleta, ges autres vergiers M.
   17. Foilleta, pos mi prejatz que eu chan M.
   18. Gen part nostra reis liuranda IKMd. R. 4, 160. MW. 1, 310.
   19. Ges de disnar no for' oimais maitis ADFIK. R. 3, 137. MW. 1, 292.
   20. Ges de far sirventes nom tartz ACDEFIK. Chr. 111 CEI. R. 4, 143. MW. 1, 289.
   21. Ges no me desconort ADDᵉFGIKM. R. 4, 153. MW. 1, 286.
   22. Guerr' e pantais vei et afan IKTd, Duran sartre de Paernas M. R. 4, 263.
   23. Lo coms m'a mandat e mogut ACDᵇFIKMR. R. 4, 149. MW. 1, 282. Milá 91.
   24. Mailolin joglar malastruc M. MG. 1005.
   25. Mieg sirventes voill far dels reis amdos M. R. 4, 176. MW. 1, 311. Milá 118.

26. Mon chan fenisc ab dol et ab maltraire ABCDEFIK. R. 4, 48. MW. 1, 284.
27. Mout me plai quan vei dolenta C, Guillem Magret C reg. R; in R geht unmittelbar vorher Bertran de Born. Chr. 114 CR. LB. 81. R. 4, 260. MW. 1, 306.
28. Mout m'es deissendre carcol ACDIKTUV. Arch. 35, 461 U, 36, 398 V. R. 4, 164. MW. 1, 296.
29. No posc mudar mon chantar non esparga ACDFIKMRTUV. Arch. 35, 460 U, 36, 381 V. R. 4, 177. MW. 1, 300.
30. Nostre seigner somonis el meteis D^cFIKd. R. 4, 100. MW. 1, 302.
31. Pos als baros enoja e lor peza ABCDEFIKRUV. Chr. 113 BCIR. Arch. 35, 462 U, 36, 399 V. R. 4, 170. MW. 1, 297.
32. Pos lo gens terminis floritz ABCDEFIK. R. 4, 162. MW. 1, 293. Milá 96.
33. Pos Ventadorns e Comborns ab Segur ACDFIK. R. 4, 145. MW. 1, 279.
34. Quan la novela flors par el verjan ACDFIKMT. R. 4, 179. MW. 1, 303.
35. Quan vei pels vergiers desplejar ACDFIKRTV. Arch. 36, 426 V. R. 4, 167. MW. 1, 294. Milá 100.
36. Rassa, mes se son premier ACDIKM. R. 4, 151. MW. 1, 288.
37. Rassa, tan creis e mont' e poja ACC'DD'EFIKMR. LR. 330. MW. 1, 270.
38. S'abrils e foillas e flors ABCDFIKMRUV, anonym N. Muss. 435. Arch. 35, 461 U, 36, 398 V. R. 3, 144. PO. 69. MW. 1, 275.
39. Seigner en coms, a blasmar ADIK. Arch. 34, 188 A.
40. S'eu fos aissi, seigner, e poderos CR. R. 4, 171. MW. 1, 299.
41. Si tuit li dol el plor el marrimen T, Peire Vidal e. Chr. 110 T. LB. 89. R. 2, 183. MW. 1, 283.
42. Un sirventes farai novel plazen CER. R. 4, 181. MW. 1, 305. Milá 171.
43. Un sirventes fatz dels malvatz baros IKd. R. 4, 147. MW. 1, 281.
44. Un sirventes que motz no faill ACDFIKM, anonym N. R. 4, 141. MW. 1, 278.
45. Voluntiers feira sirventes IKd.
Vgl. noch 81, 1. 232, 1.

81. Bertran de Born lo fills.
   1. Quan vei lo temps renovelar M, Bertran de Born D*FGIK, anonym N. R. 4, 199.
      Vgl. noch 119, 7.
82. Bertran Carbonel.
   Lieder.
   1. Aissi com am plus finamen R.
   2. Aissi com cel qu'atrob' en son labor R.
   3. Aissi com cel qu'entrels plus assajans R.
   4. Aissi com cel ques met en perilh gran R.
   5. Aissi com cel que trabuca e peza R.
   6. Aissi m'a dat fin' amors conoissensa R.   (R. 5, 99.)
   7. Amors, per aital semblansa R.
   8. Atressi fai gran foldat R.
   9. Cor, digas me per cal razo R.   (R. 5, 99.)
   10. Joan Fabre, ieu ai fach un deman R.   R. 4, 286.
   11. Moutas de vetz pensara hom de far be R.   MG. 1077.
   12. Per espassar l'ira e la dolor R.   R. 4, 284.   PO. 240.
   13. Ronci, cen ves m'aves faih penedir f.   Meyer 469.
   14. Si anc null tems fui ben encavalcatz f.   Meyer 471.
   15. S'ieu auc nulh temps chantei alegramen R.   R. 5, 100.
   16. Tans ricx clergues vei trasgitar R.   R. 4, 282.   PO. 242.
   17. Un sirventes de vil home vuelh far R.
   18. Un sirventes de vil razo R.
      Coblas.   Dkm. 5—26[1].
   19. Ab son amic si deu hom consoillar P.
   20. Alcun nesci entendedor PRf.   Dkm. 3.
   21. Als demandans respondi qu'es amors R.   Dkm. 45.
   22. Anc de joc no vi far son pro PR.   Dkm. 38.
   23. Anc negun temps, et aisso es certeza PR.   Dkm. 21.
   24. Anc no fon hom tan savis ni tan pros Rf.   Dkm. 42.
   25. Aras puesc ben conoisser certamen PR.   Dkm. 12.
   26. Atressi ven hom paubres en auteza PRf.   Dkm. 31.
   27. Bertran lo Ros, ieu t'auch cobla retraire R.   Dkm. 41.
   28. Bertran lo Ros, tu iest hom entendens R.   Dkm. 43.
   29. Bes e mals cascus pareis PR.   Dkm. 2.
   30. Bon es qui sap per natura parlar PR.   Dkm. 36.
   31. Bontatz d'amic e de senhor PR.   Dkm. 28.
   32. Cascun jorn trop plus dezaventuros PR.   Dkm. 24.
   33. Cobla ses so es enaissi R.   Dkm. 64.
   34. Conoissensa vei perduda PR.   Dkm. 13.
   35. De femnas drudeiras i a PR.   Dkm. 48.

---
[1] Die beigefügte Zahl bezeichnet die Strophenzahl der Ausgabe.

36. De trachoretz sai vei que lor trichars R. Dkm. 49.
37. Dieus fes Adam et Eva carualmens PR. Dkm. 46.
38. Dieus no laissa mal a punir PR. Dkm. 39.
39. D'omes atrobi totz aitals PRf. Dkm. 8.
40. D'omes i a e sai n'un majormens R. Dkm. 69.
41. D'omes trobi de gros entendemen PR. Dkm. 17.
42. D'omes trobi fols et esservelatz PRf. Dkm. 53.
43. D'omes trobi que ab lor gen parlar PRf. Dkm. 37.
44. D'omes trobi que de cor o d'aver R. Dkm. 6.
45. D'omes trobi que son de vil natura PRf. Dkm. 16.
46. D'omes trop fort enamoratz PR. Dkm. 47.
47. D'omes trop que per amistat PR. Dkm. 9.
48. D'omes trop que van rebuzan PRf. Dkm. 32.
49. D'omes vei ricx et abastatz PR. Dkm. 34.
50. El mon non a domna qu' ab gran valensa P.
51. Enaissi com cortezia PR. Dkm. 56.
52. Enaissi com en gazanhar PR. Dkm. 52.
53. En aisso vei qu'es bona paubretatz R. Dkm. 68.
54. Homs de be segon beutat R. Dkm. 70.
55. Homs quant es per forfait pres PRf. Dkm. 40.
56. Hostes ab gaug ai volgut veramen PRf. Dkm. 27.
57. Huei non es homs tant pros ni tant prezatz R. Dkm. 29.
58. Huei non es homs tan savis ni tan pros PRf. Dkm. 42.
59. La premieira de totas las vertatz PR. Dkm. 18.
60. Lo savis dis qu'om non deu per semblan PRf. Dkm. 22.
61. Mais falh qui blasma ni encolpa PR. Dkm. 5.
62. Mais parla hom tostemps d'un mal R. Dkm. 64.
63. Major fais non pot sostener PR. Dkm. 57.
64. Mal fai qui'nclau ni enserra PRf. Dkm. 55.
65. Moutz homes trobi de mal plag PRf. Dkm. 26.
66. Non es amics qui non o fai parven PR. Dkm. 7.
67. Nullhs homs no deu trop en la mort pensar PR. Dkm. 58.
68. Nullhs hom non port' amistat R. Dkm. 62.
69. Nullhs hom tan be non conois son amic PR. Dkm. 23.
70. On hom a mais d'entendemen PR. Dkm. 4.
71. Per fol tenc qui longa via PR. Dkm. 19.
72. Per fol tenc qui s'acompanha PR. Dkm. 51.
73. Qui adonar no se vol a proeza PR. Dkm. 15.
74. Qui a riqueza e no val PR. Dkm. 35.
75. Qui non perve el dan perpetual R. Dkm. 30.
76. Qui per bon dreg se part d'amor PR. Dkm. 50.
77. Qui pogues vezer en espelh f, anonym GQ. Arch. 35, 110 G. Meyer 474 f.

78. Qui vol paradis gazanhar R. Dkm. 67.
79. Savis homs cant vol enpendre f. Meyer 473.
80. Savis homs en ren tan no falh PRf. Dkm. 59.
81. Sel que ditz qu'ieu fas foldat R. Dkm. 60.
82. Si alcus vol la som' aver PR. Dkm. 11.
83. S'ieu ai falhit per razo natural R. Dkm. 61.
84. S'ieu ben plagues als pecx desconoissens P.
85. S'ieu dic lo ben et hom nol me ve faire PRf. Dkm. 1.
86. Tals port' espaza e bloquier R. Dkm. 25.
87. Tals vai armatz et a cor bel e gran R. Dkm. 66.
88. Tota domna que aja cor d'amar R. Dkm. 63.
89. Totz maistres deu estar PRf. Dkm. 39.
90. Totz trops es mals, enaissi certamens PRf. Dkm. 44.
91. Totz trops es mals e qui lo trop non peza PRf. Dkm. 20.
92. Una decretal vuelh faire PR. Dkm. 54.
93. Us hom pot ben en tal cas vertat dire PR. Dkm. 14.
94. Vers es que bona cauza es PR. Dkm. 10.

83. Bertran Folco d'Avigno.
   1. Bertran, si fossetz tan gignos. Tenzone mit Raimon de Miraval.
   2. Ja no creirai d'en Gui de Cavaillo H. Arch. 34, 406 R. 4, 209.

84. Bertran de Gordo.
   1. Totz tos afars es niens IKOd. Tenzone. Arch. 34, 382 O.

85. Bertran de Paris de Roergue.
   1. Guordo, ieus fas un bo sirventes l'an R. Dkm. 85.

86. Bertran de Pessatz.
   Lieder von ihm enthielt a, Jahrb. 11, 15.

87. Bertran del Pojet.
   1. Bona domna, d'una re queus deman CDIKT, Bertram S, anonym O. Arch. 34, 374 O.
   2. De sirventes aurai gran re perdutz ABDFIK. MG. 138 B. R. 4, 375. PO. 364.
   Vgl. noch 409, 1.

88. Bertran de Preissac.
   Vgl. 174, 1.

89. Bertran lo Ros.
   Erwähnt von Bertran Carbonel, Dkm. 17, 14, 18, 1.

90. Bertran de Saissac.
   Vgl 293, 15. Zeitgenosse von Peire d'Alvergna, Chr. 76, 29, wo die meisten Hss. Bernartz haben.

91. Bertran de Saint Felitz.
   1. Digatz, Bertran de Saint Felitz. Tenzone mit Uc de la Bacalaria.

92. Bertran de la Tor.
   1. Mauret, al dalfin agrada H. R. 5, 104.
93. Bieiris de Roman.
   1. Na Maria pretz el fina valors T. PO. 376.
94. Bischof von Basaz.
   1. Cor poder saber e sen D*. (R. 5, 145.)
95. Bischof von Clermont.
   1. ( )oms que vol enseignar H. Arch. 34, 414.
   2. Peire de Maensac, ges lo reis no seria D*H. Arch. 34, 401 H
   3. Per Crist sil servens fos meus H. R. 5, 125. MW. 1, 131.
96. Blacasset.
   1. Amics Guillem, lauzan etz mal dizens F. (R. 5, 106.)
   2. Be volgra que venques merces I.
   3. Cil quem ten per servidor PV. Arch. 36, 434 V.
   4. En Blacasset, bon pretz e gran largueza. Tenzone mit Alexandri.
   5. En Blacasset, eu sui de noit. Tenzone mit Uc de Mataplana.
   6. Guerra mi plai quan la vei comensar M. R. 4, 215.
   7. [Ieu crezi per verai e pense fermamen f. Unecht. Meyer 663.]
   8. Oimais non er Bertrans per me celatz H. Arch. 34, 412.
   9. Per cinq en podetz demandar FH. Arch. 34, 404 H.
   10. Per merceil prec qu'en sa merce mi prenda PV, Blacatz T. MG. 1128 T. Arch. 36, 434 V.
   11. Sim fai amors ab fizel cor amar BFIMUV, Blacatz Cf. MG. 151 B. Arch. 35, 458 U, 36, 433 V. R. 3, 459.
   Vgl. noch 10, 33. 97, 6. 232, 1. 242, 55. 355, 16. 386, 4.
97. Blacatz.
   1. Be fui mal conseillatz D*N.
   2. En chantan soill quem digatz. Tenzone mit Folquet de Romans.
   3. En Pelissier, chauzetz de tres lairos GH, Blacatz und Peire Vidal D*. Tenzone. Arch. 34, 405 H. MG. 1129 H.
   4. En Raimbaut, ses saben ADEGIKNQ. Tenzone. R. 4, 25. PO. 119. MW. 2, 137.
   5. Gasquet, vai t'en en Proensa E. Tenzone. MG. 1130.
   6. Lo bels dous temps mi platz CDHIKNS, Blacasset I*K*. R. 3, 337. MW. 2, 136.
   7. Peire Vidal, pos far m'ave tenso DDcEIKLNOQ. Tenzone. P. Vidal 39. R. 4, 23. MW. 2, 138.
   8. Peirol, pos vengutz es vas nos H. Tenzone. Arch. 34, 405. MG. 1127.
   9. Seignen Blacatz, de domna pro. Tenzone mit Guillem de S. Gregori.

10. Seignen Blacatz, pos per tot vos faill barata. Tenzone mit Bonafe.
11. Seignen Blacatz, talant ai que vos queira. Tenzone mit Bonafe.
12. Seigner Blacatz, be mi platz e m'es gen N. Tenzone mit —?
13. Tenzone mit Pistoleta, in a gewesen, Jahrb. 11, 16. Vgl. noch 30, 16. 96, 10. 96, 11.

98. Bonafe.
   1. Seignen Blacatz, pos per tot vos faill barata D*IKd. MG. 1142 I.
   2. Seignen Blacatz, talant ai que vos queira IKd. (R. 5, 110.)

99. Bonafos.
   1. Bonafos, eu vos envit. Tenzone mit Cavaire.

100. Bonfil.
   1. Auzit ai dir, Bofil, que saps trobar. Tenzone mit Guiraut Riquier.

101. Bonifaci Calvo.
   1. Ab gran dreg son maint gran seignor del mon IKd. R. 4, 376.
   2. Ai deus s'a cor quem destreigna Kd.
   3. Ar quan vei glassatz los rius IKd. MG. 615 I.
   4. En loc de verjans floritz IKd. R. 4, 224. PO. 206. Milá 202.
   5. Enquer cab sai chans e solatz IKd. LR. 475.
   6. Fis e lejals mi sui mes IKd. MG. 553 I.
   7. Ges nom es greu s'eu no sui ren prezatz IKd. R. 4, 226. Chr. 269.
   8. Lo majer sens c'om en se pose' aver IKd. MG. 614 I.
   9. Mout a que sovinensa IKd. R. 4, 228. Milá 204.
   10. Per tot so qu'om sol valer IKd. R. 4, 378.
   11. Qui a talen de donar IKd. R. 4, 380. PO. 208. Milá 207.
   12. S'eu ai perdut, no s'en podon jauzir IKd. R. 3, 446.
   13. S'eu dirai mens que razos non aporta IKd.
   14. Tant auta domnam fai amar IKd. MG. 616 I.
   15. Temps e loc a mos sabers IKd. MG. 552 I. R. 3, 445.
   16. Una gran desmezura vei caber IKd. MG. 617 I. Milá 209.
   17. Un non sirventes ses tardar IKd. MG. 619 I.
   18. Eine Tenzone mit Luquet Gatelus stand in a, Jahrb. 11, 15.
   19. Tenzone von Bonifaci (Calvo?) und Scot, stand in a, Jahrb. 11, 16.

102. Bonifaci de Castellana.
   1. Ara pos iverns es el fil M. (R. 5, 108.)

2. Guerr' e trebaills e bregam platz CM. R. 4, 214. PO. 144.
      Galv. 90.
   3. Sitot m'es no fort gaja la sazos C. (R. 5, 109.)
103. Lo Bort del rei d'Arago.
   1. Mesier Rostanh, pensan en prop f. Meyer 497.
   2. Mi dons m'es enperativa f. Meyer 496.
   3. Un juoc novel ay entaulat f. Meyer 495.
104. Bremon (Bermon) Rascas.
      Lieder von ihm standen in a, Jahrb. 11, 14.
105. Cabrit.
   1. Cabrit, al meu vejaire. Tenzone mit Richart de Tarasco.
106. Cadenet.
   1. Ab lejal cor et ab humil talan Cf. R. 3, 249.
   2. Acom dona ric coratge ABCDDᶜEFGIKNOPRSTUfα. MG.
      21 B, 676 E, 677 C. Arch. 35, 409 U. Meyer 678 f.
   3. Ad home meills no vai DᶜIKSd. MG. 274 S, 302 I.
   4. Ad ops d'una chanso faire Eα. MG. 339.
   5. Ai doussa flors benolens IKd. MG. 303 I.
   6. Aitals cum eu seria Cf. LR. 362.
   7. Amors, e cum er de me ABCDFIKMPRSTUf. MG. 25 B,
      684 C. Arch. 35, 411 U. R. 3, 247.
   8. Ans quem jauzis d'amor CDªDᶜEIKR. MG. 745, 746 CE.
   9. Be fui conoissens a mon dan (I)Kd, Elias de Barjols CR,
      anonym GLN. Arch. 34, 435 N. LR. 422.
   10. Be volgra s'esser pogues ABFIKd, Arnaut Catalan M,
       anonym PW. R. 4, 418. Milá 348.
   11. Cadenet, pro domm' e gaja. Tenzone mit Guionet.
   12. Camjada s'es m'aventura ACDEIKMNRTf, Pons de la Garda S.
       Arch. 34, 172 A. MG. 952 C.
   13. De nuilla re non es tan grans cartatz BDᶜF(I)KPd. R. 4, 281.
   14. Eu sui tan corteza gaita ACDGIKP, Guiraut de Borneill E,
       Folquet de Marseilla C reg. R. LB. 103 ER. Arch. 32, 421 G.
       R. 3, 251.
   15. L'autrier lonc un bosc foillos DªIK, Tibaut de Blizon CR.
       MG. 727. R. 2, 230. PO. 113.
   16. Meravill me de tot fin amador ACDDᶜIKNRSTUfα. Arch.
       34, 171 A, 35, 410 U. MG. 682, 683 CI.
   17. No sai qual conseill mi prenda ABCDªDᶜIKNRSUf. MG.
       75 B. Arch. 35, 408 U.
   18. Oimais m'auretz avinen ABCDDᶜDᶜEIKMRSTUfα. MG.
       275 S, 951 E. Arch. 35, 409 U. LR. 360.
   19. Pos jois mi met en via E.
   20. S'eu ar endevenia ADDᶜIKS. Arch. 34, 171 A.

21. S'eu oimais deserenan ACDIKR. Arch. 34, 170 A.
22. S'eu pogues ma voluntat ABCDDᵉFGIKMNRTUfα. MG. 94 B. Arch. 35, 411 U.
23. S'eus essai ad amar CEIKMd. (Diez, Leben und Werke 544.)
24. S'eu trobava mon compair' en Blacatz DᵉFf. (R. 5, 111.)
25. Tals reigna dezavinen ABCDEIKMTα. MG. 99 B.
Vgl. noch 30, 3. 167, 58. 217, 7. 276, 1. 305, 6. 372, 2. 3. 406, 40.

107. **Calega Panza.**
Gedichte von ihm enthielt a, Jahrb. 11, 14.

108. **Carenza, na.**
1. A na Carenza al bel cors avinens. Tenzone mit Alaisina Yselda.

109. **Castelloza, na.**
1. Amics, sius trobes avinen AIKNd. R. 3, 370. PO. 245.
2. Ja de chantar no degr' aver talen AIKNd. R. 3, 368. PO. 247.
3. Mout avetz fag lonc estatge AIKNd. PO. 248.

110. **Catalan.**
Eine Tenzone mit Vaquier stand in a, Jahrb. 11, 16.

111. **Cavaire.**
1. Bonafos, eu vos envit C. Tenzone.
2. Cavaire, pos bos joglars est. Tenzone mit Folco.

112. **Cercamon.**
1. Car vei fenir tota dia R. Tenzone. Jahrb. 1, 97.
2. Ges per lo freit temps nom irais DᵉIK, Peire d'Alvergna E, Bernart de Ventadorn L, Gaucelm Faidit N, Peire Vidal S. MG. 249 S, 371 I. P. Vidal III S. Delius 14 S. Jahrb. 1, 93.
3. Per fin' amor m'esjauzira Dᵉf. Muss. 443 Dᵃ. Chr. 43 Dᵃ.
4. Quan l'aura doussa s'amarzis C reg.DᵃIKR, Peire Bremon C, anonym L. Arch. 34, 435 L. PO. 250. Jahrb. 1, 91.
Vgl. noch 330, 13.

113. **Certan.**
So heisst in der Tenzone NUgo, vostre semblan digatz nach T (und a, Jahrb. 11, 16) der Interlocutor.

114. **Chardo.**
Eine Tenzone mit Ugo stand in a, Jahrb. 11, 16.

115. **Clara d'Anduza.**
1. En greu esmai et en greu pensamen C. R. 3, 335. PO. 252.

116. **Coine.**
1. Seignen Coine, jois e pretz et amors. Tenzone mit Raimbaut de Vaqueiras.

117. Comunal.
   Vgl. 444, 1.
118. Consezen.
   Beiname eines lombardischen Troubadours, eines Zeitgenossen von Peire d'Alvergne; vgl. Chr. 78, 3—8.
119. Dalfi d'Alvergne (Robert I).
   1. Dalfin, respondetz mi sius platz. Tenzone mit Uc.
   2. Dalfin, sabriatz me vos. Tenzone mit Peirol.
   3. Joglaretz, petitz Artus AD. Arch. 34, 194 A.
   4. L'evesque troban en sos breus H. R. 5, 125. MW. 1, 131.
   5. Mauret, Bertran a laissada H. (R. 5, 126.)
   6. Perdigon, ses vassalatge ADGIKMQR(R²)f. Tenzone. Arch. 32, 409 G. MG. 1016 M.
   7. Pos sai es vengutz, Cardaillac AD, lo fils d'en Bertran de Born O. Arch. 34, 194 A, 34, 384 O.
   8. Reis, pos vos de mi chantatz ADIKR. R. 4, 256. PO. 84. MW. 1, 131. Tarbé 129.
   9. Vergoign' aura breunen nostr' evesque chantaire ADIK. R. 4, 258. MW. 1, 132.
120. Dalfinet.
   1. De mieg sirventes ai legor AD. Arch. 34, 191 A.
121. Dante de Majano.
   1. Las ço qe m'es al cor plus fins e qars c. Arch. 33, 411. LR. 504. LB. 98. Chrest. 311.
   2. Sel fis amors ten el meu coragge c. Arch. 33, 411.
122. Daspols.
   1. Fortz tristors es e salvaj' a retraire f. Meyer 285.
   2. Seinhos, aujas c'aves saber e sen f. Meyer 287.
123. Daude (Diode) de Carlus.
   1. En re nom semblatz joglar P. R. 5, 136.
124. Daude de Pradas.
   1. Ab lo dous temps que renovela ACDEHMNR, Bernart de Ventadorn a. MG. 1045 R. R. 3, 416.
   2. Amors m' envida em somo ACD*EIKNfa, Bernart de Ventadorn a, anonym O. MG. 351 C.
   3. Anc mais hom tan be non amet ACDHIKMNR, Raimbaut de Vaqueiras E. Arch. 33, 461 A. MG. 741, 742 CI.
   4. Be deu esser solatz marritz AD. Arch. 33, 464 A. MG. 1046 A.
   5. Bela ni' es la votz autana C, anonym Ws.
   6. Ben aj' amors car anc me fetz chauzir ACD*DᶜFGIKMNRfa, anonym O. R. 3, 414.
   7. De lai on son tuit mei dezir ACDEIKNa, Bernart de Ventadorn a. Arch. 33, 463 A. MG. 1047, 1048 AC. Muss. 434 D.

8. Del bel dezir quel jois novels m' adutz CDIKMN, Uc Brunenc C reg. Muss. 439 D.
9. El temps d'estiu quan s'alegron l'auzel C, Guillem de Berguedan H, anonym LN. MG. 595, 596 CH. Keller Nr. 17. Milá 293 H.
10. En un sonet gai e leugier CD°IKMNRdu, Albertet AO. Arch. 34, 373 O. PO. 86.
11. No cuidei mais ses comjat far chanso ACD*D°GIKMNR, anonym O. Arch. 33, 464 A. MG. 1038, 1039 CM.
12. Non posc mudar que nom ressit C. (R. 5, 126.)
13. Pos amors (merces) nom val nim ajuda ACDEHMNRb. Arch. 33, 462 A. MG. 1043, 1044 AN.
14. Pos amors vol e comanda ABCDEHMNRu. MG. 86 B, 1042 E.
15. Qui finamen sap consirar CDMNR. MG. 1040 M, 1041 N.
16. Si per amar ni per servir C.
17. Tan sent al cor un amoros dezir ACDD°EHIKMNR, Guiraut de Borneill P. Arch. 33, 463 A. MG. 1051, 1052 AN.
18. Trop be m' estera sis tolgues ACDEIKN, Augier H. MG. 295 N. LR. 427. PO. 390.
Vgl. noch 65, 1. 2. 3. 421, 4. 462, 83.

125. Duran sartre de Carpentras.
1. Un sirventes leugier e vermassal C, Peire Bremon M. MG. 105 M.
126. Duran sartre de Paernas.
1. En talent ai qu'un sirventes encoc M. MG. 56.
Vgl. noch 80, 22.
127. Eble.
1. Qui vos dara respieg deus lo maldia. Tenzone mit Joan Lag.
2. Tenzone mit Guillem Ademar stand in a, Jahrb. 11, 15.
128. Eble de Signa.
1. NEbles, er chauzetz la meillor. Tenzone mit Guillem Gasmar.
Vgl. noch 163, 1.
129. Eble d'Uisel.
1. En Gui, digatz al vostre grat D*. Tenzone.
2. En Gui, digatz la qual penriatz vos D*. Tenzone. (R. 5, 139.)
3. Gui, eus part mon escien D*. Tenzone. (R. 5, 139.)
4. NEbles, pos endeptatz. Tenzone mit Gui d'Usiel.
130. Eble de Ventadorn.
1. NEbles, aram digatz. Tenzone mit dem Grafen von Poitou.
131. Elias.
1. NElias, de dos amadors. Tenzone mit Bernart.
2. Tenzone mit Jaufre, stand in a, Jabrb. 11, 15.

◁ 132. Elias de Barjols.
1. Amors, bem avetz tengut CD*EIKSf, Elias Cairel HH*, anonym G. R. 3, 352.
2. Amors, bem platz em sap bo E. PO. 96.
3. Amors, que vos ai forfag C. MG. 210.
4. Be deu hom son bon seignor C reg.DEHMPRSf, Peire Bremon Ca. MG. 913 C, 914 S. Arch. 33, 309 P.
5. Bels gazaings, s'a vos plazia CE. R. 3, 351. PO. 98.
6. Bon' aventura don deus CR. LR. 420.
× 7. Car compri vostras beutatz CD*EFHIKRf, Girardus Q. R. 3, 354.
8. Mas camjat ai de far chanso CE, Folquet de Romans C reg. R, Aimeric de Belenoi C reg., Peire Raimon a, Pons de la Garda R². MG. 1024 R², 1072 R.
9. Morir pogr' eu sim volgues CR. MG. 1076 R.
10. Pos la bela quem fai doler CR. MG. 1081 R.
11. Pos vei que nuill pro nom te CD*IKR, anonym H. Arch. 34, 418 H. MG. 945 I.
12. Si la belam tengues per seu D*IK, Bernart de Ventadorn CR, Arnaut Catalan E, anonym N. MG. 989 E.
13. Una valenta D*IK, anonym HN. Arch. 34, 417 H.
Vgl. noch 106, 9. 240, 6. 249, 5. 326, 1. 366, 2.

133. Elias Cairel.
1. Abril ni mai non aten de far vers ACD*HIKMR, Uc de S. Circ H, anonym N. MG. 186 C.
2. Ara no vei poi ni comba ACD*EGHIKNR. Arch. 33, 441 A.
3. Estat ai dos ans ACHNR, Bernart de Ventadorn R². LR. 435.
4. Freitz ni neus nom pot destreigner AD*EHIKM. Arch. 33, 444 A.
5. Lo rossignols chanta tan doussamen E, Peire Vidal a.
6. Mout mi platz lo dous temps d'abril ACDFGHIKR. R. 3, 431.
7. NElias Cairel, de l'amor. Tenzone mit Isabella.
8. Per mantener joi e chant e solatz AA*D*GHIK. Arch. 33, 444A. MG. 810, 811 AI.
9. Pos chai la foilla del garric ACD*EHIKR, Lamberti de Bonanel C reg. R. 4, 293. PO. 109.
10. Quan la freidors irais ADIK, anonym NS. MG. 281 N.
11. Qui saubes dar tan bon conseill denan ACHNR. Arch. 33, 442 A, 34, 396 H.
12. Si com cel que ses compaignos ACHNR. R. 3, 433.
13. So quem sol dar alegransa ACDHIKNR. Arch. 33, 443 A.

14. Totz mos cors e mos sens ACD*EHIKMNR, Uc de Saint
Circ G. Arch. 33, 441 A.
Vgl. noch 132, 1. 249, 5. 372, 3.

134. Elias Fonsalada.
1. De bon loc movon mas chansos CD*HIKR, anonym W.
Arch. 34, 395 H.
2. En cor ai que comens CHR. Arch. 34, 395 H.
Vgl. noch 293, 24.

135. Elias Gausmar.
Zeitgenosse von Peire d'Alvergne, nach der Lesart von CR;
vgl. Chr. 76, 17.

136. Elias d'Uisel.
1. Aram digatz vostre semblan. Tenzone mit Gui d'Uisel.
2. Gaucelm, eu meteis garentis H.
3. Manens foral francs pelegris D*H. Tenzone.
4. NElias, a son amador. Tenzone mit Gui d'Uisel.
5. NElias, conseill vos deman. Tenzone mit Aimeric de
Peguillan.
6. NElias, de vos voill auzir. Tenzone mit Gui d'Uisel.

137. Engenim Durre de Valentinos.
Lieder von ihm standen in a, Jahrb. 11, 15.

138. Engles.
1. A la cort fuy l'autrier del rey navar f. Tenzone. Meyer 275.

139. Enric.
1. Amics Arver, d'una ren vos deman T. Tenzone. (R. 5, 51. 215.)
2. NEnrics, nom agrada nim platz. Tenzone mit Lanfranc
Cigala.

140. Enric (IP) Graf von Rodes.
1. Senhen Enric, a vos don avantatje. Tenzone mit Guiraut
Riquier.
2. Senhen Enric, us reis un ric avar. Tenzone mit Guiraut
Riquier.

141. Envejos.
1. Aras s' esfors, nEveyos, vostre seus. Tenzone mit Guiraut
Riquier.

142. Esperdut.
1. Lo dezirier el talant el enveja CR. (R. 5, 144.)
2. Qui no dizials faitz dolens AD*. Arch. 34, 189 A.
3. Seignen Pons de Monlaur, per vos ACD*GNQS. Arch. 34, 187 A.

143. Esquileta.
1. Guigo, donan sai que conquier F. R. 5, 143.

144. Esquilha.
1. Jozi, diatz vos qu'es hom entendens R. Tenzone. MG. 1019.

145. Esteve.
   1. Dui cavalier an prejat longameu R. Tenzone. Dkm. 132. MG. 542. Azaïs 116, ohne Grund Joan Esteve beigelegt.
146. Faidit de Belestar.
   Vgl. 30, 5. 421, 9.
147. Falco.
   1. Falco, dona avinen. Tenzone mit Guiraut Riquier.
   2. Falco, en dire mal. Tenzone mit Gui.
148. Falconet.
   1. En Falconet, bem platz car es vengutz. Tenzone mit Faure.
   2. Falconet, de Guillalmona. Tenzone mit Taurel.
149. Faure.
   1. En Falconet, bem platz car es vengutz R. (R. 5, 147.)
150. Ferrari de Ferrara.
   1. Amics Ferrari, del marques d'Est. Tenzone mit Raimon Guillem.
   2. Verfasste zwei Canzonen und eine Retroensa nach seiner Lebensnachricht, R. 5, 148.
151. Folco.
   1. Cavaire, pos bos joglars est HP. Tenzone. Arch. 34, 406 H.
152. Folquet.
   1. Porcier, cara de guiner PT. Tenzone. (R. 5, 148.)
153. Folquet.
   1. Guirautz, don' ab beutat granda R. Tenzone. MW. 4, 234.
   2. Guiraut, pus em ab senhor cuy agensa R. Tenzone. MW. 4, 253.
154. Folquet de Lunel.
   1. Al bon rei qu'es reis de pretz car C. R. 4, 239. Milá 216.
   2. Dompna bona bel' e plazen C.
   3. No pot aver sen natural CR. MG. 1074 R.
   4. Per amor e per solatz CR. PO. 155.
   5. Quan beutatz me fetz de primier CR.
   6. Si quon la fuelha el ramelh C.
   7. Tan fin' amors totas horas m' afila C.
155. Folquet de Marseilla.
   1. Amors, merce, no moira tan soven ABCDD^{c}EGIKLMNOPQ RSUVcf,t. MG. 26 BEI, G85 E, 686 N, 252 S. Delius 28 S. Arch. 35, 386 U, 36, 428 V.
   2. A pauc de chantar nom recre AD*EIKNPVf, Folquet de Romans C reg. R, Arnaut de Mareill CR². Arch. 36, 445 V. R. 3, 151. MW. 1, 329.
   3. A quan geu vens et ab quan pauc d'afan ABCDD^{c}GIKLMN OPQRSUVcf. Arch. 35, 382 U, 36, 429 V. R. 3, 161. MW. 1, 322. Tarbé 153.

4. A vos, mi dons, voill retrair' en chantan T.
5. Ben an mort mi e lor ABCDD°EGIKLMNOPQRSTVc. MG.
   40 B, 253 S, 959 N. Delius 29 S. Arch. 36, 427 V.
6. Chantan volgra mon fin cor descobrir ABD*D°EGIKLMNO
   PQRSTVc. MG. 47 B, 254 S, 965 N. Delius 31 S.
   Arch. 36, 432 V.
7. Chantars me torn' ad afan ABCDIKNPQRTUVc. MG. 48 B,
   956 N. Arch. 35, 387 U, 36, 430 V. Tarbé 151.
8. En chantan m'aven a membrar ABCDD°EGIKLMNOPQRTU
   VWc. Chr. 117 BCI. Arch. 35, 387 U, 36, 428 V.
   R. 3, 159. MW. 1, 317.
9. Fin' amors a cui me sui datz EMQTa, Gausbert de Poicibot
   C. MG. 59 E.
10. Greu feira nuills hom faillensa ABCDD°EGIKMNRTUVc,
    Guiraut de Borneill P, anonym O. MG. 62 B, 961 N.
    Arch. 35, 382 U, 36, 428 V.
11. Ja nos cuit hom qu'eu camge mas chansos ABCDD°EGIK
    MNQRTUVcf, Guiraut de Borneill P, anonym O. MG. 64 B,
    957 M, 958 N. Arch. 35, 384 U, 36, 431 V.
12. Ja no volgra qu'om auzis L. R. 3, 155. MW. 1, 323.
13. Meravill me com pot nuills hom chantar AD*IKNPQ, Folquet
    de Romans CR, Pons de Capdoill a, anonym O. MG. 120 J,
    963 N, 964 R.
14. Mout i fetz gran peccat amors ABCDEGIKLMNPQRSTUVc,
    anonym O. Arch. 35, 385 U, 36, 430 V. LR. 343.
    MW. 1, 318.
15. Oimais noi conosc razo ABCD*EIKNPQR. R. 4, 110. PO. 60.
    MW. '1, 326. Milá 121. Galv. 203.
16. Per deu, amors, be sabetz veramen ABCDD°EGIKMNOPQR
    SUVcgα. MG. 80 B, 251 S, 960 N. Delius 26 S. Arch.
    35, 381 U, 36, 426 V.
17. Pos entremes me sui de far chanso ADEMOTaf, Folquet de
    Romans Cc, Peirol D*GRS. MG. 85 E, 264 S. Delius 41 S.
18. S'al cor plagues be for' oimais sazos ABCDD°FGIKMNOP
    QRSTUVcf. Arch. 35, 384 U, 36, 429 V. R. 3, 156.
    MW. 1, 319.
19. Seigner deus, que fezist Adam R. R. 4, 394. MW. 1, 332.
    Galv. 284.
20. Si com cel qu'es tan greujatz ABDIKNPQRVa. LB. 90 R.
    Arch. 36, 432 V. R. 4, 51. MW. 1, 324.
21. Si tot me sui a tart aperceubutz ABCDD°GIKMNPQRSU
    VWcf. Chr. 119 BCI. Arch. 35, 383 U, 36, 429 V.
    R. 3, 153. MW. 1, 327.

22. Tan m'abelis l'amoros pensamens ABCDEGIKLMNPQRSUV Wbcf. Mnss. 433 D. Arch. 35, 386 U, 36, 427 V. R. 3, 149. MW. 1, 328.
23. Tan mou de corteza razo ABCDD°EGIKMNOPRSTVWbc. Arch. 36, 429 V. PO. 62. MW. 1, 320.
24. Tostemps, si vos sabetz d'amor R.
25. Vermillon, clam vos fatz Q.
26. Vers deus, el vostre nom e de sancta Maria C, Folquet de Romans C reg. R, Folquet f. R. 4, 399. MW. 1, 335.
27. Us volers outracuidatz ABCDEGIKMNQRTVc. MG. 106 B, 962 N. Arch. 36, 431 V.

Vgl. noch 9, 7. 16, 12. 30, 3. 8. 70, 41. 106, 14. 167, 27. 59. 168, 1. 173, 3. 240, 4. 370, 9. 421, 5. 10.

156. Folquet de Romans.
1. Aissi com la clara stela H. Arch. 34, 407.
2. Aucels no trob chantan L. Arch. 34, 426.
3. Chantar voill amorozamen T.
4. En chantan voill quem digatz H. Tenzone. Arch. 34, 405. MG. 1134.
5. Eu no mudaria C.
6. Far voill un nou sirventes ACDEIKPRST‡. Chr. 191 CEI. LB. 86 R. Arch. 33, 308 P. LR. 486.
7. Luzens lares et arditz c.
8. Ma bela domna, per vos dei esser gais PSc. Arch. 33, 309 P.
9. Nicolet, gran malanansa H. Tenzone. Arch. 34, 412.
10. Quan be me sui apensatz CEPRScf, anonym GY. Arch. 35, 104 G. MG. 1073 R. LR. 488.
11. Quan eug chantar, eu plaing e plor Tc, Guillem Figueira M. PO. 121.
12. Quan lo dous temps ven e vai la freidors CR, uns clers M. R. 4, 123.
13. Tornatz es en pauc de valor CR. R. 4, 126.
14. Una chanso sirventes CERT. (Diez 562.)

Vgl. noch 30, 16. 70, 10. 132, 8. 155, 2. 13. 17. 26. 332, 1. 2. 352, 2. 372, .

157. Formit de Perpignan.
1. Un dolz desirs amoros F. (R. 5, 153. Milá 447.)
158. Fortunier.
1. Si n'Aimerics te demanda H. Arch. 34, 415.
159. Fraire Menre.
1. Cor ai e voluntat CR. R. 4, 469.
160. Frederic de Cicilia.
1. Ges per guerra nom chal aver consir P. Arch. 33, 311.

161. Galaubet.
Unter Dichtern erwähnt von Uc de l'Escura, R. 5, 220.
162. Garin d'Apchier.
1. Aissi com hom tra l'estam D*.
2. Comunal, veills flacs plaides DIKR. R. 4, 249.
3. L'autrier trobei tras un foguier DD*. (R. 5, 155.)
4. Mals albergiers denairada defen D*.
5. Mos Comunals fai ben parer DIKR. MG. 1021 R. R. 4, 250.
6. Quan foill' e flors reverdis. Citiert in seiner Biographie, R. 5, 155.
7. Veills Comunals plaides D. (R. 5, 156.)
8. Veills Comunals, ma tor DIKR. (R. 5, 449.)
Vgl. noch 444, 3.
163. Garin lo Brun.
1. Noit e jorn sui en pensamen IK, Garin lo Brun und Eble de Signas D, Gui d'Uisel C, Peire Cardenal D[b], Raimbaut d'Aurenga EL, anonym AN. R. 4, 436. PO. 367.
164. Gasquet.
1. Gasquet, vai t'en en Proensa. Tenzone mit Blacatz.
165. Gaucelm.
1. Cozin, ab vos voill far tenso O. Tenzone. Arch. 34, 379. Auch in a vorhanden gewesen, Jahrb. 11, 16.
2. Gaucelm, nom pose estener. Tenzone mit Bernart.
3. Tenzone mit Peire de Mont-Albert stand in a, Jahrb. 11, 16.
4. Tenzone mit einem Grafen, in a, Jahrb. 11, 16.
5. Vielleicht auch Gausme quel vos semblan N.?
166. Gaucelm Estaca.
1. Quor qu'eu chantes dezamatz Ca, Raimon Estaca M. MG. 1066 M.
167. Gaucelm Faidit.
1. Ab chantar me dei esbaudir C. MG. 180.
2. Ab consirier plaing ABCDIKLMNRR^{s}Va, Albertet R^3. MG. 779 R. Arch. 36, 391 V. R. 3, 285. MW. 2, 86.
3. Ab nou cor et ab novel so IKd. MG. 301 I.
4. Al semblan del rei ties ABCDEHIKMNPRSTUVa. Cbr. 143 BCE. MG. 24 B, 441 I, 442 S. Arch. 35, 399 U, 36, 384 V.
5. Anc no cugei qu'en sa preizo C, anonym L. MG. 352 C. Arch. 34, 437 L.
6. Anc nom parti de solatz ni de chan ACDEMRa. MG. 30 E, 443 M.
7. Ara cove quem conort en chantan ADEFIKMNR. MG. 31 E, 448 M, 449 N.

8. Aram digatz, Gaucelm Faidit N.
9. Ara nos sia guitz ACD*IKRae, Aimeric de Belenoi E. Chr. 141 ACI. LR. 88. R. 4, 96. MW. 2, 94.
10. Ar es lo mons vermeills e vertz T.
11. Be for' oimais segon ma conoissensa DIKNU. MG. 454 I. Arch. 35, 402 U.
12. Bem platz e m'es gen ACDLMNRVa, anonym O. MG. 450—452 CMR. Arch. 36, 385 V.
13. Ben auria obs pans o vis D*H. R. 5, 143.
14. Cascus hom deu conoisser et entendre Aa. R. 4, 56. MW. 2, 96.
15. Chant e deport joi domnei e solatz ACD*FGIKMNPQRSTU Vaf, anonym OX. Arch. 35, 400 U, 36, 389 V. LR. 373. MW. 2, 103.
16. Com que mos chans sia bos CR. MG. 455. 456.
17. Cora quem des benanansa ACDEGIKLMNQR. MG. 125 El, 495 C, 496 N.
18. De faire chanso ACDD^eEMRVa. MG. 51 E, 459 C, 460 M. Arch. 36, 382 V.
19. Del gran golfe de mar a.
20. De solatz e de chan ACDIKNRVa. MG. 292 N, 461 C, 462 R. Arch. 36, 387 V.
21. D'un dous bel plazer T.
22. Fortz cauza es que tot lo major dan ABCDGIKMQRSUW Xad. Arch. 35, 403 U. Le Roux, Chants histor. 1, 71 X. Romvart 425 d. R. 4, 54. MW. 2, 92. Tarbé 169.
23. Gaucelm, digatz m' al vostro sen. Tenzone mit Peirol.
24. Gaucelm Faidit, de dos amics corals. Tenzone mit Aimeric de Peguillan.
25. Gaucelm Faidit, eu vos deman. Tenzone mit Albert de Sestaro.
26. Gaucelm, tres jocs enamoratz. Tenzone mit Savaric.
27. Gen fora contra l'afan ACDEGIKMNQRVa, Folquet de Marseilla D*. MG. 60 E, 463—465 IMN. Arch. 36, 382 V.
28. Ges de chantar non aten ni esper V. Arch. 36, 389.
29. Ges nom toill nim recre ACDRa. MG. 466 C. 467 R.
30. Jamais nuill temps nom pot re far amors ACDD*EFGIKL MNQRV, Guillem de S. Leidier R^2, anonym W. MG. 117 I, 470—472 CMN. Arch. 36, 384 V.
31. Jauzens en gran benanansa AETVa. MG. 475 E, 1057 V. Arch. 36, 388 V.
32. La gens cors honratz ACDEGIKMNQRSTVXa, anonym O. MG. 65 E, 477 C, 478 S. Arch. 36, 380 V.

33. L'onratz janzens sers ABCD*IKNRı. MG. 67 B, 444 N.
34. Lo rossignolet salvatge ACDEGIKLMNQRUVa. Chr. 137 CEI. LB. 71 CM. MG. 503 N. Arch. 35, 402 U, 36, 387 V. R. 3, 282. PO. 102. MW. 2, 85.
35. Maintas sazos es hom plus voluntos ABCDD°FMRTaf, Peirol U. MG. 347 B. Arch. 35, 441 U. LR. 368. MW. 2, 108.
36. Mas la bela de cui mi mezeis teing C. MG. 480.
37. Mon cor e mi e mas bonas chansos ABCDEIKMNPQRSU Vaʀ, Guillem de Cabestaing R, anonym X. MG. 71 B, 484 M, 485 S. Arch. 35, 396 U, 36, 381 V. Hüffer S. 63.
38. Mout a amors sobrier poder AC. Arch. 33, 452 A. MG. 453 C.
39. Mout a poignat amors en mi delir ABCDD°IKMRSUVa. MG. 70 B, 481—483 IRS. Arch. 35, 401 U, 36, 383 V.
40. Mout m'enuget ogan lo coindes mes ACDMPRSa. MG. 272 S, 486 C, 487 M.
41. Mout voluntiers chantera per amor C. MG. 488.
42. NAlbert, eu sui en error D. Tenzone.
43. Nom alegra chans ni critz ACDEGIKPQRUVab, anonym W. Arch. 33, 451 A, 35, 398 U, 36, 389 V. PO. 104. MW. 2, 109.
44. NUc de la Bacalaria ADIKMORTd. Tenzone. R. 4, 16. MW. 2, 99.
45. Pel joi del temps qu'es floritz ACDEIKMNRa. MG. 121 E, 489 M, 490 N.
46. Pel messatgier que fai tan lonc estatge CR. MG. 491, 492.
47. Perdigon, vostro sen digatz ACDGIKMNQ(R)S. Tenzone. R. 4, 14. MW. 2, 97.
48. Per l'esgar T.
49. Quan la foilla sobre l'albre s'espan CEMRa, Bernart de Ventadorn D*GIKOQ, Peirol S. R, 3, 49. MW. 1, 39.
50. Quan vei reverdir los jardis CRV. MG. 493 C, 494 R. Arch. 36, 383 V.
51. Razon e mandamen ACD*FMNR, Uc de la Bacalaria D*IK, Guillem de S. Leidier L. LR. 369. MW. 2, 106.
52. Si anc nuills hom per aver fin coratge ACDEGIKMNPQR TVXaf, Peirol S. Arch. 36, 385 V. R. 3, 392. MW. 2, 88.
53. Si tot m' ai tarzat mon chan ACDEIKMPRXa. R. 3, 290. MW. 2, 90.
54. Si tot nonca s'es grazitz Aa. Arch. 33, 454 A.
55. Solatz e chantar C reg. R, Albert de Sestaro C. MG. 497, 498.
56. S'om pogues partir son voler ACDD*EFGIKMNPQQ°RUVX. MG. 128 El, 445—447 CNR. Arch. 35, 397 U, 36, 386 V.

57. Tan me creis amors en ferm talan E. MG. 100.
58. Tan sui fis e ferms vas amor ABCDGIKMNQR, Cadenet M⁗T· MG. 102 B, 499 C, 500 M.
59. Tant ai sofert longamen gran afan ABCD·D𝑒EFGIKLMN PQRSUVabf, Folquet de Marseilla Q⁸, anonym O. Arch. 35, 398 U, 36, 386 V. R. 3, 288. PO. 83. MW. 2, 83.
60. Tot me cuidei de chanso far sofrir ACDEFGIKLMNPQRSVf, anonym O. MG. 440 R. Arch. 36, 388 V. LR. 372· MW. 2, 105.
61. Tot so ques pert pels truans amadors AVa. Arch. 33, 453 A, 36, 390 V.
62. Tuit cil qu𝑒 amon valor ACDI𝐹GIKLMNQRSUVaf, anonym O. Arch. 35, 399 U, 36, 382 V. R. 3, 395. MW. 2, 91.
63. Trop malamen m'estet un temps d'amor E. MG. 104.
64. Una dolors esforsiva C. MG. 502.
65. Tenzone mit Raimbaut, stand in a, Jahrb. 11, 16.
Vgl. noch 30, 21. 112, 2. 243, 2. 262, 2. 276, 1. 355, 7. 421, 6.

168. Gauceran de San Leidier.
  1. Pos fin' amors mi torn' en alegrier ABD·IKS, Guillem de S. Leidier CRT, Folquet de Marseilla L. MG. 87 B.
169. Gaudairenca.
  Die Frau Raimons von Miraval, dichtete Dansas; vgl. R. 5, 390.
170. Gaudi.
  1. Tenzone mit Albert, stand in a, Jahrb. 11, 16.
171. Gausbert.
  1. Peire Bremon, maint fin entendedor E. (R. 5, 241.)
172. Gausbert Amiel.
  1. Breu vers per tal que meins i poing ADIK, anonym GN. Arch. 35, 104 G. PO. 268.
173. Gausbert de Poicibot.
  1. Amors, s'a vos plagues ACDEHIKNPT. MG. 350 C.
  2. Bes cuidet venjar amors ACDGHIKNRT. R. 3, 365.
  3. Car nom abelis solatz ACDEGHIKRTU, Albert de Sestaro C reg., Folquet de Marseilla P, Peirol Q. Arch. 33, 457 A, 35, 419 U.
  4. Gasc, pecs laitz joglars e fers ADIK, Mönch von Montaudo CR. MG. 406, 407 CI.
  5. Gausbert, razon ai adrecha. Tenzone mit Bertran.
  6. Merces es e chauzimens ACDEFGHIKNRTUVa. Arch. 33 458 A, 35, 417 U, 36, 443 V.
  7. Oimais de vos nom aten CERS.
  8. Partit de joi e d'amor CEHV, Aimeric de Peguillan C Arch. 34, 396 H, 36, 443 V.

9. Per amor del bel temps suau CR.
10. Pres sui en greu pantais Ef.
11. S'eu anc jorn dis clamans ACDGHIKNRSTUa. Arch. 33, 459 A, 35, 418 U.
12. S'eu vos voill tan gen lauzar HIKd, Mönch von Montaudo D*, anonym G. Arch. 34, 397 H.
13. Si res valgues en amor CR.
14. Una grans amors corals ACDEGIKLNPRTUaa. Arch. 35, 418 U. PO. 218.
15. Uns jois sobriers mi somo C.
Vgl. noch 10, 14. 155, 9. 242, 8. 305, 1.

174. Gavauda.
1. A la plus longa noit del an CR. MG. 201 C.
2. Aras quan plou et iverna C, Bertran de Preissac D, Albert Cailla IKd. MG. 752, 753 CI.
3. Crezens fis verais et entiers CR. R. 3, 167.
4. Dezamparatz ses compaigno CR. PO. 43.
5. Eu no sui pars als autres trobadors CR. (R. 5, 164.)
6. L' autre dia per un mati CR. R. 3, 165. PO. 45.
7. Lo mes el temps el an deparc CR. MG. 1067, 68.
8. Lo vers dei far en tal rima CR. MG. 1069, 70.
9. Patz passien ven del seignor CR. MG. 1071 R. R. 4, 402.
10. Seignors, per los vostres peccatz CR. R. 4, 85. Milá 129.
11. Un vers voill far chantador CR.

175. Geneys lo Joglar.
1. Deus verais, a vos mi ren C, Peire d'Alvergne C reg., Arnaut Catalan M. MG. 988 M. Milá 346 M.

176. Gonzalgo Rozit.
Zeitgenosse von Peire d'Alvergne, vgl. Chr. 77, 13.

177. Gormonda, na, de Monpeslier.
1. Greu m'es a durar CR. R. 4, 319.

178. Graf von — ?
1. Tenzone eines Grafen mit Gaucelm, stand in a, Jahrb. 11, 16.

179. Graf von Astarac.
1. Coms d'Astarac, ab la gensor. Tenzone mit Guiraut Riquier.

180. Graf von Empuria.
1. Al onrat rei Frederic terz vai dir P. Arch. 33, 311. Milá 432.

181. Graf von Flandern.
1. Pos vezem quel tond e pela H. Arch. 34, 406.

182. Graf von Foix (Roger Bernart III).
1. Frances c'al mon de gran cor non a par IK. Milá 402.
2. Mas qui a flor se vol mesclar IK. R. 5, 114. PO. 291. Milá 401.

183. Graf von Poitou (Guillem IX).
   1. Ab la doussor del temps novel N, anonym N². MG. 297 N. LB. 47 N.
   2. Be voill que sapchon li pluzor CD*EN, anonym N². Chr. 25 CD*E. MG. 170 CE. R. 5, 116.
   3. Compaigno, farai un vers covinen CE. MG. 171 CE. R. 5, 115.
   4. Compaigno, no pose mudar qu'eu nom esfrei N, anonym N². Chr. 29 N. LB. 47 N. MG. 296 N.
   5. Compaigno, tant ai agut d'avols conres E. MG. 172.
   6. Farai chansoneta nova C. Chr. 28. LB. 45. MG. 174. R. 3, 1. MW. 1, 2.
   7. Farai un vers de dreit nien CE. LB. 46 CE. MG. 175 CE. PO. 1. MW. 1, 3.
   8. Mout jauzens me prenc en amar CE. LB. 45 CE. MG. 176 CE. R. 3, 3. MW. 1, 1.
   9. NEbles, aram digatz IKNd. Tenzone. MG. 179 d, 298 N.
   10. Pos de chantar m'es pres talens CD*IKNR, anonym N². Chr. 30 CD*IR. LB. 87 CIR. MG. 177 CI. Muss. 438 D*. R. 4, 83. MW. 1,7.
   11. Pos vezem de novel florir CEa. MG. 178 CE.
   12. Un vers farai pos me someill CNV, anonym N². LB. 105 C. MG. 174 C. Heyse p. 9 V. R. 5, 118. MW. 1, 5.
   Vgl. noch 458, 12.
184. Graf von Provence (Berenguier).
   1. Amics nArnaut, cen domnas d'aut paratge CDIKNOTd, Graf von Rodes A. PO. 106.
   2. Carn et Ongla, de vos nom voill partir H. Arch. 34, 407. Milá 450.
   3. Seigner coms, eus prec quem digatz. Tenzone mit Bertran d'Alamano.
185. Graf von Rodes (Hugo IV).
   1. Ar d'un romeu auzi comtar e dir H. Arch. 34, 414.
   2. NUgo, vostre semblan digatz AD. Tenzone. Statt des Grafen heisst der Interlocutor Certan T(a). Arch. 34, 185 A.
   3. Seignen coms, nous cal esmaiar. Tenzone mit Uc de S. Circ. Vgl. noch 184, 1.
186. Graf von Toulouse (Raimon).
   1. Seigner coms, saber volria. Tenzone mit Gui de Cavaillo.
187. Gräfin von Provence.
   1. Vos quem semblatz dels corals amadors FT. Tenzone. R. 5, 123. PO. 167.
188. Grainier.
   1. Grayner, pus non puesc vezer. Tenzone mit Guiraut Riquier.

189. Granet.
1. Comte Karle, eus voill far entenden Cb. R. 4, 237.
2. De vos mi rancur, compaire P. Tenzone.
3. Fin pretz e vera beutatz C.
4. Pos al comte es vengut en coratge FM. MG. 1017 M.
5. Pos anc nous valc amors, seigner Bertran HR. Tenzone. MG. 543 R.
6. Seigner, per queus celaria P. Tenzone.

190. Grimoart Gausmar.
1. Lanquan lo temps renovela, Jaufre Rudel Ce. Den Dichter nennt Peire d'Alvergne, Chr. 76, 17, nach der Lesart von ADIKa.

191. Gui.
1. En Mainart Ros ab saubuda GQ. Tenzone. Arch. 35, 101 G.
2. Falco, en dire mal R. Tenzone. (R. 5, 146. 172.)

192. Gui de Cavaillo.
1. Ben avetz auzit qu'en Ricas Novas ditz de mi H. Arch. 34, 411.
2. Doas coblas farai en aquest so H. Arch. 34, 406. R. 4, 207.
3. Mantel vil H. Arch. 34, 416.
4. Seigneiras e cavals armatz AD*N. PO. 270.
5. Seigner coms, saber volria CD*GH. Tenzone. Arch. 34, 407 H. R. 5, 173. PO. 271.
6. Vos quem semblatz dels corals amadors. Tenzone mit der Gräfin von Provence.
Vgl. noch 422, 1.

193. Gui de Glotos.
1. Diode, ben sai mercandejar P. R. 5, 174.

194. Gui d'Uisel.
1. Ades on plus vin mais apren CHPR, Mönch von Montaud) AIKd, anonym L. MG. 189 C, 402 I, 403 R.
2. Aram digatz vostre semblan ACDGHKNPQT, Elias und Jutge R. Arch. 32, 417 G. MG. 697 R.
3. Be feira chansos plus soven ACDD°GIKMNQRST, anonym O. Arch. 32, 402 G.
4. En Gui, digatz al vostre grat. Tenzone mit Eble d'Uisel.
5. En Gui, digatz la qual penriatz vos. Tenzone mit Eble d'Uisel.
6. En tanta guizam men' amors ACDD°GIKMNQRTef, Pons de Capdoill a. Arch. 32, 403 G.
7. Estat aurai de chantar GIKQd, Peire de Maensac Cl²K²d². PO. 304.
8. Ges de chantar nom faill cors ni razos ACDD°FGIKMNQRf, anonym OW. R. 3, 379.

9. Gui d'Uisel, bem peza de vos. Tenzone mit Maria de Ventadorn.
10. Gui, eus part mon escien. Tenzone mit Eble d'Uisel.
11. Ja no cuidei quem desplagues amors ACDIKMRTU, anonym O. MG. 568 I. Arch. 35, 450 U. R. 3, 377.
12. Ja no cuidei trobar ACD•IKR. MG. 569 I.
13. L'autre jorn cost' una via CR. Chr. 165 CR. LB. 97 R. R. 3, 381. PO. 262.
14. L'autre jorn per aventura CD•IK, Peire Vidal C reg.' R. PO. 260.
15. L'autrier cavalcava D•IK, Guillem Figueira C, Uc de S. Circ R. MG. 547—549 CIR.
16. NEbles, pos endeptatz CEGLNS. Tenzone. MG. 530 E.
17. NElias, a son amador IKd. Tenzone. MG. 696 I.
18. NElias, de vos voill auzir D•IKR. MG. 695 I.
19. Si bem partetz, mala domna, de vos ABCDD°FGHKLMNP QUf*a*9, anonym OR. MG. 149 B. Arch. 35, 449 U. PO. 264.
20. Tenzone mit Rainaut, stand in a, Jahrb. 11, 16.
Vgl. noch 163, 1. 235, 1. 242, 64. 404, 1. 2. 3. 6. 12.

195. Guibert.
1. Amic Guibert, ben a set ans passatz. Tenzone mit Bertran Albaric.

196. Guigo.
1. Ar parra si sabetz triar C. Tenzone. MG. 355.
2. Joris, cil cui deziratz per amia CIKd. MG. 585 I.

197. Guigo de Cabanas.
1. Amics Guigo, bem azaut de tos sens. Tenzone mit Bertran d'Alamano.
2. NEsquileta, quar m'a mestier F. R. 5, 176.
3. Vist ai, Bertran, pos nous viron mei oill F. Tenzone.

198. Guillalmet.
1. Senhor Prior, lo sains es rancuros E. Tenzone. MG. 533.

199. Guillalmi.
1. Car vei fenir a tot dia. Tenzone mit Cercamon.

200. Guillelma de Rozers.
1. Na Guillelma, vint cavalier a ratge. Tenzone mit Lanfranc Cigala.

201. Guillem.
1. En aquel son quem play ni quem agensa. Tenzone mit Peire.
2. Guillem, d'un plag novel. Tenzone mit Richart.
3. Guillem, prims iest en trobar a ma guia. Tenzone mit Guillem Augier.
4. Guillem, razon ai trobada. Tenzone mit Oste.

5. Seigner Arnaut, d'un joven OR(a). Tenzone. Arch. 34, 381 O.
6. Vos dos Guillems, digatz vostre coratge N. Tenzone mit —?
7. Tenzone mit En Folc und seigner Arnaut, in a gewesen, Jahrb. 11, 15.
8. Tenzone mit Lanfranc, ebenso, Jahrb. 11, 16.
9. Tenzone mit Guizenet, ebenso, Jahrb. 11, 16.
Vgl. noch 9, 19.

202. Guillem Ademar.
1. Be for' oinnais sazos e locs ABCDD*EGIKMNRTUfβ. MG. 342 B. Arch. 35, 451 U. LR. 345.
2. Bem agr' ops que saubes faire ABCDD*EIKN. Arch. 33, 456 A. MG. 39 B.
3. Chantan dissera si pogues C.
4. Comensamen comensarai CD*EGIKMNRT. Arch. 35, 101 G.
5. De ben gran joia chantera AD*IKd, Sail de Scola I²K². R. 3, 254.
6. El temps d'estiu quan par la flors el broill ABCDEGIKMNT. R. 3, 192. PO. 258. Galv. 164.
7. Eu ai ja vista mainta rei CE. R. 4, 327.
8. Lanquan vei florir l'espiga CD*EIKK²Sd, Jaufre Rudel C reg. R. MG. 906, 907 CI.
9. No pot esser sofert ni atendut ABCDD*IKNR, Perdigo C reg., anonym O. R. 3, 196.
10. Pos vei que reverdejal glais E.
11. Quan la bruma biza branda Cα.
12. S'eu conogues quem fos enans CR. R. 3, 193.
13. Tenzone mit Eble, stand in a, Jahrb. 11, 15.
Vgl. noch 9, 5. 70, 11. 21. 223, 1. 281, 6. 7. 355, 7. 457, 1.

203. Guillem d'Anduza.
1. Bem ditz quem lais de chantar e d'amor E. (R. 5, 178.)
Vgl. noch 249, 4.

204. Guillem Anelier de Toloza.
1. Ara farai, nom pose tener C. R. 4, 272.
2. Ara farai si tot nom platz C. R. 4, 271. LR. 481.
3. El nom de deu qu'es pair' omnipotens C. (R. 5, 179.)
4. Vera merces e dreitura sofraing P. Arch. 34, 308.

205. Guillem Augier.
1. Bertran, vos qu'anar soliatz ab lairos E. Tenzone. MG. 534.
2. Cascus plor e plaing son dampnatge, Guillem Mogier de Beziers C, Augier R. MG. 579 R. R. 4, 46. Azaïs 122 unter Guillaume de Beziers.
3. Errausa CR, wie bei 2. R. 3, 133. Galv. 107. Azaïs 126, unter Guillaume de Beziers.

4. Guillems, prims iest en trobar a ma guia EMR(a). LB. 94 R. Chr. 67 R.
5. Ses alegratge R, Ogiers IK, Ogiers Novella D, Augier de Sant Donat C, Guillem Mogier C reg., Guiraut de Calanso C reg., Peire Raimon Se, anonym MNW. MG. 285 N, 580—583 CMRS.
6. Sirventes avols e descortz F Ugiers de Sant Donat. Vgl. noch 233, 1. 242, 61.

206. Guillem d'Autpol.
1. Esperansa de totz ferms esperans C(R), anonym VZ. Arch. 36, 455 V. R. 4, 473. Galv. 148.
Vgl. noch 293, 29.

207. Guillem de la Bacalaria.
Vgl. 450, 3.

208. Guillem de Balaun.
1. Lo vers mou mercejan ves vos CD*HIKRbe. MG. 698 CIR. Arch. 34, 393 H. PO. 32.

209. Guillem del Baus.
1. Bem meravill de vos, en Raimbaut D*H. R. 5, 185.
2. En Gui, a tort me menassatz AD*N. PO. 272.
3. Liautatz ses tricharia H. Arch. 34, 410.

210. Guillem de Bergueda.
1. Amics marques, enquera non a guire ACDIKRT. Keller Nr. 3 I. MG. 157 I. Milá 303 CR.
2. Ar el mes que la neu el frei ADD*IK, anonym C. Arch. 34, 193 A. MG. 158 I, 1065 A. Keller 5 I. Milá 308 I.
3. Ar voill un sirventes far D^e. Jahrb. 7, 126.
4. Be fo ver qu'en Berguedan D. Dkm. 127. MG. 589. Milá 313.
5. Ben ai auzit per cals razos DIK. Keller 6 I. MG. 159 I. Milá 302 I.
6. Bernartz ditz de Baisseill DHIK. Keller 7 I. MG. 160 I. Milá 307 H.
7. Chanson ai comensada ADIK. Keller 8 I. MG. 161 I. Milá 311 I.
8. Chansoneta leu e plana ADIK. Keller 9 I. MG. 162 I. Milá 303 I. PO. 152 I.
9. Consiros chant e plaing e plor T. Keller 10. MG. 594. Milá 306. PO. 153.
10. De Bergueda, d'estas doas razos. Tenzone mit Aimeric de Peguillan.
11. Eu no cuidava chantar ACDIKR. Keller 11 IR. MG. 163 I, 1064 R. Milá 310 I.
12. Joglars, not desconortz ACDIKR. Arch. 34, 192 A. Keller 12 I. MG. 164 I, 1062 R, 1063 A. Milá 299 CR.

— 142 —

13. Lai on hom meillur' e reve Ce. Keller 13 C. MG. 165 C. Milá 295 C.
14. Mais volgra chantar a plazer CIKeα. Keller 14 C. MG. 166 C.
15. Mal o fe lo bisbe d'Urgel D. Dkm. 126. MG. 588. Milá 313.
16. Quan vei lo temps camjar e refreidir ACDFGIKMRTe. Keller 15 I. MG. 167 I, 1061 M. Milá 294 C.
17. Reis, s'anc nuill temps fos francs e larcs donaire ADIK. Keller 16 I. MG. 168 I. Milá 302 I.
18. Talans m'es pres d'en marques ADIK. Keller 17 I. MG. 169 I. Milá 305 I.
19. Trop ai estat sotz coa de mouton ADHIK. Keller 18 I. MG. 593 I. Milá 309 H.
20. Un sirventes ai en cor a bastir ADDeHIK. Keller 19 I. MG. 592 I. Milá 300 H.
21. Un sirventes mei voill far en rim' estraigna ADIKT. Keller 20 I. MG. 587 I. Milá 312 I.
22. Us trichaire CR. Keller 21 C. MG. 586 R. Milá 314 C. Vgl. noch 47, 2. 124, 9. 213, 1. 355, 13.

211. Guillem de Biarn.
 1. Si col maistre vai prendre CDRe. (R. 5, 187.)
212. Guillem de Bussignac.
 Wohl identisch mit Peire de Bussignac.
213. Guillem de Cabestaing.
 1. Aissi com cel que baissal foill ABCDEIKRV, Guillem de Bergueda Mc. Hüffer 4. Arch. 36, 439 V. R. 3, 111. MW. 1, 112.
 2. Anc mais nom fo semblan DHV. Hüffer 2. Arch. 36, 439 V. R. 3, 107. MW. 1, 110.
 3. Ar vei qu'em vengut als jorns loncs ACDEHIKeα, Girardus Q, Arnaut de Maroill C reg. Hüffer 3. Arch. 33, 424 A, 34, 394 H. R. 3, 109. MW. 1, 111.
 4. En pensamen mi fai estar amors ADHT, Bernart de Ventadorn B, Guillem Figueira CR. Hüffer 7. MG. 348 B.
 5. Li dous consire ABCDEFHIKLQRSTUVbe, Girardus Q². Hüffer 5. Chr. 69 BCEIR. LB. 61 R. MG. 936 H. Arch. 35, 453 U, 36, 439 V. R. 3, 113. PO. 39. MW. 1, 113. Milá 441.
 6. Lo jorn qu'eus vi, domna, premeiramen ABCETe, Peire del Poi DeIK, Peire Milo M, Girardus Q, Arnaut de Maroill RUc. Hüffer 1. Arch. 35, 467 U. R. 3, 106. MW. 1, 109.
 7. Mout m'alegra doussa votz per boscatge IKd. Hüffer 6. MG. 681.
 8. Ogan res qu'eu vis V. Arch. 36, 439.
 Vgl. noch 29, 6. 167, 37. 242, 7. 314, 1.

214. Guillem de Durfort.
   1. Quar say petit mi met en razon larga C. (R. 5, 196.)
215. Guillem Evesque, joglar d'Albi.
   1. Valors e beutatz e dompney C.
216. Guillem Fabre.
   1. On mais vei plus trop sordejor C. (R. 5, 196.)
   2. Pus dels majors princeps auzem conten C. (R. 5, 197.)
217. Guillem Figueira.
   1. Del preveire major M. LR. 483.
   2. D'un sirventes far BCR. Chr. 195 BR. MG. 140 B. R. 4, 309.
   3. D'un sonet far en est son D.
   4. Ja de far nou sirventes CR. R. 4, 202.
   5. Non laissarai per paor BDIK. MG. 146 B. R. 4, 307. PO. 243.
   6. Pel joi del bel comensamen CD*D*IK. MG. 1079 R.
   7. Totz hom qui ben comens' e ben fenis CD*R, En Gui Figera, M, Ademar lo negre T, Cadenet f, anonym O. Arch. 34, ·377 O. R. 4, 124.
   8. Un nou sirventes ai en cor que trameta CR.
   Vgl. noch 10, 8. 156, 11. 194, 15. 213, 4.
218. Guillem Gasmar.
   1. NEbles, ar chauzetz la meillor ACDEGIKL. Tenzone. Arch. 32, 416 G.
219. Guillem Godi.
   1. Sil gens cors d'estiu es remas CR. (R. 5, 199.)
220. Guillem d'Iciras.
   1. A dieu en cui es totz poders C. MG. 7.
221. Guillem de Lemotjas.
   Vgl. 335, 22.
222. Guillem de Lobevier.
   Identisch mit Guiraut del Olivier.
223. Guillem Magret.
   1. Aiga poja contra mon D*EIKTe, Guillem Ademar CR, anonym W. MG. 601—603 CEI.
   2. Atrestan bem tenc per mortal CEMRTe. R. 3, 419.
   3. Enaissim pren cum fai al pescador C reg.D*EIKMRe, Albert de Sestaro C, anonym GOW. R. 3, 421. PO. 173.
   4. Ma domnam te pres CD*IKR. R. 3, 423.
   5. Magret, pojat m'es al cap. Tenzone mit Guillem Rainol d'At.
   6. No valon re coblas ni arrazos F, anonym QT. R. 5, 201.
   Vgl. noch 80, 27.
224. Guillem lo Marques.
   Erwähnt vom Mönch von Montaudo, R. 4, 371.

225. Guillem de Montaignagout.
1. A Lunel lutz una luna luzens F, anonym T.   Dkm. 50 FT.
2. Ar ab lo coinde pascor DeFMe.   MG. 321 M.
3. Bel m'es quan d'armatz vei refrim C.   R. 4, 212. PO. 278. Milá 174.
4. Del tot vei remaner valor CFR.   R. 4, 335.
5. Ges per malvestat qu'er veja CR.   MG. 545, 546.
6. Len chansoneta m'er a far CR.
7. Non an tan dig li primier trobador CRα.   (R. 5, 202.)
8. Non estarai per ome quem casti U.   Arch. 33, 298, 35, 455.
9. No sap per que va son joi plus tarzan CR.
10. Nuls hom no val ni deu esser prezatz ACEFIKMRTdefα. Arch. 34, 200 A.
11. On mais a hom de valensa C, Peire Rogier C reg. α, anonym P.
12. Per lo mon fan l'us dels autres rancura CIKd.   R. 4, 333.
13. Qui vol esser agradans e plazens CDeEFIKRdefα.
14. Seignen Sordel mandamen C.   Tenzone.   MW. 2, 253.

226. Guillem de Mur.
1. De so don ieu sui doptos R. Tenzone.   MW. 4, 246.
2. D'un sirventes far mi sia dieus guitz C. (R. 5, 203. Milá 359.)
3. Guillem de Mur, chauzetz d'esta partida. Tenzone mit Guiraut Riquier.
4. Guilhem de Mur que cuja far. Tenzone mit Guiraut Riquier.
5. Guillem de Murs, 1. enujos f. Tenzone mit seinem Herrn. Meyer 291.
6. Guillem de Mur . . . . (R) stand auf dem ausgeschnittenen Blatte R 73 nach alter Zählung. Wahrscheinlich Tenzone. mit Guiraut Riquier.
7. Guiraut Riquier, pus qu'es sabens R.   Tenzone. MW. 4, 243.
8. Guiraut Riquier, segon vostr' escien R. Tenzone. MW. 4, 250.

227. Guillem Peire de Cazals.
1. Ab lo pascor C.   MG. 184.
2. Al avinen mazan C.   MG. 23.
3. Aras pus vei mon ben astruc C.   PO. 237.
4. Ar m'es bel que hom s'esbaudei C.
5. A trop gran ferezam tenh C.
6. Bem plagr' ucimais qu'ab vos domnam valgues C.
7. Bernart de la Bart' ancsem platz CDeEHM(R).   Tenzone. Arch. 34, 401 H.
8. D'una leu chanso ai cor quem entremeta C.
9. Enqueras sil plagues C.
10. Ja tant no cugei quem trignes Cf. (R. 5, 204.)
11. Per re nom tenria C.

228. Guillem de Quintenac (= Tintignac).
   Vgl. 70, 30. Vielleicht steht G. fehlerhaft für Gr., vgl. 247.
229. Guillem Raimon.
   1. Del joi d'amor agradiu E. Tenzone. (R. 5, 205.)
   2. N'Aimeric queus par d'aquest marques H. Tenzone. Arch. 34, 404.
   3. NObs de Biguli se plaing H. Arch. 34, 413.
   4. On son mei guerrier desastruc H. Arch. 34, 412.
230. Guillem Raimon de Gironela.
   1. Gen m'apareill E. (R. 5, 205.)
   2. La clara lutz del bel jorn E.
   3. Pos l'amors s'ensen E.
231. Guillem Rainol d'At.
   1. Auzir cugei lo chant el crit el glat D*HIK. MG. 315 I.
   2. Laissatz m'era de chantar D*.
   3. Magret, pojat m'es al cap ACDEIKN(R). Tenzone. MG. 956. LR. 510.
   4. Quant aug chantar lo gal sus en l'erbos D*HIK. Arch. 34, 402 H. MG. 955 I.
   Vgl. noch 10, 31. 80, G.
232. Guillem de Ribas.
   Erwähnt vom Mönch von Montaudo, R. 4, 371.
233. Guillem de Saint Gregori.
   1. Ben platz lo gais temps de pascor ABD, Bertran de Born IKTd, Lanfranc Cigala Ce, Guillem Augier M, Blacasset PUV. Chr. 159 BCIM. LB. 80 B. MG. 136 B. Arch. 35, 458 U, 36, 423 V. R. 2, 210. PO. 65. MW. 1, 277.
   2. Ben grans avoleza intra D*H. MG. 940 D*.
   3. Noit e jorn ai dos mals seignors C, Pons de la Garda E.
   4. Razon o dreit ai sim chant em demori C, anonym K. MG. 109 K, 437 C.
   5. Seignen Blacatz, de domna pro D*EGIKQ. Tenzone. MG. 1126 E. R. 4, 27. MW. 2, 139.
234. Guillem de Saint Leidier.
   1. Ab mil volers doblatz de fin' amor CRf. MG. 185 C. MW. 2, 50.
   2. Aissi com a sas faissos C. MG. 196.
   3. Aissi com es bela cil de cui chan ACDDeIKMNRTUV. Arch. 35, 443 U, 36, 454 V. R. 3, 300. MW. 2, 39.
   4. Be chantera si m'estes be d'amor ACIKLMNORTUVdfg. MG. 366 M, 931 O. Arch. 35, 444 U, 36, 453 V. MW. 2, 53.
   5. Bel m'es oimais qu'eu retraja ACDIKMRV, anonym N. MG. 536 IR. MW. 2, 45.
   6. Compaignon, ab joi mou mon chan ACD*GIKRf. MG. 363 I. MW. 2, 46.

7. Domna, en vos sui messatgiers ABCDGIKMQRVb, anonym OR². MG. 139 B. Arch. 36, 453 V. PO. 283. MW. 2, 42.
8. D'una domna ai auzit que s'es clamada C, Peire Duran R. MW. 2, 55 C. MG. 367 R. LB. 93 R.
9. El mon non a neguna creatura CRV. Arch. 36, 454 V. R. 3, 298. PO. 285.
10. El temps quan vei cazer foillas e flors C. R. 4, 133. MW. 2, 44.
11. Estat aurai estas doas sazos ACDIKMNORTU, Bernart de Ventadorn V. MG. 364 IR, 537 C, 538 M, 932 O. Arch. 35, 445 U. 36, 407 V. MW. 2, 48.
12. Guillems de San Disder, vostra semblansa Dª. Tenzone mit seinem Herrn.
13. Li greu dezir quem solon far doler IKd, Guiraut de Calanso CR. MG. 368 C. MW. 2, 56 I.
14. Malvaza m'es la moguda ACDDᵉIKMNRT. MG. 365 IR, 539 M. MW. 2, 49.
15. Per deu, amor, en gentil loc cortes f. Meyer 272.
16. Pos tan mi fors' amors que mi fai entremetre ACDGIKMN QRf. R. 3, 302. PO. 287. MW. 2, 41.
Vgl. noch 167, 30. 51. 168, 1. 242, 3. 8. 366, 34.

235. Guillem de Salignac.
1. A vos cui tenc per domn' e per seignor C, Gui d'Uisel C reg. R. R. 3, 394.
Vgl. noch 240, 7. 249, 4.

236. Guillem de la Tor.
1. Bon' aventura mi veigna Dª. Muss. 442.
2. Chanson ab gais motz plazens DᵉIKN. MG. 650 I.
3. De saint Martin me clam a saint Andreu Dª.
4. Ges cil ques blasmon amor DᵉGIK, anonym N. MG. 654 I.
5. Plus que las domnas qu'eu aug dir DᵉGIKLN. MG. 651 I.
6. Quant hom reigna vas celui falsamen DᵃDᵉFGIKU, Peire Milon N. MG. 290 N, 655 I. Arch. 35, 454 U. PO. 379.
7. Qui sap sofrent esperar DᵃGIKN, anonym L. MG. 652 I. LR. 484.
8. Seigner n'Imbertz, digatz vostr' escïensa ACDEGIKL. Tenzone. MG. 658—660 CEI.
9. Si mos fis cors fos de fer DᵃDᵉFIKN, anonym G, doch folgt Guillem de la Tor. MG. 653 I.
10. Una doas tres e quatre Dª. Muss. 443. Chr. 201.
11. Un sirventes farai d'una trista persona A, Palais Dª. Arch. 34, 190 A.
12. Us amics et un' amia ADDᵉGIKNQ. MG. 661 I. R. 4, 33.
Vgl. noch 30, 5. 326, 1. 421, 4.

237. Guillem Uc d'Albi.
　　1. Quan lo braus fregz yverns despuella C. (R. 5, 199.)
238. Guionet.
　　1. Cadenet, pro domn' e gaja IKd. Tenzone.
　　2. En Raimbaut, pros domna d'aut paratge ACDEGMOQRT Musa. 441.
　　3. Tenzone mit Pomairol, stand in a, Jahrb. 11, 16.
　　4. Tenzone zwischen Guizenet und Guillem, in a vorhanden gewesen, meint wohl auch Guionet, Jahrb. 11, 16.
239. Guiraudo.
　　1. En Giraldon, un joc vos part d'amor N. Tenzone mit —?
240. Guiraudo lo Ros.
　　1. A la mia fe, amors CDDeEFIKUe. Arch. 35, 443 U. R. 3, 5.
　　2. A lei de bon servidor C. R. 3, 8.
　　3. Amors mi destreing em greja C. MG. 209.
　　4. Ara sabrai s'a ges de cortezia CDDeEFGIKPRSUe, Arnaut Daniel M, Folquet de Marseilla T, Raimon Jordan f, anonym O. MG. 438 M. Arch. 35, 442 U. R. 3, 10.
　　5. Aujatz la derreira chanso CDeERe. MG. 576 R. R. 3, 12. Galv. 38.
　　6. Bem ten en son poder amors IKd, Peire Vidal CR, Elias de Barjols D. PVidal I CIR. LR. 323.
　　7. Nuls hom no sap que s'es grans benanansa DDeIK, Raimon de Miraval E, Guillem de Salenic M, anonym C. R. 3, 7.
　　8. Tant es ferms mos talens IKd. MG. 575 I.
241. Guiraut.
　　1. NUc de Saint Circ, ara m'es avengut H. Arch. 34, 410. MG. 1162.
242. Guiraut de Borneill.
　　1. A ben chantar coven amars ABCDIKMNQRTUc, anonym O. Arch. 35, 366 U. LR. 390. MW. 1, 187.
　　2. Ab semblan me fai dechazer ABCRa. MG. 187 C, 814 R.
　　3. Ai las co mor! que as, amis CRa, Guillem de S. Leidier M, Raimbaut d'Aurenga V. MG. 192 C, 817 R, 818 M. MW. 2, 51 M. Arch. 36, 450 V.
　　4. Aital canzoneta plana C. MG. 198.
　　5. Alegrar me volgr' en chantan ABCDDeIKMNQQ'RUa. Arch. 35, 371 U. PO. 124. MW. 1, 189.
　　6. Al honor den torn en mon chan CDaIKQRa. MG. 831 R. LR. 388. MW. 1, 209.
　　7. Al plus leu qu'en sai far chansos CHMRVa, Guillem de Cabestaing ADIK. MG. 205 C, 689 I, 690 R. Hüffer S. 61. Arch. 36, 422 V.
　　8. Amars honrars e car teners E. Gausbert de Poicibot C, Guillem de S. Leidier H. MG. 332 E.

9. Amors e sim clam de vos V. Arch. 36, 422. MG. 864.
10. Ans que veignal nous fruitz tendres V. Arch. 36, 416. MG. 865.
11. Apenas sai comensar ABCRa. LR. 377. MW. 1, 195.
12. Aquest terminis clars e gens ABCDEGIKMNQR. Bernart de Ventadorn Va. Arch. 36, 403 V. LR. 375. MW. 1, 194.
13. Ar ai gran joi quan remembri l'amor CD*IKMQRa. R. 3, 304. MW. 1, 184.
14. Aram platz, Guiraut de Borneill. Tenzone mit Lignaure.
15. Ara quan vei reverdezitz D*D*HIK. Arch. 34. 399 H. MG. 832 I.
16. Ara sim fos en grat tengut ABCIKMNQRUVad. MG. 215 C, 242 M. Arch. 35, 368 U, 36, 413 V.
17. Ar auziretz encabalitz chantars ABCDIKMNQRTVa. MG. 216 C, 880 N. Arch. 36, 411 V.
18. Be deu en bona cort dir ABCDD*IKMNQRVa. MG. 114 BI, 882 N, 883 V. Arch. 36, 417 V.
19. Be for' oimais dreitz el temps gen CD*IKR. MG. 228 C, 825 I.
20. Be m'era bels chantars ABCDD*IKNQRUa. MG. 225 C. Arch. 35, 364 U.
21. Be m'era de chantar laissatz E. MG. 826.
22. Bem plairia seigner reis D*IKQ. Tenzone. MG. 822 I. Milá 340 I.
23. Ben era dous e plazens M, Guiraut de Calanso RR². MG. 824 M.
24. Ben es dreitz pos en aital port CD*IKQRVa. Arch. 36, 412 V. LR. 393. MW. 1, 210.
25. Bes cove pos ja baissol ram ABCD*IKNQa. Arch. 33, 331 A. MG. 227 C, 823 A.
26. Be veg e conosc e sai C. LR. 398. MW. 1, 214.
27. Cardaillac, per un sirventes ACDHIK. MG. 230 C, 827 I.
28. Car non ai joi quem aon ABCD*IKMNQRa. Arch. 33, 330 A. MG. 948 M, 949 N.
29. Chant en broill ni flors en verjan a.
30. De chantar ab deport ABCDEIKNQRUa. MG. 239 C, 885 N. Arch. 35, 372 U.
31. De chantar me for' entrames ABCDD*IKMNN²PQRTac. MG. 240 C, 830 M, 884 N.
32. Dels bels digz menutz frais C. MG. 241.
33. En un chantar que dei de ces HV. Arch. 34, 397 H, 36, 412 V. MG. 836, 858 HV.
34. Gen m'aten ses faillimen ABCDIKMQRUVa. Arch. 33, 320 A, 35, 367 U, 36, 416 V. MG. 833—835 ACM.
35. Gen m'estava e suau et en patz P. Arch. 33, 307. MG. 837.

36. Ges aissi del tot nom lais ABCDD°GIKMNPQRUVac. Arch. 33, 312 A, 35, 373 U, 36, 419 V. MG. 838—840 AMN.
37. Ges de sobrevoler nom toill ABCD°IKNQR. Arch. 33, 326 A. MG. 841—843 ANR.
38. Honratz es hom per despendre Pe. Arch. 33, 307 P. MG. 844 P.
39. Jam vai revenen ABCDD°IKNQRVaf. Arch. 36, 418 [V. R. 3, 306. MW. 1, 192.
40. Jois e chans e solatz ABCDD°IKMNRTUc, anonym N². Arch. 33, 318 A, 35, 365 U. MG, 845, 846 AM.
41. Jois sial comensamens ABCD°IKMNQRac. LR. 395. MW. 1, 212.
42. La flors el verjan ABCDD°IKMNQRTUa. Arch. 33, 316 A, 35, 369 U. MG. 847, 848 AM.
43. Las co m'ave, dens m'ajut CD°IKMNQRTa. MG. 815, 816 IM. Arch. 33, 423 Q.
44. L'autrier lo premier jorn d'aost CR, PO, 127. MW, 1, 198.
45. Leu chansonet' e vil ABCDD°HIKMNQRTUVa. Arch. 33, 323 A, 35, 371 U. 36, 415 V. MG. 849—851 AHM, 886—888 CNV. Mass. 431.
46. Lo dous chan d'un auzel ABCDIKMNQRa. LR. 384. MW. 1, 206.
47. Los apleitz ab qu'eu soill ABCDD°IKMNQRUVa. Arch. 33, 314 A, 35, 363 U, 36, 419 V. MG. 852—854 AMV.
48. M'amigam men' estra lei ABCDIKMQRVa. Arch. 23, 324 A, 36, 417 V. MG. 855—857 AMV.
49. Nom platz chans de rossignol ABCDEIKMNQa, Raimbaudet C reg. R. LR. 66. MG. 859—861 CEN.
50. Non es savis ni gaire ben apres P, Peire Vidal c. Arch. 33, 305 P. MG. 869 P.
51. No pose sofrir qu'a la dolor ABCDD°GIKMNQRVa. Arch. 36, 420 V. R. 3, 310. PO. 129. MW. 1, 185.
52. No sai rei ni emperador Pe. Arch. 33, 306 P. MG. 862 P.
53. Nuilla res a chantar nom faill ABCDD°IKNQRTa. Arch. 33, 321 A. MG. 866—868 ACN.
54. Ops m'agra si m'o consentis ABCDD°IKNQRTUa. Chr. 100 ABC. Arch. 33, 315 A, 35, 369 U. MG. 870—872 ACN.
55. Per solatz reveillar ABCDIKQRUVc, Blacasset P. Arch. 35, 375 U, 36, 422 V. R. 4, 290. MW. 1, 201.
56. Plaing e sospir e plor e chan AN. Arch. 33, 327 A. MG. 875 A, 876 N.
57. Quan brancal brondels e rama ABCD°D°IKNQR. Arch. 33, 329 A. MG. 877 A, 878 N.

58. Quan creis la fresca foill' el rams ABCDD°IKMNQRTUVa,?. Arch. 33, 319 A, 35, 365 U, 36, 418 V.
59. Quan la brun' aura s'eslucha ABCDEIKMNQRTVc. Chr. 102 ABC. Arch. 33, 320 A, 36, 420 V. MG. 873, 874 AE.
60. Quan lo freitz el glatz e la neus ABCD*EGIKMNQQRTa. MG. 124 BE, 879 N.
61. Quan vei lo dous temps venir CR, Guillem Augier R⁺. MG. 863 R.
62. Qui chantar sol ni sap de cui CD*IKQRUa. MG. 947 I. Arch. 33, 293 U, 35, 374 U.
63. Razon e loc e cor e sen Ca.
64. Reis glorios, verais lums e clartatz CERT, Gui d'Uisel P. Chr. 97 CER. LB. 100 CR. R. 3, 313. MW. 1, 191. Galv. 140.
65. S'anc jorn agui joi e solatz ABCD*IKMQRa. MG. 126 BIR.
66. S'ara no poja mos chans ABCDEIKMNQRVa. Arch. 36, 414 V. PO. 131. MW. 1, 200.
67. S'es chantars ben entendutz CR. PO. 133. MW. 1, 197.
68. Ses valer de pascor ACD*IKMNRVa. Arch. 33, 326 A, 36, 415 V.
69. S'eus quier conseill, bel' amig' Alamanda ABCDGHIKNQRVa. Arch. 33, 322 A, 36, 421 V. MG. 828, 829 CI, 937, 938 HV.
70. Sil cors nom esta tan dreg ABCD*IKNQRa. Arch. 33, 331 A.
71. Sim plagues tan chaus CD°HMR. Arch. 34, 398 H.
72. Sim sentis fizels amics ABCDD*IKMNQRVac. MG. 127 B. Arch. 36, 414 V.
73. Si per mon Sobretotz nom fos ABCDD*IKNQRa. LR. 379. MW. 1, 203.
74. Si soutils sens o plas aturs nom val ABCDIKMNQRad. Arch. 33, 317 A.
75. Solatz jois e chantars CE.
76. Sol qu'amors me plevis CH. Arch. 34, 400 H.
87. Tals gen prezic' e sermona P. Arch. 33, 305.
78. Tostemps me sol plus jois plazer CRa.
79. Tot suavet e del pas CD*HIKV. Arch. 34, 400 H, 36, 421 V.
80. Un sonet fatz malvatz e bo ABCDGIKMNPQRSVa. Chr. 99 BIM. MG. 129 BIR. Arch. 36, 423 V.
81. Un sonet novel fatz ABMQa, Peirol CER, Peire Bremon IK, Raimbaut d'Aurenga V. MG. 130 B. MW. 2, 29 C. Arch. 36, 451 V.

Vgl. noch 10, 8. 29, 8. 11. 15. 30, 4. 17. 70, 10. 106, 14. 124, 17. 132, 7. 155. 10. 11. 213, 3. 5. 6. 323, 1. 356, 6. 8. 364, 33. 375, 20.

243. Guiraut de Calanso.
  1. Ab la verdura S. anonym N. MG. 284 N.
  2. A leis cui am de cor e de saber CD*EIKRR⁷, Gaucelm Faidit AOa. Chr. 161 CD*EI. LB. 75 R. Arch. 33, 455 A. 34, 378 O. R. 3, 391. MW. 4, 215.
  3. Amors, be faitz volpillatg' e faillensa E. MG. 333.
  4. Ara s'es ma razos vouta E. MG. 338.
  5. Bel semblan m'auran lonjamen E. Diez, Poesie 357.
  6. Bel seigner deus, quo pot esser sufritz CR. R. 4, 65. Milá 124.
  7. El mon non pot aver CR. R. 3, 388.
  8. Li mei dezir e li mei pensamen CEHR.
  9. Si tot l'aura s'es amara CEIKd, Peire Vidal C reg. PO. 142.
  10. Tan doussamen mi ven al cors ferir C reg.IKRd, Ademar de Rocaficha C, Arnaut de Maroill C reg.
  11. Una doussa res benestans CR.
  Vgl. noch 205, 5. 234, 13. 242, 23. 245, 1.

244. Guiraut d'Espaigna.
  1. Dona, sitot nous es preza E anonym.
  2. Gen m'anci E anonym.
  3. Ges ancara ua Cors car E anonym.
  4. Lo fin cor qu'ieus ai E anonym. Dkm. 2, 21. MG. 369.
  5. Na ses merce e per quo m'etz tan cara E anonym. Dkm. 1, 1. MG. 560.
  6. Non puesc plus sofrir E anonym. MG. 559.
  7. Novel' amor que tant m'agreia E anonym. Dkm. 4. MG. 558.
  8. Per amor soi gai E anonym. Diez, Sprachdkm. 119. MG. 535.
  9. Pus era sui ab senhor C. (R. 5, 169.)
  10. Pos ses par sui en amar E anonym. LB. 110. MG. 561.
  11. Qui en pascor no chanta non par gais CE.
  12. Sa gaja semblansa E anonym. Dkm. 3. MG. 562.
  13. S'ieu en pascor no chantava CE. PO. 369.
  14. Si la bella quem plai nom plai E anonym. MG. 563.
  15. Sil dous jois d'amor E anonym. LB. 109. MG. 564.
  16. Si nom secor dona gaja E anonym. Dkm. 1. MG. 565.

245. Guiraut de Luc.
  1. Ges si tot m'ai ma voluntat felona ADIK, Guiraut de Calanso C. Prebost de Valensa C reg. Arch. 34, 188 A. *1776*
  2. Si per malvatz seignoril ADIK. Arch. 34, 189 A.

246. Guiraut del Olivier, d'Arle.[1]
  1. Aissi com per aventura R. Dkm. 44.
  2. Aissi sert com ha tres leguas f. Meyer 416.

---

[1] Denkmäler S. 26—50. nach der Nr. der Strophen citiert.

3. Aitan ben tanh per dever R. Dkm. 51.
4. Alcun son trop major de fama R. Dkm. 61.
5. Alcus homes sai entre nos R. Dkm. 10.
6. Auzit ay dir manta sazo R. Dkm. 32.
7. Ben corteza conoissensa R. Dkm. 19.
8. Bona fes e mala R. Dkm. 60.
9. Bona fin fai qui ab bon albres lia R. Dkm. 36.
10. Bon es aver acampar R. Dkm. 33.
11. Bos noyrimens dona regla R. Dkm. 66.
12. Catre cauzas son fort nominativas R. Dkm. 22.
13. Catre maneiras son de gens R. Dkm. 29.
14. Cert es qui a mal vezi R. Dkm. 35.
15. Cobes e larcx aug cais tot jorn repenre R. Dkm. 37.
16. De razon es e de natura R. Dkm. 50.
17. Dieus donet comandameu R. Dkm. 63.
18. D'omes truep que donan cosselh R. Dkm. 41.
19. D'omes vey c'an a totz jorns mens R. Dkm. 12.
20. En totz afars tanh cortezia R. Dkm. 72.
21. Entr' amicx et enemicx R. Dkm. 31.
22. Escrig o truep en Salamo R. Dkm. 40.
23. Escrich truep en un nostr' actor R. Dkm. 24.
24. Fals' amor no si pot dir R. Dkm. 2.
25. Fals semblas e mot deslials R. Dkm. 70.
26. Gauch e solatz e cortezia R. Dkm. 62.
27. Homs ben parlans deu mais entendre R. Dkm. 49.
28. Hom deu lauzar son amic R. Dkm. 73.
29. Hom que per pauc de proflech R. Dkm. 53.
30. Hom que se rent de sa molher gilos R. Dkm. 8.
31. Ieu ai vist home plaguat R. Dkm. 38.
32. Ieu coseguicy temps e sazo R. Dkm. 46.
33. Ieu me tenc a gran plazer R. Dkm. 55.
34. Ieu non tenc home per amic Rf. Dkm. 25. Meyer 515.
35. Joex e putaria R. Dkm. 15.
36. La plus falsa cobertura f. Meyer 515.
37. La plus lial guarentia f. Meyer 515.
38. Mals temps fai reconoysser dieu R. Dkm. 45.
39. Mals tratz dona alegransa R. Dkm. 47.
40. Mans se fenhon enamorat R. Dkm. 6.
41. Motas veguadas s'endeve R. Dkm. 28.
42. Oc e no son duy contrari R. Dkm. 71.
43. On mais m'esfors cascun jorn d'aver vida R. Dkm. 69.
44. Per respiech d'alcun befach R. Dkm. 65.
45. Pieitz fa un petit de mal R. Dkm. 57.

46. Pros dona enamorada R. Dkm. 9.
47. Qui ama cortezia R. Dkm. 11.
48. Qui en anel d'aur fai veir' encastonar R. Dkm. 76.
49. Qui sap gardar fach e dich en secret R. Dkm. 14.
50. Qui s'azauta d'enuetz faire Rf. Dkm. 13. Meyer 516.
51. Qui se volgues cosselhar R. Dkm. 20.
52. Qui vol aver ganre d'amics R. Dkm. 16.
53. Ricx hom qu'enten en gran nobleza R. Dkm. 23.
54. Riquezas grans fan far manta falhensa R. Dkm. 34.
55. Salamos nos es recomtans R. Dkm. 42.
56. Seneca dis que saup philozophia R. Dkm. 30.
57. Seneca que fon hom sabens R. Dkm. 17.
58. Sens e sabers e conoyssensa R. Dkm. 68.
59. S'ieu auzes dir a ma guiza R. Dkm. 67.
60. Si fos tan bos segles com sol R. Dkm. 39.
61. Si per chantan esjauzir R. Dkm. 59.
62. Si vols far ver' esproansa R. Dkm. 26.
63. So nos retrais Marcabrus R. Dkm. 7.
64. S'us homs sabia mal ses be R. Dkm. 27.
65. Tal home am que sos aibs nom azauta R. Dkm. 48.
66. Tant es lo mons costumatz R. Dkm. 18.
67. Tant non puesc legir ni pessar R. Dkm. 1.
68. Tart e tost son dous cauzas per natura R. Dkm. 71.
69. Tota dona c'amors vensa R. Dkm. 3.
70. Tot enaisi com peira precioza R. Dkm. 75.
71. Totz homs deu esser curos R. Dkm. 54.
72. Totz hom me par be noiritz R. Dkm. 21.
73. Totz hom se deu donar suenh R. Dkm. 64.
74. Tres enemicx principals R. Dkm. 43.
75. Trop parlars fay desmentir R. Dkm. 52.
76. Trop voluntatz tol la vista R. Dkm. 56.
77. Us homs es c'a ajustat R. Dkm. 58.

247. Guiraut de Quintenac.
    1. Mot fai gran vilanatge *a*.
       Vgl. noch 34, 2.

248. Guiraut Riquier.
    1. Ab lo temps agradiu gai CR. MW. 4, 12.
    2. Ab pauc er decazutz CR. MW. 4, 19.
    3. Ab plazen C. MW. 4, 95. R. 3, 461. Galv. 145.
    4. Ad un fin aman fon datz C. MW. 4, 97. Chr. 276. LB. 104.
       R. 3, 466. Galv. 156.
    5. Aissi cum selh que franchamen estai CR. MW. 4, 8.
    6. Aissi pert poder amors CR. MW. 4, 2.

7. Aissi quon es sobrourada CR. MW. 4, 15.
8. A mon dan suy estorcius CR. MW. 4, 11.
9. Amors m'auci, quem fai tant abelhir C. MW. 4, 97. Chr. 276. LB. 108. R. 2, 233. Galv. 134.
10. Amors, pus a vos falh poders CR. MW. 4, 7.
11. An Miquel de Castilho R. Tenzone.
12. Anc mais per aital razo CR. MW. 4, 61. R. 4, 244.
13. Anc non aigui nulh temps de far chanso CR. MW. 4, 21.
14. Aras s'esfors, nEveyos, vostre sens R. Tenzone. MW. 4, 236.
15. A sant Pos de Tomeiras C. MW. 4, 92. PO. 341.
16. Auzit ai dir, Bofils, que saps trobar R. Tenzone. (R. 5, 108. 166.)
17. Bem degra de chantar tener C. MW. 4, 78.
18. Bem meravilh co non es enveyos CRa. MW. 4. 14.
19. Bem volgra d'amor partir CR. MW. 4. 17.
20. Coms d'Astarac, ab la gensor R. Tenzone. MW. 4, 244.
21. Creire m'an fag mey dezir CR. MW. 4, 49.
22. D'Astarac venia C. MW. 4, 90. PO. 358.
23. De far chanson suy marritz CR. MW. 4, 22. R. 4, 170.
24. De midons e d'amor CR. MW. 4. 28.
25. De so don yeu soy doptos. Tenzone mit Guillem de Mur.
26. En re nos melhura CR. MW. 4, 4.
27. En tot quant qu'ieu saupes CR. MW. 4, 58.
28. Falco, don' avinens R. Tenzone.
29. Fis e verays e pus ferms que no suelh CR. MW. 4, 34.
30. Fortz guerra fai tot lo mon guerrejar CR. MW. 4, 63. R. 4, 389.
31. Gauch ai, quar esper d'amor CR. MW. 4, 64.
32. Gaya pastorelha C. MW. 4, 86. R. 3, 370. PO. 334.
33. Grans afans es ad home vergonhos CR. MW. 4, 32.
34. Graynier, pus non puesc vezer R. Tenzone.
35. Guilhem de Mur, ... Tenzone, wahrscheinlich mit Guiraut Riquier, stand R 73 (alter Zählung, ausgerissenes Blatt).
36. Guilhem de Mur, chauzetz d'esta partida R. Tenzone. MW. 4, 241. Milá 363.
37. Guilhem de Mur, que cuja far R. MW. 4, 237. Milá 360.
38. Guiraut, pus em ab senhor cuy agensa. Tenzone mit Folquet.
39. Guiraut Riquier, a sela que amatz. Tenzone mit Marques.
40. Guiraut Riquier, diatz me. Tenzone mit Jaufre.
41. Guiraut Riquier, pus qu'es sabens. Tenzone mit Guillem de Mur.
42. Guiraut Riquier, segon vostr' essien. Tenzone mit Guillem de Mur.

43. Guirautz, don' ab beutat granda. Tenzone mit Folquet.
44. Humils, forfaitz, repres e penedens CR. MW. 4, 31.
45. Jamais non er hom en est mon grazitz CR. MW. 4, 67.
46. Jhesus Cristz, filh de dieu viu CR. MW. 4, 35.
47. Kalenda de mes caut ni freg CR. MW. 4, 72.
48. Karitatz et amors e fes CR. MW. 4, 38.
49. L'autre jorn m'anava C. MW. 4, 83. R. 3, 462. PO. 329.
50. L'autrier trobei la bergeira C. MW. 4, 88. R. 4, 473. PO. 336. Galv. 122.
51. L'autrier trobey la bergeira d'antan C. MW. 4, 85. R. 3, 467. PO. 332.
52. Lo mons par encbantatz CR. MW. 4, 60.
53. Los bes qu'ieu truep en amor CR. MW. 4, 43.
54. Marques, una partidans fas R. Tenzone, wahrscheinlich mit Guiraut Riquier, stand auf dem ausgeschnittenen Blatte R 73 (alter Zählung).
55. Mentaugutz CR. MW. 4, 54.
56. Mout me tenc ben per pagatz CR. MW. 4, 30.
57. No cugey mais d'esta razon chantar CR. MW. 4, 82.
58. Nom sai d'amor si m'es mala o bona CR. MW. 4, 10.
59. No puesc per ren lo ben que conosc far CR. MW. 4, 70.
60. Ogan no cugey chantar CR. MW. 4, 37.
61. Ops m'agra que mos volers CR. MW. 4, 66.
62. Per proar si pro privatz CR. MW. 4, 53.
63. Ples de tristor, marritz e doloiros CR. MW. 4, 27. R. 4, 76.
64. Pus aman muer deziran C. MW. 4, 96.
65. Pus astres no m'es donatz CR. MW. 4, 80. Chr. 275. LB. 107. R. 2, 238. Milá 190.
66. Pus sabers nom val ni sens CR. MW. 4, 51. R. 2, 246. 5, 171.
67. Quar dreytz ni fes ni sens ni leyaltatz CR. MW. 4, 25.
68. Quim disses non a dos ans CR. MW. 4, 46. R. 4, 387. Milá 225.
69. Quis tolgues CR. MW. 4, 56.
70. Qui vuelha ses plazer C. MW. 4, 98.
71. Razos m'aduy voler qu'ieu chant soven CR. MW. 4, 42.
72. Res nom val mos trobars CR. MW. 4, 69.
73. Sancta verges, maires pura C. MW. 4, 100.
74. Senhen Austorc, de Boy lo coms plazens R. Tenzone. MW. 4, 254.
75. Senhen Enric, a vos don avantatje R. Tenzone. MW. 4, 238.
76. Senhen Enric, us reys un ric avar R. Tenzone. MW. 4, 248.
77. Senhen Jorda, sieus manda Livornos R. Tenzone. MW. 4, 233.

78. Si chans me pogues valensa CR. MW. 4, 81.
79. S'ieu ja trobat non agues CR. MW. 4, 50. Milá 229.
80. Si jam deu mos chans valer CR. MW. 4, 24. Milá 221.
81. Tant m'es l'onratz verays ressos plazens CR. MW. 4, 77. R. 4, 246.
82. Tant m'es plazens le mals d'amor CR. MW. 4, 1.
83. Tant vey qu'es ab joy pretz mermatz CR. MW. 4, 6.
84. Vertatz es atras tirada CR. MW. 4, 73. R. 4, 391.
85. Voluntiers faria CR. MW. 4, 40.
86. Xristian son per Jhesu Crist nomnat CR. MW. 4, 76.
87. Xristias vey perilhar CR. MW. 4, 44. R. 4, 384.
88. Yeu cujava soven d'amor chantar CR. MW. 4, 75.
89. Yverns nom te de chantar embargat CR. MW. 4, 47.

249. Guiraut de Salignac.
 1. Aissi com cel qu'a la lebre cassada D*IK, Aimeric de Peguillan Cα, Peire Bremon M, Arnaut Daniel c, anonym P. MG. 14 M, 1185 C.
 2. En Peironet, vengut m'es en coratge ADTf. Tenzone. Arch. 34, 186 A.
 3. Esparviers et austors D*IK. PO. 372.
 4. Per solatz e per deport R. Guillem de Sal. Ce, Guillem d'Anduza E, Aimeric de Belenoi Cᶻ. Chr. 205 CR. LB. 111 R. R. 3, 396.
 5. Tot en aital esperansa DM. Elias de Barjol C, Elias Cairel E, anonym V. MG. 946 C. Arch. 36, 443 V.
 Vgl. noch 240, 7.

250. Imbert.
 1. Seigner nImbert, digatz vostr' esciensa. Tenzone mit Guillem de la Tor.

251. Imbert de Castelnou.
 Vgl. 396, 1. 2. 3. 4.

252. Isabella.
 1. NElias Cairel, de l'amor O. Tenzone. Arch. 34, 382.

253. Iseut de Capnio.
 1. Domna n'Almucs, sius plagues H. R. 5, 18. PO. 357.

254. Isnart d'Entrevenas.
 1. Del sonet d'en Blacatz D*. (R. 5, 40.)
 2. Trop respont en Blacatz D*. (R. 5, 228.)
 3. Tenzone zwischen Isnart und Pel-estort, stand in a. Jahrb. 11, 16.

255. Izarn.
 1. Vos que amatz cuenda domn' e plazen. Tenzone mit Rofin.

256. Izarn lo Marques.
 1. S'ieu fos ta savis en amar CR. (R. 5, 234.)

257. Izarn Rizol.
    1. Ailas, tan sui peasius e cossiros C. (R. 5, 235.)
258. Jacme Grill.
    1. Seignen Jacme Grills, eus deman. Tenzone mit Simon Doria. (R. 5, 235.)
    2. Tenzone zwischen Jacme und Lanfranc, stand in a, Jahrb. 11, 16.
259. Jacme Mote, d'Arle.
    1. Non es razons qu'ieu deg' aver pereza f. Meyer 463.
    2. [Dous que la vergues Astrea aguet leissat Proenza f. Apocryph. Meyer 662.]
260. Jaufre.
    1. Guiraut Riquier, diatz me R. Tenzone. MW. 4, 252.
    2. Tenzone mit Elias, stand in a, Jahrb. 11, 15.
261. Jaufre de Pons.
    1. Seignen Jaufre, respondetz mi sius platz. Tenzone mit Rainaut de Pons.
262. Jaufre Rudel de Blaja.
    1. Bels m'es l'estius el temps floritz Ce. R. 3, 95. MW. 1, 63.
    2. Lanquan li jorn son lonc en mai ABCDEIKMRSe, Gaucelm Faidit W, anonym ε. MG. 143 B. R. 3, 105. MW. 1, 65.
    3. No sap chantar quil so no di CEMRbeα. R. 3, 97. MW. 1, 64.
    4. Pro ai del chant enseignadors Ce. R. 3, 94. PO. 20. MW. 1, 61.
    5. Quan lo rius de la fontana ABCDEIKMRSUbeζ. Chr. 61 BCEIMR. LB. 57 MR. MG. 148 B. Muss. 431 D. Arch. 35, 450 U, 43,ζ. R. 3, 99. MW. 1, 62.
    6. Quan lo rossignols el foillos ABCDEIKMRe. MG. 88 B. Vgl. noch 190, 1. 202, 8. 356, 4.
263. Javare.
    1. Javare, anc a merchat. Tenzone mit Bertran.
264. Joan Aguila.
    Vgl. 47, 9.
265. Joan d'Albusso.
    1. Domna, de chantar ai talen U, anonym L. Arch. 33, 297 U, 35, 452 U.
    2. En Nicolet, d'un sogne qu'eu sognava U. Arch. 33, 297 U, 35, 453 U.
    3. Vostra domna segon lo meu semblan H, wahrscheinlich auch in a (Jahrb. 11, 15). Arch. 34, 403.
266. Joan Esteve.
    1. Aissi quol malanans C. Azaïs 70. R. 4, 78.
    2. Aissi cum selh qu'es vengutz en riqueza C. Azaïs 63. MG. 195.
    3. Ara podem tug vezer C. Azaïs 67. MG. 749.

4. Cossi moria C. (R. 5, 237. Azaïs 82.)
5. El dous temps quan la flor s'espan C. Azaïs 97. PO. 349.
6. Francx reys frances, per cuy son Angevi C. Azaïs 75. R. 4, 242.
7. L'autrier el gay temps de pascor C. Azaïs 92. PO. 344.
8. Le senhers qu'es guitz C. Azaïs 110.
9. Ogan ab freg que fazia C. Azaïs 101. PO. 351.
10. Planhen ploran ab desplazer C. Azaïs 78. R. 4, 80.
11. Sim vai be ques yeu non envey C. Azaïs 106. PO. 347.

267. Joan Lag.
1. Qui vos dara respieg, dieus lo maldia R. Tenzone. (R. 5, 238.)
268. Joan Miralhas.
1. Joan Miralhas, si dieus vos gart de dol. Tenzone mit Raimon Gaucelm.
269. Joan de Pennas.
1. Un guerrier per alegrar f. Chr. 319. Meyer 504.
270. Jojos de Toloza.
1. L'autrier el dous temps de pascor C. (R. 5, 241.)
271. Jordan.
1. Lombartz volgr' eu esser per na Lombarda H. (R. 5, 239.)
272. Jordan.
1. Senhen Jorda, sieus manda Livernos. Tenzone mit Guiraut Riquier.
273. Jordan Bonel.
1. S'ira d'amor tengues amic jauzen DEIKU, Jordan de Cofolen C, R. Jordan de Cofenolt S, Uc de S. Circ T, anonym G. Arch. 35, 451 U. PO. 202.
Vgl. noch 372, 2.
274. Jordan de Born.
Vgl. 428, 1.
275. Jordan de Cofolen.
1. Anc mais aissi finamen non amei C, Prebost de Valensa C reg. MG. 211.
2. Non estarai qu'un vers non lais CE. (R. 5, 239.)
Vgl. noch 3, 1. 273, 1. 372, 6.
276. Jordan de l'isla de Venaissi.
1. Longa sazon ai estat vas amor ADR C reg., Rostanh de Mergas C reg. H, Cadenet CMTf, Peire de Maensac IKd, Peire Raimon N, Gaucelm Faidit P, Pons de Capdoill a. MG. 943 N. R. 3, 245.
277. Joris.
1. Joris, cil cui deziratz per amia. Tenzone mit Guigo.
278. Jozi.
1. Jozi, diatz vos qu'es hom entendens. Tenzone mit Esquilha.

279. Jutge.
  1. Dui cavalier an prejat loujamen. Tenzone mit Esteve.
    Vgl. noch 194, 2.
280. Lambert.
  1. Seigner, cel qui la putia H. Arch. 34, 408. R. 5, 243.
281. Lamberti de Bonanel.
  1. Al cor m'estai l'amoros deziriers ADᵃ, anonym P. Arch. 33, 448 A.
  2. Ar quan florisson li vergier Dᵃ. Muss. 443.
  3. D'un salut me voill entremetre DᵃS, Raimbaut de Vaqueiras DᵃG, Ricardus Q. Arch. 35, 100 G.
  4. Eu sai la flor plus bella d'autra flor AC, anonym LN. Arch. 33, 448 A.
  5. Ges de chantar nom voill gequir Dᵃ. Muss. 444.
  6. Mout chantera de joi e voluntiers A, Guillem Ademar T. Arch. 33, 450 A.
  7. Pos vei quel temps s'asserena A, Guillem Ademar T. Arch. 33, 451 A.
  8. S'a mon Restaur pogues plazer ACDᵃ, anonym N. Arch. 33, 449 A.
  9. Si de trobar agues meillor razo CO, Raimbaut de Vaqueiras Gg, Raimbaut d'Aurenga S, Ricardus Q, anonym LN. R. 3, 17. MW. 1, 68.
  10. Totz m'era de chantar gequitz Dᵃ. Muss. 444.
    Vgl. noch 133, 9. 355, 13. 20.
282. Lanfranc Cigala.
  1. Car es tan conoissens, vos voill. Tenzone mit Simon Doria.
  2. En chantar d'aquest segle fals CIKde. (R. 5, 244.)
  3. En mon fin cor reigna tan fin' amors IKd.
  4. Entre mon cor e me e mon saber IKd. (R. 5, 244.)
  5. Escur prim chantar e soutil IKd. MG. 551 I. PO. 157.
  6. Estier mon grat mi fan dir vilanatge DᵉFIKTUd. Arch. 35, 456 U. R. 4, 210.
  7. Eu non chant ges per talan de chantar IKd.
  8. Ges eu no sai com hom guidar se deja DᵉFIKd. LR. 476.
  9. Ges no sui forsatz qu'eu chan U. Arch. 33, 299. 35, 455.
  10. Gloriosa sancta Maria IKd.
  11. Hom que de domna se feigna F.
  12. Jojos d'amor farai de joi semblan IKd. MG. 584 I.
  13. Lantelm, quius onra nins acoill H. Tenzone.
  14. Na Guillelma, vint cavalier a ratge IKMOP. Tenzone. LR. 508.
  15. NEnric, nom agrada nim platz H. Arch. 34, 416.
  16. Nou sai sim chant, pero eu n'ai talen IKd. MG. 713 I.

17. Oi maire filla de deu IKd. R. 4, 438.
18. Pensius de cor e marritz IKd. MG. 714 I.
19. Quant en bon loc fai flors bona semensa IKd. MG. 715 I.
20. Quan vei far ho fag plazentier IKd. PO. 159.
21. Raimon Robin, eu vei que deus comensa IKd. Tenzone. MG. 716 I.
22. Seigner Tomas, tan mi platz IKd.
23. Si mos chans fos de joi ni de solatz ClKde. (R. 5, 245.)
24. Tan franc cor de domn' ai trobat DcFH. Arch. 34, 416 H.
25. Un avinen ris vi l'autrier IKd.
26. Un sirventes m'adutz tan vil razos F.
27. Tenzone zwischen Lanfranc, Seigner und Raimbaut, stand in a, Jahrb. 11, 16.
28. Tenzone zwischen Lanfranc und Jacme (Grill), ebenso, Jahrb. 11, 16.
29. Tenzone mit Guillem, ebenso, Jahrb. 11, 16.
30—32. a enthielt im Ganzen vier Tenzonen zwischen Lanfranc und Simon (vgl. 1), von denen zwei Lanfranc, zwei Simon begann, Jahrb. 11, 16. 17.
Vgl. noch 233, 1.

283. Lantelm.
1. Lanfranc, quils vostres fals ditz coill H. (R. 5, 247.)
2. Raimon, una domna pros e valens T. Tenzone. (R. 5, 247. 369.) Wahrscheinlich auch in a, Jahrb. 11, 15.

284. Lautelmet d'Aiguillo.
1. Ar ai ieu tendut mon trabuc M. (R. 5, 248.)

285. Lanza, Marques.
1. Emperador avem de tal maneira D*H. Tenzone. PVidal 33.

286. Lemozi.
1. Bernart de Ventadorn, del chan LO. Tenzone. R. 4, 7.

287. Lignaure (Ignaure).
1. Aram platz, Guiraut de Borneill ER, Raimbaut d'Aurenga D*. MG. 336 E, 821 R.

288. Lombarda, na.
1. Nom volgr' aver per Bernart na Bernarda H. MG. 648. R. 5, 250.

289. Lunel de Monteg (Moncog).
1. Mal veg trop apparelhar R. Dkm. 124.
2. Si com lo jorn mot clars e resplandens R.
3. Totz hom que vol en si governamen R. Dkm. 131.

290. Luquet Gatelus.
1. Cora qu'ieu fos marritz e consiros e.
2. Tenzone mit Bonifaci Calvo, stand in a, Jahrb. 11, 15.

291. Mainart Ros.
   1. En Mainart Ros, ab saubuda. Tenzone mit Gui.
292. Maistre.
   1. Fraire Berta, trop sai estatz R. Tenzone. (R. 5, 155. 250.)
293. Marcabrun.
   1. A la fontana del vergier C. Chr. 55. LB. 106. R. 3, 375. MW. 1, 49.
   2. A l'alena del ven doussa C. MG. 199.
   3. Al departir del brau tempier C. MG. 202.
   4. Al prim comens del ivernaill AIKNd. MG. 277 N, 306 I.
   5. Al son desviat chantaire ACIKd. MG. 307 I.
   6. Amics Marcabrus, car digam. Tenzone mit Uc Catola.
   7. Ans quel terminis verdei E. MG. 334.
   8. Assatz m'es bel el temps essuch AIKd. MG. 312 I.
   9. Aujatz de chan com enans' e meillura AEIKd. R. 4, 303. MW. 1, 53.
   10. Be for' ab lui aunitz lo rics barnage P.
   11. Bel m'es quan la rana chanta CM, Alegret C reg. R. MG. 221 C.
   12. Bel m'es quan s'azombral treilla AIKd, Bernart de Venzac C. Arch. 33, 338 A.
   13. Bel m'es quan son li fruit madur AIKNd, anonym W. Arch. 33, 340 A.
   14. Contra l'ivern que s'enansa C.
   15. Cortezamen voill comensar AKNd C reg., Uc de la Bacalaria Ca, Bertran de Saissac C reg., anonym G. R. 3, 373. MW. 1, 51.
   16. D'aisso lau den CEIKTd. LB. 54 E. MG. 234 C, 388 E, 389 I.
   17. Dirai vos en mon lati ACKNRTd. Chr. 59 ACR. Arch. 33, 332 A.
   18. Dirai vos senes doptansa ACD*IKMRα. Arch. 33, 336 A.
   19. Doas cuidas ai compaignier AIKd. Arch. 33, 337 A. MG. 800, 801 AI.
   20. D'un estrun vei Marcabrun ACIKRd, Uc Catola D*. Arch. 33, 334 A.
   21. El mes quan la foilla fana CE.
   22. Emperaire, per mi mezeis AIK. R. 4, 129. MW. 1, 48. Milá 80 K.
   23. Emperaire, per vostre pretz D*.
   24. En abriu s'esclairol rin A C reg. EIKNRd, Elias Fonsalada C. Arch. 33, 334 A. MG. 796, 797 AE.
   25. Estornel, coill ta volada CE. LB. 55 CE. MG. 506, 507 CE.

26. Ges l'estornels no s'oblida E. LB. 56. MG. 508.
27. Lanquan cor la doussa biza A, Bernart de Venzac C. Arch. 33, 338 A. MG. 804, 805 AC.
28. Lanquan foillon li boscatge C.
29. L'autrier al issida d'abriu AIKd, Guillem d'Autpol C. MG. 609 I.
30. L'autrier just' una sebissa ACIKNRTd. Chr. 57 CIR. LB. 96. PO. 175. MW. 1, 55.
31. L'iverns vai el temps s'aizina ACD*KNR. Arch. 33, 333 A. MG. 724—726 CKR.
32. Lo vers comensa ACIKNRd. MG. 662—663 IN.
33. Lo vers comens quan vei del fau ACEIKRd. Arch. 33, 335 A. MG. 798, 799 AE.
34. Oimais dei esser alegrans CR.
35. Pax in nomine domini ACIKRd, anouym W. MG. 720, 721 CI. Milá 75 KR.
36. Per l'aura freida que guida AEIKd. Arch. 33, 339 A. MG. 808, 809 AE.
37. Per savil tenc ses doptansa AD*IKN. Arch. 33, 340 A. MG. 722, 723 IN.
38. Pos la foilla revirola ACEIKRd. Arch. 33, 339 A. MG. 806, 807 AE.
39. Pos l'iverns d'ogan es anatz ACIKNd. LR. 425. MW. 1, 57.
40. Pos mos coratges s'esclarzis AIKd, Bernart de Ventadorn CE. R. 4, 301. MW. 1, 54.
41. Pos s'enfoillisson li verjan ACIKd. MG. 664 I.
42. Quan l'aura doussana bufa AIKUd. MG. 947 I. Arch. 33, 293 U, 35, 374 U.
43. Seignen Alric ACIKd, Uc Catola D*. Arch. 33, 335 A.
44. Soudadier, per cui es jovens AEIKNd. Arch. 33, 341 A.
45. Tenzone mit seigner uEnric, stand in a (Jahrb. 11, 16): ist wohl Nr. 43.
Vgl. noch 34, 3. 323, 5.

294. Marcoat.
1. Mentre m'obri eis huisel IKd. MG. 678 I.
2. Una reus dirai en serra IKd. MG. 679 I.

295. Maria de Ventadorn.
1. Gui d'Uisel, bem peza de vos ACDEHPRT. Tenzone. R. 4, 28. PO. 266.

296. Marques.
1. De so don yeu soy doptos. Tenzone mit Guillem de Mur und Guiraut Riquier.
2. Guiraut Riquier, a sela que amatz R. Tenzone. R. 4, 240.

3. Marques, una partidans fas. Tenzone mit Guiraut Riquier.
4. Senhen Enric, a vos don avantatje. Tenzone mit Guiraut Riquier und Enric.

297. Matfre Ermengau.
1. Cel que ditz que lejalmen a.
2. Compaire, aitan col solelh a. MG. 1, 216.
3. De midons puesc ieu dir en tota plassa a. MG. 1, 205.
4. Dregz de natura comanda Par. Hss. 857. 858, Brit. Mus. reg. 19. C 1, Wien. Hs. 2583¹, a. Dkm. 79. Azaïs 130.
5. Lunhs hom no fai savieza a. MG. 1, 191.
6. Men la pres que vulp en estien a.
7. Retenemens es mot nobla vertutz a.
8. Temps es qu'ieu mo sen espanda Wien. Hs. 2583¹. Mussafia, bs. Studien 3, 41. Azaïs 134.

298. Matheus.
1. Seigner Bertran, per la desconoissensa H. Arch. 34, 415.

299. Maticus de Caerci.
1. Tant sui marritz que nom puesc alegrar C. (R. 5, 261. Milá 192.)

300. Miquel de Castilho.
1. An Miquel de Castilho. Tenzone mit Guiraut Riquier.

301. Mir Bernart.
1. Mir Bernart, mas vos ai trobat. Tenzone mit Sifre.

302. Mola.
1. Reis feritz de merda pel çuc H. Arch. 34, 412.

303. Mönch.
1. Monge, cauzetz segon vostra sciensa. Tenzone mit Albert de Sestaro.
2. Monge, eu vos deman Q. Tenzone.

304. Mönch von Foissan.
1. Be m'a lonc temps menat a guiza d'aura CR. PO. 167.
2. Be volgra fos mos cors tan regardans CR.
3. Be volria, quar seria sazos CR. (R. 5, 263.)

305. Mönch von Montaudo.
1. Aissi com cel qu'a estat ses seignor ABCDEGHKMRSTU, Raimon Jordan P, Gausbert de Poicibot f, anonym LO. MG. 16 B, 396 E, 397 S. Arch. 35, 447 U.
2. Aissi com cel qu'a plag mal e sobrier C. MG. 398.
3. Aissi com cel qu'es en mal seignoratge ABCDFIKRTf. MG. 15 B, 394 I, 395 R.
4. Aissi com cel qu'om n en' al jutjamen ABCDGIKRTUf, Arnaut de Maroill N, anonym PS. MG. 957 N. Arch. 35 446 U. R. 3, 449. MW. 2, 58.

5. Amics Robertz, fe que dei vos CE. MG. 349 C, 411 E.
6. Ara pot ma domna saber CIKRSdf. Cadenet U. MG. 309 I, 404 R. 405 S. Arch. 35, 412 U.
7. Autra vetz fui a parlamen ACRf. R. 4, 42. MW. 2, 62.
8. Bem enoja per saint Marsal C. MG. 392.
9. Bem enoja per saint salvaire CE. MW. 2, 67 C. MG. 391 C.
10. Bem enoja s'o auzes dire CD*IKR. Chr. 130 CIR. LB. 82. MG. 390 I. R. 5, 264. MW. 2, 66.
11. L'autre jorn m'en pogei al cel CD*EIKRd. Muss. 1136 D*. MG. 393 I. R. 4, 273. PO. 296. MW. 2, 65.
12. L'autrier fui en paradis CD*EIKNRd. Chr. 127 CEl. R. 4, 40. PO. 294. MW. 2, 64.
13. Manens e frairis foron compaigno C. MG. 408.
14. Mos sens e ma conoissensa ACDIKRT*a*. MG. 409, 410 Cl.
15. Mout me platz deportz e gajeza CE. R. 3, 451. MW. 2, 59.
16. Pos Peire d'Alvergn' a chantat ACD*IKLMRd*a*. R. 4, 368. MW. 2, 60.
17. Seigner, s'aguessetz reignat H.
   Vgl. noch 47, 2. 173. 4. 12. 194, 1.

306. Montan.
   1. Cascus deu blasmar sa folor F. (R. 5, 267.)
   2. Eu veing vas vos, seigner, fanda levada IT. Tenzone mit seiner Dame. MG. 63 I.
   3. Meravill me com negus honratz bars D*F. Tenzone. (R. 5, 267.)
   4. Vostr' alens es tant putnais H. Arch. 34, 414.

307. Montan Sartre.
   1. Coms de Tolsan, ja non er qu'ieus o priva M. (R. 5, 268.)

308. Moter.
   1. Sitot d'amors suy destretz nueh e dia f. Meyer 509.

309. Nat de Mons.
   1. La valors es grans e l'onors CR. Chr. 305 R. PO. 164. Milá 187.

310. Nicolet de Turin.
   1. En Nicolet, d'un sogne qu'eu sognava. Tenzone mit Joan d'Albusso.
   2. Nicolet, gran malanansa. Tenzone mit Folquet de Romans.
   3. NUc de Saint Circ, sabers e conoissensa H. Arch. 34, 411.

311. Olivier de la Mar.
   1. Ai cal merce fera deus H. Arch. 34, 414.

312. Olivier del Temple.
   1. Estat aurai lonc temps en pessamen R. Milá 366.

313. Oste.
   1. Guillem, razon ai trobada IKd. Tenzone. (R. 5, 273.)

314. Ozil de Cadarz.
   1. Assatz es dreitz pos jois nom pot venir CDMR. Guillem de Cabestaing IKd, Pistoleta C reg. Hüffer S. 62. MG. 756 C. 757 M.
315. Palais.
   1. Adreit fora si a midons plagues D⁵. (R. 5, 274.)
   2. Bem plai lo chantars el ris D⁵. (R. 5, 274.)
   3. Mout m'enoja d'una gent pantoneira D⁵.
   4. Molt se fera de chantar bon recreire D⁵.
   5. Un estribot farai don sui aperceubutz D⁵, anonym Q.
   Vgl. noch 236, 11.
316. Palazi.
   Vgl. 443.
317. Paul Lanfranc de Pistoja.
   1. Valens seigner, reis dels Aragones P. (R. 5, 277.)
318. Paulet.
   1. Senhen Jorda, sieus manda Livernos. Tenzone mit Guiraut Riquier.
319. Paulet de Marseilla.
   1. Ab marrimen et ab mala sabensa C. R. 4, 72. Milá 212.
   2. Aras qu'es lo gais pascors CE.
   3. Ar quel jorn son bells e clar C.
   4. Belha domna plazen ai C.
   5. Ges pels croys reprendedors C.
   6. L'autrier m'anav' ab cor pensiu E. MG. 514.
   7. Razos non es que hom deja chantar C. R. 4, 74.
   8. Sitot nom fas tan valens C.
320. Paves.
   1. Anc de Roland ni del pro nAuluser H. Arch. 34, 408.
321. Peiramon.
   Als Dichter erwähnt von Uc de S. Circ, Arch. 34, 409.
322. Peire.
   1. En Peire, dui pro cavalier. Tenzone mit Albert de Sestaro.
323. Peire d'Alvergne.
   1. Abans queill blanc poi sian vert ABC reg. DEIKNT, Peire Rogier D⁵, Guiraut de Borneill CQRa. MG. 1 1, 812, 813 CE.
   2. Ab fina joja comensa ABDEIKN. MG. 2 B.
   3. Al descebrar del pais CE. MG. 203 C.
   4. Amics Bernartz de Ventadorn EGL. Peirol und B. de V. ADIK, Peire Vidal W. R. 4, 5. MW. 1, 102. Galv. 76.
   5. Bela m'es la flors d'aiguilen ABDEIKN, Marcabrun C, Bernart Marti C reg. R. R. 4, 295. MW. 1, 96.

6. Bel m'es dous chans per la faja ADEIKN, Bernart de Venzac C. MG. 280 N.
7. Bel m'es quan la roza floris ET. R. 4, 121. MW. 1, 98. Milá 83.
8. Bel m'es qui a son bon sen CERT. MG. 222 C.
9. Bel m'es qu'eu fass' oimais un vers C. MG. 223.
10. Bem es plazen C. MG. 226.
11. Chantarai d'aquests trobadors ACD*IKRa. Chr. 75 CIR. LB. 76. R. 4, 297. MW. 1, 94.
12. Chantarai pos vei qu'a far m'er CERTVa. MG. 231 C. Arch. 36, 423 V.
13. Cui bon vers agrad' auzir CERTVab. MG. 232 C. Arch. 36, 424 V.
14. De deu non pose pauc ben parlar CRa. MG. 238 C.
15. Dejostals breus jorns els longs sers ABCDEIKRTV, anonym X. Arch. 36, 424 V. PO. 136. MW. 1, 93.
16. Deus vera vida verais BCD*IKRa. R. 4, 423. MW. 1, 100.
17. En estiu quan cridal jais ABCDEIKN. R. 3, 327. MW. 1, 92.
18. Gent es mentr' om n'a lezer CERTVa. (Arch. 36, 425.)
19. La foill' el flors el fruitz madurs C.
20. L'airs clars el chans dels auzels C.
21. Lauzat sia Manuel CR. MG. 1022 R.
22. Lo seigner que formet lo tro E. R. 4, 115. MW. 1, 99.
23. Rossignol, en son repaire ETV. Chr. 73 ET. LB. 60. Arch. 36, 425 V. PO. 138. MW. 1, 89.
24. Sobrel veill trobar el novel EV. Arch. 36, 424 V. MG. 1023 V.

Vgl. noch 112, 2. 175, 1. 338, 1.

324. Peire (II) d'Arago.
1. Bem plairia, seigner reis. Tenzone mit Giraut de Borneill.
325. Peire (III) d'Arago.
1. Peire Salvatg', en greu pezar CI. R. 4, 217. PO. 290. Milá 349.
326. Peire de Barjac.
1. Tot francamen, domna, veing denan vos DIK, Berenguier de Palazol CR, Peire de Bussignac C reg., Guillem de la Tor M. Uc de S. Circ T, Pons de Capdoill a, Elias de Barjol f, anonym GLU. Chr. 193 R. Arch. 35, 457 U. R. 3, 242. PO. 35 I. Galv. 189.
327. Peire Basc.
1. Ab greu cossire R. (R. 5, 297.)
328. Peire de Blai (Brau).
Vgl. 451, 5.

329. Peire de Bragairac.
    1. Bel m'es quant aug lo resso IKd. R. 4, 189. Milá 140.
330. Peire Bremon (Ricas Novas).
    1. Be dei chantar alegramen CR. MG. 911, 912.
    2. Be deu estar ses gran joi tostemps mais CD°FMRT. MG. 916 M, 917 R.
    3. Be farai chanso plazen T.
    4. Ben es razos qu'eu retraja AD*IK, Arnaut Catalan CR, Arnaut Plagnes Eb. MG. 987 C. Milá 349 C.
    5. Be volgra de totz chantadors D°R. (R. 5, 299.)
    6. En la mar major sui e d'estiu e d'ivern ADMR. PO. 216.
    7. Iratz chant e chantan m'irais D*IK, Peire Camor C. MG. 567 I.
    8. Ja lauzengier, sitot si fan gignos F.
    9. Lo bels terminis comensa AD. Arch. 34, 198 A.
    10. Mej oill an gran manentia ADIKc. Arch. 34, 178 A. MG. 674 I.
    11. Peire Bremon, maint fin entendedor. Tenzone mit Gausbert.
    12. Pos lo bels temps renovela c.
    13. Pos nostre temps comens' a brunezir AD*IK, Cercamon C. Jahrb. 1, 96 I. Arch. 34, 169 A. MG. 908, 909 AC.
    14. Pos partit an lo cor en Sordels en Bertrans R. R. 4, 70.
    15. Pos que tuit volon saber CR, Bertran d'Alamano F, anonym Q. MG. 910 R.
    16. Sim ten amors ab dous plazer jauzen CD°MR.
    17. So don me cujava bordir T.
    18. Tan fort m'agrat el termini novel AD. Arch. 34, 199 A.
    19. Tuit van canson demandan T, anonym, aber unter Liedern von P. Bremon.
    20. Un vers voill comensar el son de ser Gui H. Arch. 34, 410.
    21. Us covinens gentils cors plazentiers AD*IK, Richart de Berbezill T, anonym C. Arch. 34, 169 A. MG. 915 I. Vgl. noch 76, 12. 22. 112, 4. 125, 1. 132, 4. 242, 81. 249, 1. 356, 1. 430, 1.
331. Peire Bremon lo Tort.
    1. En abril quan vei verdejar CDIKc, Bernart de Ventadorn C reg. GOR, Peire Raimon T. R. 3, 82. MW. 1, 46.
332. Peire de Bussignac.
    1. Pos lo dous temps d'abril ABCDR, Guillem de Bussignac C reg. a, Peire Cardenal D°T, Peire de Maensac H, Folquet de Romans MR?, Richart de Berbezill S. MG. 147 B. R. 1, 265. PO. 292.

2. Sirventes e chansos lais ABCDIK. Peire de Maensac H, Folquet de Romans M, Raimbaut de Vaqueiras R. MG. 152 B. R. 4, 268.
Vgl. noch 326, 1.

333. Peire Camor.
Vgl. 330, 7.

334. Peire de la Caravana.
1. D'un sirventes faire D*IK. R. 4, 197.

335. Peire Cardenal.
1. Ab votz d'angel lenga' esperta no bleza IKTdf. MG. 6 J.
2. Aissi cum hom plaing son fill e sou paire CD*IKMRTd. LR. 448. MW. 2, 211.
3. Al nom del seignor dreiturier IKd. LR. 460. MW. 2, 213.
4. Anc mais tan gen no vi venir pascor C, Bernart Arnaut de Moncuc F. R. 4, 254.
5. Anc no vi Breto ni Baivier ACD*IKMRTdf, anonym Y. MG. 214 C.
6. Aquesta gens quan son en lor gajeza CIKMRTd. LR. 451. MW. 2, 214.
7. Ar mi posc eu lauzar d'amor CD*IKRTdf. Chr. 170 CIR. R. 3, 438. MW. 2, 209.
8. A totas partz vei mescl' ab avareza M. MG. 327.
9. Atressi cum per fargar CD*IKMRTd. MG. 758 C, 759 M.
10. Bel m'es qu'eu bastis CIKMM*RTd. MG. 760 C, 761 O.
11. Be teing per fol e per muzart CD*MTf. R. 3, 436. PO. 306. MW. 2, 210.
12. Be volgra si deus o volgues CIKMTd. R. 5, 203. MW. 2, 239.
13. Caritatz es en tan bel estamen CD*IKMRTd. LR. 457. MW. 2, 215.
14. Cel que fe tot quant es R.
15. Dels quatre caps que a la cros CD*IKMRTd. R. 4, 444. MW. 2, 200. Galv. 86.
16. De cels qu'avetz el sirventes dich mal C. MG. 983.
17. De sirventes faire nom toill CD*IKMRTd. LR. 437. MW. 2, 224.
18. De sirventes soill servir CD*IKMRTd. LR. 455. MW. 2, 223.
19. D'Esteve de Belmon m'enoja CRT. MS. 762 C, 763 R.
20. D'un sirventes far sui aders CD*MRT. LR. 463. MW. 2, 225.
21. D'un sirventes qu'er mieg mals e mieg bos IKTd, Guillem de Lomotjas C. (R. 5, 200).
22. El mon non a leo aitan salvatge CR.
23. En Peire, per mon chantar bel. Tenzone mit Uc de Maensac.

24. Eu trazi peitz que si portava queira CD⁶IKMRTd. MG. 1241, 1242 CM.
25. Falsedatz e desmezura CD⁶IKMRTdf. R. 4, 338. PO. 308. MW. 2, 192.
26. Ges no me sui de maldir castiatz CD⁶IKMRTd. MG. 982 C.
27. Jezu Crist, nostre salvaire IKK²RTd. R. 4, 446. MW. 2, 201.
28. L'afar del comte Guio CIKMRR*Td. MG. 972 M, 1226 C, 1227 R. MW. 2, 241.
29. L'arcivesques de Narbona CD⁶IKMRTd. LR. 438. MW. 2, 226.
30. Las amairitz qui encolpar las vol ACD⁶IKMPRTd. MG. 605—608 CIMR.
31. Li clerc si fan pastor ACD⁶D⁶IKMRTd. MG. 981 M. R. 4, 243. MW. 2, 180.
32. Lo jorn qu'eu fui natz CD⁶IKRTd. MG. 612, 613 IR. LR. 449. MW. 2, 232.
33. Lo mons es aitals tornatz CD⁶IKMRTT*d. MG. 973, 974 CM.
34. Lo sabers d'est segl' es foudatz CIKRTd. MG. 643, 644 Cl
35. Lo segle vei camjar D⁶.
36. Maint baron ses lei D⁶T.
37. Mon chantar voill retair' al comunal D⁶MT, Raimon de Castelnou CR, anonym f. MG. 975 M, 976 R. R. 4, 382.
38. No cre que mos ditz ACD⁶IKMRTd. Arch. 34. 201 A. MG. 977, 978 CM.
39. Non es cortes ni l'es pretz agradius CIKRTd. LR. 453. MW. 2, 227.
40. Per fols tenc Poilles e Lombartz CD⁶IKMPRTd. R. 4, 345. PO. 310. MW. 2, 194.
41. Pos ma boca parla sens CD⁶IKMRTd. R. 4, 353. PO. 312. MW. 2, 187.
42. Predicator D⁶IKK²Td. MG. 941 I.
43. Quals aventura CD⁶IKMRTd. MG. 979, 980 CM.
44. Qui se vol tal fais cargar quel fais lo vensa CD⁶IKMRTd. LR. 450. MW. 2, 228.
45. Qui ve gran maleza faire CD⁶IKMRTd. Chr. 167 CIM. LB. 83 CMR. R. 4, 355. PO. 313. MW. 2, 185.
46. Qui vol aver fina valor enteira CD⁶IKMRTd. LR. 440. MW. 2, 229.
47. Qui volra sirventes auzir CIKRTd. LR. 446. MW. 2, 231.
48. Razos es qu'eu m'esbaudei CD⁶IKMRTd. R. 4, 362. PO. 315. MW. 2, 191.
49. Rics hom que greu ditz vertat e leu men CD⁶IKMRTdf. R. 4, 341. PO. 316. MW. 2, 197.

50. S'eu fos amatz o ames D⁰IKMRTd.   MG. 1248, 1249 IM.
51. Si tot non ai joi ni plazer CR.   MG. 1251, 1252.
52. Tals cuja be   aver fill de s'espoza CD⁰IKMRTd. R.4, 3 50.
    PO. 318.   MW. 2, 186.
53. Tan son valen vostre vezi CD⁰IKMRTd.   LB. 83 CR. R. 4,
    360.   PO. 319.   MW. 2, 189.
54. Tan vei lo segle cobeitos CIKRTd.   MG. 1229, 1230 CR.
55. Tartarassa ni voutor CIKRd.   Chr. 169 CIR.   R. 4, 357.
    PO. 320.   MW. 2, 183.
56. Tendas e traps, alcubas, pabaillos R.   MG. 517.
57. Tostemps azir falsetat et enjan ACD⁰IKMRTd,   anonym Y.
    R. 4, 347.   MW. 2, 195.
58. Tostemps vir cuidar en saber CD⁰IKRTd.   LR. 454.   MW.
    2, 234.
59. Tostemps volgram vengues bon' aventura D⁰T. MG. 1253 T.
60. Tot enaissi com fortuna de ven CIKRTd.   R. 4, 358.   MW.
    2, 184.
61. Tot farai una demanda CD⁰IKMRTd.   MG. 314 I.   LR. 450.
    MW. 2, 235.
62. Totz lo mons es vestitz et abrazatz CMRT,   anonym Y.
    LR. 462.   MW. 2, 236.
† 63. Un decret fauc dreiturier CIKRTd.   R. 4, 440. MW. 2, 198.
64. Un estribot farai quez er mout maistratz R.   PO. 324.
    MW. 2, 238.
65. Un sirventes ai en cor que comens CIKRTd.   MG. 764 C,
    765 I.
+ 66. Un sirventes fauc en loc de jurar CIKMRd.   R. 4, 337.
    MW. 2, 182.
67. Un sirventes novel voill comensar CIKRTdf.   R. 4, 364.
    MW. 2, 196.
68. Un sirventes trametrai per messatge CR. MG. 1254, 1255.
69. Un sirventes voill far dels autz glotos CIKRTd.   LR. 451.
    MW. 2, 237.
70. Vera vergena Maria C(R)T.   R. 4, 442.   MW. 2, 199.
    Vgl. noch 70, 37. 80, 15. 163, 1. 332, 1. 377, 2. 392, 19.

336. Peire de Castelnou.
    Lieder von ihm enthielt a, Jahrb. 11, 15.
387. Peire de Cols, d'Aorlac.
    1. Si quol solelhs nobl' es per gran clardat Ca. Richart de
       Berbezill f. (R. 5, 309.)
338. Peire de Corbiac.
    1. Domna, dels angels regina CD⁰IKR. Peire d'Alvergne b. Chr.
       207 CIR.   LB. 92 R.   R. 4, 465.   PO. 302.

339. Peire Duran.
   1. Amors me ven assaillir tan soven R.
   2. Com cel qu'es pres e sap son escien R.
   3. Mi dons cui fui demans del sieu cors gen R. MG. 1075.
      Vgl. noch 234, 8. 455, 1.
340. Peire de Durban.
   1. Peironet, ben vos es pres AD*. Arch. 34, 193 A.
341. Peire Ermengau.
   1. Messier Matfre, pus de cosselh α. MG. 1, 215.
   2. Qui vol jauzir de donas e d'amor α.
342. Peire Espaignol.
   1. Ar levatz sus franca corteza gens CR.
   2. Cum selh que fon ricx per encantamen CR. (R. 5, 314.)
   3. Entre quem pas em vaue per ombr' escura CR. (R. 5, 314).
      Vgl. noch 70, 19.
343. Peire de Gavaret.
   1. Peironet, on Savartes AD*. Arch. 34, 191 A.
344. Peire Guillem de Luzerna.
   1. Ai vergena, en cui ai m'entendensa D*IK. MG. 305 I.
   2. Bes met en gran aventura H. Arch. 34, 414.
   3. En aquest gai sonet leugier D*D*FIKc, Bernart de Ventadorn CE, anonym GMNS. R. 4, 139. MW. 1, 25.
   4. Nom fai chantar amors ni drudaria D*D*FIKc, Peire Vidal CER, anonym G. PVidal 34. MG. 74 E.
   5. Qui na Caniza guerreja H. Arch. 34, 408.
345. Peire Guillem de Toloza.
   1. En Sordel, e queus es semblan EMNO. Arch. 34, 379 O. MW. 2, 252.
   2. Eu chantera de gaug e voluntos D*D*. (R. 5, 204.)
346. Peire Imbert.
   1. Aras pus vey que m'aonda mos sens CR. MG. 750, 751.
347. Peire Luzer.
   Vgl. 356, 6.
348. Peire de Maensac.
   Vgl. 194, 7. 276, 1. 332, 1. 2. 375, 3.
349. Peire Milo.
   1. Aissi m'ave cum cel qu'a seignors dos IKNad, Peire Vidal C. PVidal II CI. MG. 672 I, 673 N.
   2. A vos amors voill dire mon afaire MNa.
   3. En amor trop pietat gran N. R. 5, 319.
   4. Per pratz vertz ni per amor a.
   5. Pos l'uns auzels envas l'autre s'atura a.
   6. Pos que dal cor m'aven farai chanso IKNad. (R. 5, 319.) MG. 918.

7. Quant om troba dos bos combatedors IKNad. MG. 919 I.
8. S'eu anc d'amor suffere ni mal ni pena IKNad. (R. 5, 319.)
9. Si com lo metge fai crer IKNad. MG. 288 N.
   Vgl. noch 10, 8. 213, 6. 236, 6. 458, 26.

350. Peire de Mont-Albert.
1. Tenzone mit Gaucelm, stand in a, Jahrb. 11, 16.

351. Peire de Monzo.
So steht bei Peire d'Alvergne (Chr. 76, 23) nach a für Peire Bremon.

352. Peire de la Mula.
1. Dels joglars servir me laisse ACD*R. Arch. 34, 192 A. MG. 544 R.
2. Ja de razo nom cal metr' en pantais ACD*R, Fulquet de Romans E, anonym L. Arch. 34, 192 A, 34, 425 L.

353. Peire Pelissier.
1. Al dalfin man qu'estei dins son ostal H. MG. 645. R. 5, 321.
2. En Pelissier, chauzetz de tres lairos. Tenzone mit Blacatz.

354. Peire del Poi.
1. Peiro del Poi, li trobador. Tenzone mit Aimeric.

355. Peire Raimon de Toloza.
1. Ab son gai plan e car Gc. LR. 513.
2. Aissim sal deus e mon major afaire N.
3. Ar ai ben d'amor apres Ca. (R. 5, 325. MW. 1, 134.)
4. Ara pos iverns fraing los brotz CD*IK. MG. 790, 791 Cl.
5. Atressi cum la candela ABCDD*FGHKMNQRSUcf, Richart de Berbezill T, anonym O. Chr. 83 BCIM. LB. 64 MR. Arch. 35, 421 U. R. 3, 127. MW. 1, 137.
6. De fin' amor son tuit mei pensamen GIKed. Arch. 32, 400 G.
7. Enqueram vai recalivan CD*IKRfα, Guillem Ademar Al*K*d, Gaucelm Faidit C reg. R. 3, 130. MW. 1, 134.
8. Lo dous chan qu'au de la calandra D*IK. MG. 611 I.
9. No pose sofrir d'una leu chanso faire ABCDD*FIKMNRUc, anonym O. Arch. 35, 419 U. R. 3, 124. MW. 1, 139.
10. Pensamen ai e consir Ca. R. 3, 120. MW. 1, 141.
11. Pos lo novels temps renovela T.
12. Pos lo prims verjans brotona D*MR, Uc de la Bacalaria IKd. MG. 792 M.
13. Pos vei parer la flor el glai CD*IKMTα, Lambertin de Bonanel D*, Guillem de Bergueda H. R. 3, 122. MW. 1, 143.
14. Pos vezem boses e broills floritz D*IKRc. MG. 942 I.
15. S'eu fos aventuratz D*GIKTUcd, Peire Vidal C. Arch. 35, 420 U.

16. Si com celui qu'a servit son seignor CD°GfKad. Blacasset Pe. R. 5, 323. MW. 1, 136. Crescimb. 240.
17. Si com l'enfans qu'es alevatz petitz IKd. (R. 5, 326. MW. 1, 145.)
18. Tostemps aug dir qu'us jois autres n'adutz CD*IKUcα. Arch. 33, 297 U, 35, 421 U.
19. Totz tos afars es niens. Tenzone mit Bertran de Gordon.
20. Us novels pensamens m'estai CDD°IKc, Lambertin de Bonanel D*, Peirol N. LR. 334. PO. 29. MW. 1, 144. Vgl. noch 132, 8. 205, 5. 276, 1. 331, 1. 421, 10.

356. Peire Rogier.
1. Al pareissen de las flors ABCDEIKMR, Peire Bremon c. R. 3, 27. MW. 1, 119.
2. Douss' amiga, no pose mais c.
3. Entr' ir' e joi m'an si devis ACDEIKMRT. R. 3, 36. MW. 1, 118.
4. Ges en bon vers no pose faillir ACDIKMRTcα, Jaufre Rudel S, anonym O. Chr. 77 ClM. LB. 63. LR. 327. MW. 1, 123.
5. No sai don chant e chantars plagram fort CD*D°IKMRT. MG. 1055, 1056 CM.
6. Per far eshaudir mos vezis CD*IK, Guiraut de Borneill AB C reg. N. Peire Luzer R. MG. 881 N. R. 3, 32. MW. 1, 117.
7. Seignen Raimbautz, per vezer ACDD°EIKNRTU αβ, Raimbaut d'Aurenga G. Arch. 35, 459 U. R. 4, 1. PO. 26. MW. 1, 124.
8. Tan no plou ni venta CDIKMR, Guiraut de Borneill AN. R. 3, 29. MW. 1, 120.
9. Tant ai mon cor en joi assis CD*D°EIKM. R. 3, 34. MW. 1, 122.
Vgl. noch 9, 11. 32, 1. 70, 11. 225, 11. 323, 1. 375, 12. 392, 8.

357. Peire Salvatge.
1. Seigner, reis qu'enamoratz par CIK. R. 5, 332. PO. 291. Milá 400.

358. Peire Torat.
1. Guiraut Riquier, si bens es luenh de nos R. Tenzone. (R. 5, 333.)

359. Peire Trabustal.
1. Amix Raynaut, una donna valent f. Tenzone. Mayer 658.

360. Peire d'Ugo.
Lieder von ihm standen in a, Jahrb. 11, 14. (P. d'Ugon.) Wohl entstanden aus Perdigon.

361. Peire d'Uisel.
    1. En Gui d'Uisel, bem plai vostra chansos H, anonym P.
       Arch. 34, 412 H.
362. Peire de Valeira.
    1. Ja hom ques vol recrezer F.
    2. So qu'az autre vei plazer D°.
    3. Vezer volgra n'Ezelgarda F. (R. 5, 334.)
       Vgl. noch 34, 2.
363. Peire del Vern.
    1. Ab lejal cor amoros R.
364. Peire Vidal.
    1. Ab l'alen tir vas me l'aire CDIK. PVidal 17. R. 3, 318.
       PO. 181. MW. 1, 224.
    2. Ajostar e lassar ACDHIKMNRTae, anonym L. PVidal 7.
       MG. 22 C, 372 N, 680 I, 681 R.
    3. Amors, pres sui de la bera ACDEHIKMNRTae. PVidal
       21. MG. 27 E, 380 N, 381 R.
    4. Anc no mori per amor ni per al ABCDD*FGIKLMNPQRSU
       cef, anonym X. PVidal 35. MG. 29 B, 246 S. Delius
       3 S. Arch. 35, 432 U.
    5. Aram vai meills que no sol a.
    6. Atressi col perillans CR. PVidal 16. MG. 218 C.
    7. Baron, de mon dan covit CEMQRe. PVidal 45. MG. 36 E.
    8. Baros Jezus, qu'en crotz fo mes ABCDD°EIKLMNQRTce,
       anonym O. PVidal 25. MG. 926 O. R. 4, 118. MW.
       1, 231.
    9. Bels amics cars, ven s'en vas vos estius ACDRc. PVidal
       31. MG. 219 C.
    10. Bem agrada la covinens sazos ACD*HIKMNQRUc, anonym O.
        PVidal 38. MG. 224 C, 373, 374 MN. Arch. 35, 431 U.
    11. Bem pac d'ivern e d'estiu ABCDGHIKMNQRSTXce. PVidal
        14. PO. 182. MW. 1, 219.
    12. Ben aja eu, quar sai cobrir Me. PVidal 46.
    13. Be viu a gran dolor ACDD°EHIKMQRce. PVidal 4. MG.
        41 E, 922 M.
    14. Bon' aventura don deus als Pizas ABCDIKNQRe. PVidal
        41. MG. 42 B, 375 N.
    15. Car' amiga douss' e franca ACDHIKQRce. PVidal 18. PO.
        184. MW. 1, 238.
    16. De chantar m'era laissatz ACDEHIKNQRTe. PVidal 9.
        R. 3, 324. PO. 185. MW. 1, 226. Tarbé 135.
    17. Deus en sia grazitz ACDEHIKMQRcec. PVidal 3. LR. 412.
        MW. 1, 230.

18. Drogoman seigner, s'en agues bon destrier ACDIKMNQRTce*a*. PVidal 30. PO. 187. MW. 1, 220.
19. Emperador avem de tal maneira. Tenzone mit Marques Lanza.
20. En una terr' estraigna CR. PVidal 5. LB. 68. MG. 920 C.
21. Estat ai gran sazo CD*HMQRSe. PVidal 2. MG. 247 S. Delius 5 S.
22. Ges car estius es bels e gens ACDHIKMQRce, anonym L. PVidal 28. Arch. 33, 422 Q.
23. Ges del joi qu'eu ai nom rancur ABCDHRe, anonym L. PVidal 26. MG. 61 B.
24. Ges pel temps fer e brau ACDHIKMNQRTce. PVidal 6. MG. 378 N, 379 M, 921 Q.
25. La lauzet' el rossignol C. PVidal 11.
26. [Ma voluntatz me mou guerr' e trebaill C. PVidal VI.]
27. Mos cors s'alegr'e s'esjau CDHR. PVidal 8. PO. 189. MW. 1, 221.
28. Mout es bona terr' Espaigna CD*EIKR. PVidal 15. PO. 190. MW. 1, 235.
29. Mout m'es bon e bel ABCDHIKMNQRcef. PVidal 1. MG. 73 B, 377 N.
30. Neus ni gels ni ploja ni faing ACDIKLMNQRTce*fa*. PVidal 27. PO. 191. MW. 1, 232.
31. Nuills hom nos pot d'amor gandir ACDD*EFHIKLMNN*Q RTcef. PVidal 24. MG. 79 E.
32. Peire Vidal, pos far m'ave tenso. Tenzone mit Blacatz.
33. Per meills sofrir lo maltrait el afan CHMNRae, Guiraut de Borneill P. PVidal 42. MG. 376 N, 923 M.
34. Per ces dei una chanso CDRe. PVidal 10. MG. 924 R.
35. Per pauc de chantar no me lais CD*HIKNQRSa. PVidal 22. R. 4, 105. MW. 1, 227. Tarbé 134, 137.
36. Plus quel paubres que jai el ric ostal ABCDD*EFHIKMQRc STacef, Guiraut de Borneill P, anonym Leys d'amors. PVidal 37. R. 3, 319. PO. 196. MW. 1, 222.
37. Pos tornatz sui en Proensa ABCDEGHIKMNPQRSTUbce. PVidal 13. Chr. 103. LB. 67. Arch. 35, 431 U. R. 3, 321. PO. 194. MW. 1, 224.
38. Pos ubert ai mon ric tezaur ACDD*IKMNRce. PVidal 29. LB. 79 ACR. MG. 276 N, 925 R.
39. Quant hom es en autrui poder ABCDD*EFGHIKLMNPQR STUce*fa*, anonym OW. PVidal 23. MG. 90 B. Arch. 35, 432 U. Meyer 676 f.
40. Quant hom honratz torna en gran paubreira ABCDD*EGIK LMPQRSTUcef, anonym W. PVidal 32. MG. 44 E. Delius 7 S. Arch. 35, 433 U.

41. [Quor qu'om trobes Florentis orgoillos C. PVidal V. R. 4, 186. MW. 1, 235.]
42. S'eu fos en cort on hom tengues dreitura ABCDDᵉEFIKM NPQRScef, anonym O. PVidal 43. MG. 93 B. 245 S. Delius 1 S.
43. Sim laissava de chantar ABCDHIKMNPQRSceα. PVidal 19. R. 4, 107. MW. 1, 239.
44. [Si saubesson mei oill parlar Nc, anonym GLQ. PVidal VII. Arch. 35, 110 G. MG. 383 N.]
45. Son ben apoderatz a.
46. Tant ai longamen cercat ACDDᵉEHIKLMNPRSTce, anonym O. PVidal 44. MG. 248 S. Delius 9 S.
47. Tant an ben dig del marques CD*DᶜEIKNQR. PVidal 12. LR. 401. PO. 198. MW. 1, 229.
48. Tan mi platz jois e solatz ACDDᶜHIKMNQRce. PVidal 20. MG. 384, 385 CN.
49. Tart mi veiran mei amic en Tolzan CD*IKR, anonym W. PVidal 36.
50. Una chauson ai faita mortamen CR. PVidal 40.

Vgl. noch 10, 27. 23, 1. 47, 8. 70, 3. 7. 28. 43. 80, 15. 41. 97, 3. 112, 2. 133, 5. 194, 14. 240, 6. 242, 50. 243, 9. 323, 4. 344, 4. 349, 1. 355, 15. 366, 19. 31. 34. 392, 19.

365. Peire de Vilar.
   1. Sendatz vermeills endis e ros R. R. 4, 187. PO. 377.
366. Peirol.
   1. Ab gran joi mou maintas vetz e comensa ACD*DᶜIKNR, Bernart de Ventadorn T. Dkm. 137 T. MW. 2, 19.
   2. Atressi col cignes fai ACDDᶜEFHIKLNRa, Elias de Barjols M, Richart de Berbezill T, anonym W. R. 3, 271. MW. 2, 1.
   3. Be dei chantar, pos amors m'o enseigna ACDFGHIKLMN QRSVc. Arch. 36, 437 V. R. 3, 273. MW. 2, 2.
   4. Bem cujava que no chantes ogan CR. (R. 5, 287. MW. 2, 10.)
   5. Ben (l. Ren) no val bom joves que nos perjura a.
   6. Camjat m'a mon consirier ABCDGIKLMNRSTa. MG. 43 B. MW. 2, 12.
   7. Car m'era de joi loignatz CR, anonym V. MG. 1012, 1013 CR. Arch. 36, 446 V. MW. 2, 35.
   8. Cora qu'amors voilla CD*IKNRa. Chr. 135 CB. LB. 69 R. R. 3, 268. MW. 2, 7.
   9. Cora quem fezes doler ABCDDᶜEFGIKMNOQRSVacα. MG. 137 B. Arch. 36, 434 V. R. 3, 275. PO. 92. MW. 2, 4.
   10. Dalfin, sabriatz me vos EGIKNQ(R)l. Tenzone. MW. 2, 30 l.

11. D'eissa la razo qu'eu soill ACDFGHIKMNSa. MG. 265 S. Delius 42 S. MW. 2, 23.
12. Del seu tort farai esmenda ACDDᵉFGIKLMNQRSXa. MG. 268 S, 515, 516 CE. Delius 46 S. MW. 2, 21.
13. D'un bon vers dei pensar cum lo fezes ACDDᵉFGIKLMNO QRSUVV²c, Albert de Sestaro T. MG. 263 S. Delius 39 S. Arch. 35, 441 U, 36, 437 V, 36, 451 V². MW. 2, 20.
14. D'un sonet vau pensan ACDEFGIKMNPQRSTVa, anonym V². MG. 262 S, 521 E, 522 R. Delius 37 S. Arch. 36, 430 V. MW. 2, 17.
15. En joi quem demora ACDGHIKMNPRSTVc. MG. 131 C, 267 S. Arch. 36, 437 V. MW. 2, 14.
16. Eu no lauzarai ja mon chan ACDIKMNPRSTa. MG. 266 S. Delius 44 S. MW. 2, 36.
17. Gaucelm, digatz m'al vostre sen CEGMOR(R). Tenzone. MW. 2, 33 M.
18. La gran alegransa AD*GIK, anonym C. MW. 2, 34 I.
19. Mainta gens me mal razona ACDEFIKMNPQSTcg, Peire Vidal Creg. R, anonym Of. R. 3, 277. PO. 89. MW. 2, 3.
20. M'entension ai tot' en un vers meza ACDDᵉFIKLMNQRTV ac. MG. 287 N. 1008 M. Arch. 36, 435 V. MW. 2, 11.
21. Mout m'entramis de chantar voluntiers ABCDDᵉFGHIKMN PRSTa, anonym L. MG. 72 B, 260 S. Delius 33 S. Arch. 32, 434 G, 36, 434 V. MW. 2, 16.
22. Nuills hom no s'auci tan gen ACDDᵉFGHIKMNRTVa. MG. 1009 M. Arch. 36, 438 V. MW. 2, 22.
23. Peirols, com avetz tant estat. Tenzone mit Bernart de Ventadorn.
24. Peirols, dos baros sai N. Tenzone mit — ?
25. Peirols, pos vengutz es vas nos. Tenzone mit Blacatz.
26. Per dan que d'amor mi veigna ACDFGHIKMNQRSTVc, anonym O. MG. 270 S, 1010 M. Delius 50 S. Arch. 36, 436 V. MW. 2, 24.
27. Pos de mon joi vertadier ACD*IKMNRSa, anonym L. MG. 271 S, 1011 M. Delius 52 S. MW. 2, 26.
28. Pos ﬂum Jordan ai vist el monumen CR. R. 4, 101. MW. 2, 9.
29. Quant amors trobet partit ACDGIKLMNRSTa, anonym O. R. 3, 279. PO. 90. MW. 2, 6.
30. Seigner, qual penriatz vos EGLOQT. MW. 2, 32 E.
31. Si bem sui loing et entre gent estraigna ABCDGHIKMNOP QRSV, Peire Vidal F. MG. 93 B, 261 S. Delius 35 S. Arch. 36, 435 V. MW. 2, 18.

32. Tostemps me pac de solatz e de chan AD*IK. MG. 250 S. MW. 2, 28.
33. Tot mon engeing e mon saber ACGIKMNPRSTVada. MG. 269 S. Delius 48 S. Arch. 36, 438 V. MW. 2, 27.
34. Tuit mei consir son d'amor e de chan CMa, Peire Vidal C reg. RS, Arnaut de Maroill C reg. R², Guillem de S. Leidier M², anonym V. PVidal IV. MG. 250 S. Delius 12 S. Arch. 36, 452 V.
Vgl. noch 11, 2. 32, 1. 70, 45. 155, 17. 167, 35. 49. 52. 173, 3. 242, 81. 323, 4. 355, 20. 392, 19. 26. 404, 4. 406, 18.

367. Peironet.
1. En Peironet, vengut m'es en coratge. Tenzone mit Guiraut de Salignac.

368. Pelardit.
Erwähnt von Uc de l'Escura, R. 5, 220.

369. Pelestort.
1. Tenzone mit Isnart, stand in u, Jahrb. 11, 16.

370. Perdigo.
1. Anc no cugei quem pogues far amors H, nach Liedern von Perdigo. (R. 5, 280 Perdigo.)
2. Bem dizon s'en mas chansos AD*H. Arch. 34, 177 A, 34, 415 H.
3. Ben ajol mal el afan el consir ABCDDᶜFGIKMNQRUVfa. Arch. 35, 437 U, 36, 444 V. R. 3, 344.
4. Cil cui plazon tuit bon saber D*IKTV. Arch. 36, 446 V.
5. Entr' amor e pensamen AE. Arch. 34, 177 A. MG. 511 E. PO. 115.
6. Eu et amors em d'aital joc espres H.
7. Fis amics sui, mas enquer non a gaire C. Bernart Arnaut Sabata C reg. R. (R. 5, 50.)
8. Ir' e pezars e domna ses merce CR. (R. 5, 280.)
9. Los mals d'amor ai eu ben totz apres ABCDDᶜFGIKNPQSU, Folquet de Marseilla R, Folquet f, anonym O. MG. 346 B. Arch. 35, 436 U. LR. 341. MW. 1, 331.
10. Mais nom cug que sons gais V. Arch. 36, 447.
11. Perdigo, ses vassalatge. Tenzone mit Dalfin.
12. Perdigo, vostre sen digatz. Tenzone mit Gaucelm Faidit.
13. Tot l'an ni ten amors d'aital faisso ABCDDᶜFGIKNPQRSVf, anonym O. Arch. 34, 177 A, 36, 445 V. R. 3, 348.
14. Trop ai estat qu'en bon esper no vi ACDDᶜEFGIKMNQRS UVfa, anonym O. MG. 512 El, 513 S. Arch. 35, 436 U. 36, 446 V. LR. 419.

15. Verges, en bon' ora CR. R. 4, 420.
  Vgl. noch 30, 5. 9. 47, 4. 70, 11. 202, 9. 404, 3.
371. Perseval Doria.
  Gedichte von ihm standen in a, Jahrb. 11, 15.
372. Pistoleta.
  1. Aitan sospir mi venon noit e dia D*IKd. MG. 304 I.
  2. Anc mais nuills hom no fon apoderatz CIKRd, Jordan Bonel C reg., Pons de Capdoill Fa. Cadenet G. Arch. 32. 422 G. MG. 743 C, 744 I.
  3. Ar agues eu mil marcs de fin argen CD*IKTα, Elias Cairel C reg. R, Cadenet G, anonym LY9. R. 5, 350. Jahrb. 7, 216 9.
  4. Bona domna, un conseill vos deman D*IKRT, anonym O. LR. 506.
  5. Mainta gen fatz meravillar CRf, Saill de Scola D. R. 3, 228. PO. 381.
  6. Plus gais sui qu'eu no soill DR C reg., Jordan de Cofolen C. MG. 1080 R.
  7. Sens e sabers auzirs e fin' amors DIK. R. 3, 227.
  Vgl. noch 314. 1.
373. Pomairol.
  1. Tenzone mit Gnionet, stand in a, Jahrb. 11, 16.
374. Pons Barba.
  1. Non a tan poder en se D*F. (R. 5, 352.)
  2. Sirventes non es lejals D*IKd. Milá 432. (R. 5, 351.)
375. Pons de Capdoill.
  + 1. Aissi m'es pres cum celui que cercan ABCDD*FIKMNRU abf, anonym L. MG. 155 B. Arch. 35, 429 U.
  — 2. Ar nos sia capdoills e garentia CD*LR. R. 4, 90. MW. 1, 354.
  + 3. Astrucs es cel cui amors te jojos ACDIKRTfα, Peire de Maensac H, anonym O. R. 3, 175. MW. 1, 348.
  + 4. Ben es fols cel que reigna ACDIKTa, Albert de Sestaro N. R. 3, 177. MW. 1, 349.
  5. Be sai que per sobrevoler CD*R, anonym O. MG. 229 C.
  6. Cora quem tengues jauzen ACDIKR. (R. 5, 356. MW. 1, 352.)
  + 7. De totz caitius sui eu aicel que plus ABCDIKMRTab, anonym O. Chr. 119 BCI. LB. 91 R. R. 3, 189. MW. 1, 344.
  — 8. En honor del pair' en cui es ACD*LR, anonym G. R. 4, 87. MW. 1, 353.
  9. Ges per la coindeta sazo D. LR. 388. MW. 1, 351.

12*

10. Humils e fis e francs soplei ves vos ACDDcFIKMNRTab, Bernart de Ventadorn f. R. 3, 174. MW. 1, 347.
11. Ja non er hom tan pros ACDIKMNRTUab, Arnaut de Maroill R². Arch. 33, 447 A, 35, 428 U. MG. 1036, 1037 AM.
12. L'adreitz solatz e l'avinens compaigna CR, Peire Rogier C reg. f. MG. 1035 R.
13. L'amoros pensamens a.
14. Lejals amics cui amors te jojos ACDIKMNRTabf, anonym OW. R. 3, 170. MW. 1, 340.
15. Ma domnam ditz qu'eu fatz orgoill C.
16. Meills qu'om no pot dir ni pensar ACDGIKMRTb. Arch. 32, 406 G. MG. 1034 M.
17. Per joi d'amor e de fis amadors C. R. 3, 181. MW. 1, 339.
18. Qui per nesci cuidar ACDIKRabb. R. 3, 185. PO. 12. MW. 1, 342.
19. S'en fi ni dis nuilla sazo ACDDcGHIKMNPRaf. MG. 555 I. R. 3, 183. MW. 1, 341.
20. Si com celui qu'a pro de valedors AB C reg. DDcGIKNOPR STUbbf, Arnaut de Maroill CMR, Girardus Q. Arch. 35, 430 U. R. 3, 187. MW. 1, 343.
21. Si totz los gaugz els bes ACDIKMRTabα, anonym LO. R. 3 172. MW. 1, 346.
22. So qu'om plus vol e plus es voluntos ACDIKMRTa. R. 4, 92. MW. 1, 356.
23. Tan m'a donat fin cor e ferm voler ABCDFIKRTUfα. Arch. 35, 430 U. R. 3, 179. MW. 1, 350.
24. Tan mi destreing us desconortz quin ve a.
25. Tuit dizon quel temps de pascor Dªa.
26. Un gai descort tramet leis cui dezir CDIK. Muss. 441.
27. Us gais conortz me fai gajamen far CRα, anonym X. Vgl. noch 30, 18. 22. 155, 13. 194, 6. 276, 1. 326, 1. 372, 2. 379, 2.

376. Pons Fabre d'Uzes.
1. Locs es qu'om si deu alegrar CDDcFMRTUefα, anonym P. Arch. 35, 457 U. R. 4, 472. PO. 366.
2. Quan pes qui sui fui so quem fraing C.

377. Pons de la Garda.
1. De chantar dei aver talen E. (R. 5, 359.)
2. D'un sirventes a far ai gran talen C, Peire Cardenal C reg. R. R. 4, 278.
3. Farai chanson ans que vengal laitz temps C, anonym V. Arch. 36, 440 V. MG. 1025 V.

4. Mandat es que nom recreja E, Bernart de Ventadorn V. Arch. 36, 407 V. PO. 325.
5. Si tot nom ai al cor gran alegransa CR. R. 3, 266.
6. Tan sui apensatz E, Bernart de Ventadorn V. MG. 935 E, 934 V. Arch. 36, 407 V.
7. Totz temps de tota fazenda S, anonym V. MG. 1026 S, 1027 V. Arch. 36, 441 V.
Vgl. noch 47, 8. 63, 4. 106, 12. 132, 8. 233, 3. 406, 34.

378. Pons de Monlaur.
1. Seigner Pons de Monlaur, per vos. Tenzone mit Esperdut.

379. Pons d'Ortafas.
1. Aissi cum la naus en mar C. MG. 13.
2. Si ai perdut mon saber CR, Pons de Capdoill ab, anonym f. Meyer 527 f. PO. 383. Milá 445.

380. Pons Santolh de Tholoza.
1. Marritz cum homs mal sabens ab frachura C. (R. 5, 365.)
2. Per oblidar sela que plus m'agensa a.

381. Pouso.
1. Ben dey viure tostemps am gran dolor f. Meyer 506.
2. Valent donna per qu'ieu planc e sospir f. Meyer 508.

382. Porcier.
1. Porcier, cara de guiner. Tenzone mit Folquet.

383. Pouzet.
1. Del joi d'amor agradiu. Tenzone mit Guillem Raimon.

384. Prebost de Valensa.
1. Savaric, eus deman ACDGIKNORTa. Arch. 32, 418 O. MG. 1131 R.
Vgl. noch 245, 1. 275, 1. 458, 12.

385. Prior.
1. Seigner Prior, lo sains es rancuros. Tenzone mit Guillalmet.

386. Pujol.
1. Ad un nostre Genoes C, anonym. Tenzone. MG. 191.
2. Deus es amors e verais salvamens C. MG. 53.
3. En aquest sonet cortes C. MG. 566.
4. Sil mal d'amor m'auci ni m'es nozens C, Blacasset M. MG. 96 C.

387. Raimbaudet.
Vgl. 242, 49.

388. Raimbaut.
1. Albertet, dui pro cavalier O. Tenzone. Arch. 34, 374.
2. En Raimbaut, pros domna d'aut paratge. Tenzone mit Guionet.
3. En Raimbaut, ses saben. Tenzone mit Blacatz.
4. Tenzone mit Gaucelm Faidit, stand in a, Jahrb. 11, 16.

389. Raimbaut d'Aurenga.
 1. Ab non cor et ab non talen ACDD°IKMRVa., anonym N. Arch. 36, 449 V. R. 3, 15. MW. 1, 67.
 2. Ab vergoigna part marrimens V. Arch. 36, 449. MG. 1031.
 3. Aissi mou un sonet nou cuformelatz AIKad, anonym N. MG. 630 I, 631 K.
 4. Al prim queill cim sorzen sus a.
 5. Als durs crus cozens lauzengiers ACDD°IKa. MG. 356 C, 625 I.
 6. Amics, ab gran consirier. Tenzone mit Beatritz de Dia.
 7. A mon vers dirai chanso Aa. Arch. 34, 434 A.
 8. Amors, com er? que farai ADEIKMd. MG. 357 C, 621 I.
 9. Ans que l'aura brunas cal a.
 10. Apres mon vers voill sempr' ordre DIKM. MG. 320 M, 624 I, 939 D.
 11. Aram so del tot conquis V. Arch. 36, 450. MG. 1032.
 12. Ara no siscla ni chanta CRa. MG. 358 C.
 13. Ar m'er tal un vers a faire ACIKad, anonym N. MG. 359 C, 622 I.
 14. Ar no sui ges mals et astrucs ACD°IKRa, anonym N. R. 3, 19. MW. 1, 70.
 15. Ar quan s'emblol foill del fraisse CR, anonym N. MG. 362 C.
 16. Ar s'espan la flors enversa CDEIKMRa, Arnaut Daniel Uc, anonym NO. MG. 325 M. Arch. 35, 377 U.
 17. Assatz m'es bel CDIKMR. MG. 326 M, 354 C.
 18. Assatz sai d'amor ben parlar CD°IKV, anonym N. Arch. 36, 447 V. LR. 324. PO. 49. MW. 1, 71.
 19. Be sai qu'a cels seria fer CEa. MG. 360 C.
 20. Be s'eschai qu'en bona cort Aa,f. Arch. 33, 435 A.
 21. Brais chans quils critz ADD°EIKMa. Arch. 33, 431 A.
 22. Car dous e feinz del bredese DIKMa. MG. 626 I, 627 M.
 23. Car vei que clars chans s'abriva a.
 24. Compaigno, qui qu'en irais nin veill V. Arch. 36, 448. MG. 1030.
 25. Domna, si m'auzes rancurar EV. MG. 1028 E, 1029 V. Arch. 36, 448 V.
 26. En aital rimeta prima DIKM. MG. 628 I, 629 M.
 27. Entre gel e vent e fane ACD°D°IKR. MG. 361 C, 623 I.
 28. Escoutatz, mas no sai que s'es CMRa. Chr. 65 CMR. LR. 58 MR. R. 2, 248. PO. 51. MW. 1, 74. Galv. 181.
 29. Estat ai fis amics adreis CR.
 30. Joglar, fe que deu dei a.
 31. Lonc temps ai estat cubertz IKd. MG. 620 I.

32. No chan per auzel ni per flor Aa (R. 5, 401. MW. 1, 77.)
33. Parliers chan .... E. (R. 5, 410. MW. 1, 83.)
34. Peire Rogiers, a trassaillir ACDD°EIKU. Arch. 35, 460 U. R. 4, 3. PO. 52. MW. 1, 73.
35. Pos n'Aimerics a fait far mesclans' e batailla N. anonym nach Liedern des Dichters.
36. Pos tals sabers mi sors em creis ACD»GIKI'K'LMUXad. Chr. 63 CH²MU. Arch. 35, 449 U.
37. Pos trobars plans es vegutz tan a.
38. Pos vei clars N; vgl. 23.
39. Sil cors es pres, la lengua non es preza E. MG. 523.
40. Una chansoneta fera CRa. (R. 5, 410. MW. 1, 84.)
41. Un vers farai de tal meus ACD°a, anonym N. R. 5, 414. MW. 1, 79.
Vgl. noch 29, 18. 163, 1. 242, 3. 81. 281, 9. 287, 1. 356, 7. 392, 5. 19. 23.

390. Raimbaut de Beljoc.
1. An Peire mer lo conort del salvatge IKd. (R. 5, 400.)

391. Raimbaut d'Eiras.
1. Coms proensals, si s'en vai domna Sancha Hb. Arch. 34, 412 H. MG. 649 H.

392. Raimbaut de Vaqueiras.
1. Aram digatz, Raimbaut, sius agrada. Tenzone mit Albert marques.
2. Aram requier sa costum' e son us ACDD°EMPRTUb, anonym O. Arch. 35, 413 U. R. 3, 258. PO. 78. MW. 1, 365.
3. Ara pot hom conoisser e proar ACD*IKL, Aimeric de Peguillan N, anonym G. Chr. 121 CIR. R. 4, 112. MW. 1, 375.
4. Ara quan vei verdejar CEMM²Rf, anonym Leys d'amors (1, 334). R. 2, 226. PO. 79. MW. 1, 371. Galv. 110.
5. Ar vei escur e trebol cel CE, Raimbaut d'Aurenga C reg. NR. MG. 217 C, 524 E.
6. A vos, bona domna e pros CE. MG. 219 C, 527 E.
7. Bella, tant vos ai prejada D*IK. PO. 75. MW. 1, 362.
8. Be sai e conosc veramen E, Peire Rogier T. (R. 5, 420. MW. 1, 384.)
9. Calenda maja CMPR, anonym M². MG. 970 C, 971 M.
10. D'amor nom lau, qu'anc no pogei tant aut C. MG. 235.
11. Del rei d'Arago consir IK, Raimon de Miraval AD. R. 4, 184. MW. 1, 360. Milá 8*.
12. D'una domnam toill em lais CET. MG. 529 CE.

13. Eissament ai guerrejat ab amor ABCDDᶜEFGIKPQRS, Raimon de Miraval E². MG. 55 B, 54 E².
14. El so que plus m'agensa R.
15. En Ademar, chauzetz de tres baros CD*EGIKMQR. Arch. 32, 411 G.
16. Engles, un novel descort CD*R.
17. Ges sitot ma domn' et amors CD*EG. MG. 525, 526 CE.
18. Guerra ni plag nom son bo ACDᶜGIKMPQRTd. Arch. 32, 401 G.
19. Ja bom pres ni dezeritatz CETα, Peire Vidal ut dicitur M, Peirol N, Peire Cardenal R, Raimbaut d'Aurenga f, anonym GHPQ. Arch. 35, 108 G. R. 4, 427. MW. 1, 379.
20. Ja no cugei vezer ABCDDᶜGIKMPQRSU, anonym O. Arch. 35, 414 U. LR. 364. MW. 1, 372.
21. Las frevols venson los plus fortz CE.
22. Leu sonet si cum soill DIK, Arnaut de Cominge A. MG. 610 I.
23. Lou pot bom gaug e pretz aver ACDEGIKMOQRSUfα,ℓ, Raimbaut d'Aurenga C reg. MG. 273 S, 528 E. Arch. 35, 413 U.
24. Nom agrad' iverns ni pascors ABCDDᶜIKMPRSTU. Arch. 35, 416 U. R. 4, 275. PO. 81. MW. 1, 377. Tarbé 139.
25. No pose saber per quem sia destreg CR. MG. 1078 R.
26. Nuills hom en re no faill ABD*DᶜEIKQTf, Aimeric de Belenoi CPS, Peirol R. MG. 76 B, 896 S.
27. Quan lo dous temps comensa CR, Raimon de Miraval C reg. M, Bernart de Ventadorn E. MG. 711 E, 712 M.
28. Savis e fols, humils et orgoillos ACDDᶜEGIKMORSUf. Arch. 35, 415 U. R. 3, 256. MW. 1, 366.
29. Seignen Coine, jois e pretz et amors CD*EGIKQT. Tenzone. Arch. 35, 102 G.
30. Si ja amors autre pro nom tengues Dᶜ, anonym GNQα. Arch. 35, 109 G.
31. Tuit me pregon, Engles, qu'eu vos don saut D*H. (R. 5, 185.)
32. Truan, mala guerra MR. Chr. 124 MR. LB. 111 R. R. 3, 260. MW. 1, 368.
Vgl. noch 16, 18. 124, 3. 281, 3. 9. 332, 2. 404, 3.

393. Raimon.
1. Ar chauzes de cavalaria. Tenzone mit Rodrigo.
2. Raimon, una domna pros e valens. Tenzone mit Lantelm.
3. Se lestanger ni Otons sap trobar P. Tenzone.

394. Raimon d'Avigno.
1. Sirvens sui avutz et arlotz CD*IKR. Chr. 307 R. R. 4, 462.

395. Raimon Bistortz de Rusillon.
1. Non trob qu'en re me reprenda F, anonym P. R. 5, 369. Milá 446.
396. Raimon de Castelnou.
1. Ar a ben dos ans passatz C, Imbert de Castelnou C reg.
2. Ara pos ai loc e sazo C, Imbert de Castelnou C reg.
3. De servir a bon senhor C, Imbert de Castelnou C reg. (R. 5, 371.)
4. Entr' ir' et alegrier m'estau C, Imbert de Castelnon C reg. (R. 5, 371.)
5. Ges sitot es tan suau C. PO. 273.
Vgl. noch 335, 37.
397. Raimon de Durfort.
1. Turc Malec, a vos mi teing ADHIK, Audoi CR. Arch. 34, 199 A. MG. 420, 421 Cl.
Vgl. noch 448, 1.
398. Raimon Escriva.
1. Senhors, l'autrier vi ses falhida CR. Chr. 309 CR. LB. 106 R.
399. Raimon Estaca.
So heisst in M der von C, Gaucelm Estaca genannte Dichter.
400. Raimon Ferant.
1. Einer Canzone auf den Tod des Königs Karl (von Anjou) erwähnt er im S. Honorat, LR. 1, 573.
401. Raimon Gaucelm de Beziers.
1. Ab grans trebalhs et ab grans marrimens C. Azaïs 34. R. 4, 137.
2. A dieu done m'arma de bon' amor C. Azaïs 12. MG. 190.
3. Apenas vau en loc qu'om nom deman CR. Azaïs 24. PO. 300.
4. Belh senher dieus, quora veyrai mo fraire C. Azaïs 22.
5. Dieus m'a dada febre tersana dobla C. Azaïs 16.
6. Joan Miralhas, si dieus vos gart de dol R. Tenzone. Azaïs 37. MG. 1018.
7. Quascus plauh lo sieu dampnatge C. Azaïs 9.
8. Qui vol aver complida amistansa C. Azaïs 31. R. 4, 135. Galv. 93.
9. Un sirventes, si pogues, volgra far C. Azaïs 27.
402. Raimon Guillem.
1. Amics Ferrari, del marques d'Est P. Tenzone.
403. Raimon Izarn.
1. Senhen Jorda, sieus manda Livernos. Tenzone mit Guiraut Riquier.

404. Raimon Jordan, vescoms de Saint Antoni.
1. Aissi com cel qu'en poder de seignor ABCDIKT, Gui d'Uisel M. MG. 17 B, 670 M.
2. Ben es camjatz era mos peusamens ACDFIKRaf, Gui d'Uisel M. Arch. 33, 465 A. MG. 788 C, 789 M.
3. D'amor nom pose departir ni sobrar A C reg. DIKT, Perdigo CR, Raimbaut de Vaqueiras C reg., Gui d'Uisel M. Arch. 33, 466 A.
4. Lo clar temps vei brunezir ACDFIK, Peirol a, anonym W. PO. 200.
5. No posc mudar no diga mon vejaire Ca. (R. 5, 379.)
6. Per qual forfait o per qual faillimen ABCDIKLORSTaf, Gui d'Uisel M. MG. 81 B.
7. Per solatz e per deport C. (R. 5, 380.)
8. Quan la neus chai e gibron li verjan C.
9. Raimon Jordan, de vos eis voill aprendre C. (R. 5, 378.)
10. S'eu fos encolpatz vas amor de re C.
11. Vas vos soplei, domna, premeirainen ABCDIKLMPSUaf, anonym W. MG. 107 B, 786 C. Arch. 35, 448 C.
12. Vas vos soplei, en cui ai mes m'entensa ABCDIKRT, Gui d'Uisel M, anonym O. MG. 108 B, 787 C.
13. Vert son li ram e de foilla cubert C.
Vgl. noch 3, 1. 240, 4. 305, 1.

405. Raimon Menudet.
1. Ab grans dolors et ab grans marrimens C. MG. 153.

406. Raimon de Miraval.
1. A deu me coman, Bajona CR. MG. 8 C, 540 R.
2. Aissi cum es genser pascors ABCDD^eEFGHIKLMNQRUVɟ, anonym O. MG. 12 BE, 109 M. Arch. 35, 426 C, 36, 396 V.
3. Aissim ten amors franc C. MG. 197.
4. Amors me fai chantar et esbaudir ACDEIKRb. PO. 226. MW. 2, 129.
5. Anc non atendei de chantar CRVɟ. MG. 735 C, 736 R. Arch. 36, 398 V.
6. Anc trobars clus ni braus ACDEIKMNRV. Chr. 145 ACI. Arch. 33, 436 A, 36, 398 V. MG. 733 C, 734 M.
7. Apenas sai don m'apreing ACDEGIKLMNQRSVb. Arch. 36, 393 V. R. 3, 359. MW. 2, 121.
8. Ar ab la forsa del freis ACDD^eEIKNRɟ, anonym L. PO. 227. MW. 2, 124.
9. Ara m'agr' ops que m'aizis ADEIKNRb, Aimeric de Belenoi CE. MG. 237 C, 335 E.

10. Ara no m'en posc plus tardar AD. Arch. 34, 197 A.
11. Bajona, per sirventes CR. MG. 541 R. Milá 115 R.
12. Bel m'es qu'eu chant e coindei ACDEFHIKLMNPQRSUVf. Arch. 35, 428 U, 36, 396 V. PO. 229. MW. 2, 128.
13. Be m'agradal bel temps d'estiu ACDDᵉEFGIKLMNPQRST UVb. Chr. 149 CEI. MG. 38 E, 1084 M, 1085 S. Arch. 35, 425 U, 36, 393 V.
14. Ben ajal cortes esciens CR. MG. 1098, 1099.
15. Ben ajal messatgiers ACDDᵉEHIKMNRUb. Arch. 35, 427 U. PO. 231. MW. 2, 126.
16. Bertran, si fossetz tan gignos IK, Bertran d'Avignon und Raimon de las Salas A, Raimon D, anonym L. Tenzone. Arch. 34, 184 A. MG. 1086, 1087 AI.
17. Car vos am tan, domna, celadamen Q.
18. Cel cui jois taing ni chantar sap ACDEIKLMRVf, unter Peirols Liedern N, aber der Name Peirol unterpungiert. Arch. 33, 440 A, 36, 394 V. MG. 1116—1119 ACMN.
19. Cel qui de chantar s'entremet ACDEIKNb. Arch. 33, 439 A. MG. 1092—1094 ACE.
20. Cel qui no vol auzir chansos ACDDᵉEGIKMNPQRSTVb, anonym L. Arch. 36, 391 V. LR. 423. MW. 2, 123.
21. Chansoneta farai vencutz CR. MG. 1103, 1104.
22. Chans quan non es qui l'entenda CERV. MG. 1105 C, 1106 R. Arch. 36, 392 V.
23. Contr' amor vauc durs et enbroncs ABCDDᵉEFIKMNRSVdβ. MG. 49 B, 1107 S. Arch. 36, 395 V.
24. D'amor es totz mos consiriers ACDIKMNRTbf. R. 3, 362. MW. 2, 118.
25. Dels quatre mestiers valens CRV. Arch. 36, 391 V. R. 3, 357. MW. 2, 120.
26. De trobar ai tot saber V. Arch. 36, 393. MG. 933.
27. Enquer non a gaire CH. MG. 1108 C. Arch. 34, 415 H.
28. Entre dos volers sui pensius ABCDDᵉEHIKMNRTUVf, anonym LS. MG. 141 B. Arch. 35, 425 U, 36, 395 V. PO. 233. MW. 2, 128.
29. Forniers, per nos enseignamens AD. Arch. 34, 196 A.
30. Grans mestiers m'es razonamens ADH. Arch. 34, 195 A.
31. Lonc temps ai avutz consiriers ACDEIKLRV. MG. 66 E, 632 I. Arch. 36, 394 V.
32. Miraval, tenso grazida. Tenzone mit Ademar.
33. Pos de mon chantar dizetz ADEIK, anonym L. MG. 633, 634 EI.

34. Pos ogan nom vale estius ACDD°EIKMNRSUV, Pons de la Garda S. MG. 1109—1111 ACE. Arch. 33, 437 A, 35, 426 U, 36, 398 V.
35. Qui bona chanso consira CR. MG. 1083ᵃ R, 1112 C.
36. Res contr' amor non es guirens CRV. MG. 1083 R, 1113 C. Arch. 36, 397 V.
37. S'a dreg fos chantars grazitz CR. MG. 1114, 1115.
38. S'eu en chantar soven ABCDEIKNRh. Arch. 33, 436 A. MG. 150 B. PO. 235. MW. 2, 130.
39. Sim fos de mon chantar parven CR. MG. 1120, 1121.
40. Sitot s'es ma domn' esquiva AC'DIKR, Cadenet E. Chr. 147 CIR. LB. 72 CIR. MG. 637—639 CIR.
41. Tal chansoneta farai ADIKN, Raimon Vidal C. MG. 635, 636 CI.
42. Tals vai mon chant enqueren ACDDˢEHIKQRVϑ. MG. 1088 bis 1090 ACE. Arch. 33, 421 Q. 33, 440 A, 36, 395 V.
43. Tostemps enseing e mostri al meu dan N.
44. Tot quan fatz de he ni dic CRV. Arch. 36, 392 V.
45. [Trop an chauzit mei oill en loc onriu E, anonym C. Unecht. MG. 1122, 1123.]
46. Tuit cill que van demandan ACDEIKNRbf. Arch. 33, 438 A. MG. 1095—1097 ACE.
47. Un sonet m'es bel qu'espanda CERV. MG. 1124, 1125 CR. Arch. 36, 392 V.
Vgl. noch 30, 3. 6. 8. 16. 19. 22. 23. 80, 13. 240, 7. 392, 11. 13. 27.

407. Raimon Rigaut.
1. Tota domna quem don s'amor CR. (R. 5, 393.)
408. Raimon Robin.
1. Raimon Robin, ieu vei que dieus comensa. Tenzone mit Lanfranc Cigala.
409. Raimon de las Salas, de Marseilla.
1. Anese m'avetz tengut a non caler D, Bernart del Poget F.
2. Deus aidatz CR, Bernart Marti E. LB. 101 R.
3. Domna, quar conoissens'e sens DªIKd, anonym L. Arch. 34, 428 L.
4. Nom posc partir de joi ni d'alegransa D. Muss. 440.
5. Sim fos grazitz mos chans, eu m'esforsera DªIKd. (R. 5, 394.)
Vgl. noch 70, 11. 406, 16.
410. Raimon de Tors, de Marseilla.
1. Amics Gaucelm, si anatz en Toscana M. MG. 317.
2. Ar es ben dretz que vailla mos chantars M. MG. 323.
3. Ar es dretz qu'eu chant e parle M. MG. 324.

4. A totz maritz mand e die M. MG. 328.
5. Del orgoillos Berenguier M. MG. 1059.
6. Per l'avinen pascor M. MG. 1058.

411. Raimon Vidal, de Bezaudu.
1. Amors non es vils ni desconoissens β. MG. 2, 31.
2. Bel m'es quan l'erba reverdis C, Arnaut de Tintignac E.
3. Entrel taur el doble signe C.
4. Lus e dimartz mati e sers β. MG. 2, 27.
5. Vers es c'aman pot hom far nessies β. MG. 2, 35.
Vgl. noch 406. 41.

412. Rainart (Rainaut).
1. Senhen Austorc, del Boy lo coms plazens. Tenzone mit Guirant Riquier.

413. Rainaut.
1. Tenzone mit Gui d'Uisel, stand in a, Jahrb. 11, 16.

414. Rainaut de Pons.
1. Seignen Jaufre, respondetz mi, sius platz ADGIKLMQ. Tenzone. Arch. 32, 412 G.

415. Rainaut de Tres-Sauzes.
1. Amix Raynaut, una donna valent. Tenzone mit Peire Trabustal.
2. Mon bel cenhor, ge vos criee merci f. Meyer 660.

416. Ralmenz Bistortz d'Arle.
1. Aissi col fortz castels ben establitz FIKd. LR. 498.
2. Aissi com arditz entendens F.
3. Ar agues eu, donna, vostras beutatz F, anonym P. (R. 5, 399.)
4. A vos meills de meill qu'om ve F. (R. 5, 399.)
5. Qui vol vezer bel cors e ben estan F. (R. 5, 398.)

417. Reculaire.
1. Scometreus voill, Reculaire. Tenzone mit Uguet.

418. Reforsat de Forcalquier.
1. En aquest son qu'eu trop leugier e pla IKd. (R. 5, 429.)

419. Reforsat de Tres.
Lieder von ihm enthielt a, Jahrb. 11, 14.

420. Richart I (von England).
1. Dalfin, ieus voill deresnier ADIKNR. Arch. 34, 193. PO. 13. MW. 1, 129. Französisch.
2. Ja nuls hom pres no dira sa razo PSf, LB. 78. Chrest. franç. 185. Arch. 43, ç. MG. 243 S. R. 4, 183. MW. 1, 129. Le Roux de Lincy 1, 56. Wohl auch französisch.

421. Richart de Berbezill.
  1. Atressi cum lo leos ABCDD°GIKLMNQRSUa, anonym OW. Chr. 163 BIMR. LB. 74 B. MG. 34 B. Arch. 35, 435 U.
  2. Atressi cum l'olifans ABCD•D°GHIKLMNPQRUf, anonym OWX. Muss. 438 D•. Arch. 35, 434 U. R. 5, 433.
  3. Atressi cum Persevaus CD•GIKNQRST, anonym OWX. PO. 276.
  4. Bem cuidava d'amor gandir A C reg. DHIKNRf, Daude de Pradas C, Guillem de la Tor I²K³d. MG. 656, 657 CI.
  5. Be volria saber d'amor ABCD•D°GHIKLMQRTfa, Folquet de Marseilla P, anonym W. R. 3, 457.
  6. Lo nous mes d'abril comensa CDD°GHIKNQR, Gaucelm Faidit W. R. 3, 453.
  7. Pauc sap d'amor qui merce non aten IKd. MG. 719 I.
  8. Pos qu'en mi dons es tan d'onor e sen L. Arch. 34, 428.
  9. Tot atressi cum la clartatz del dia IKNd, Faidit de Belestar HT, Albert de Sestaro L, anonym L². MG. 286 N.
  10. Tuit demandon qu'es devengud' amors ABCDD°GHIKQRTUa, Folquet de Marseilla P;, Peire Raimon M, anonym W. Arch. 35, 435 U. R. 3, 455. Wackernagel, Altfr. Lieder Nr. 19;.
  Vgl. noch 5, 1. 30, 18. 22. 330, 21. 332, 1. 337, 1. 355, 5. 366, 2.

422. Richart de Tarascon.
  1. Ab tan de sen cum deus m'a dat ABDIK, Gui de Cavaillo C, Aimeric de Peguillan C. MG. 134 B. PO. 385.
  2. Cabrit, al meu vejaire D•, Ricau und Cabrit CE, Ricautz de Tarascon und Gui de Cavaillon IK. Tenzone. MG. 531, 532 CE.

423. Ricaut Bonomel, fraire del Temple.
  Lieder von ihm enthielt a, Jahrb. 11, 15; vgl. 312. 439.

424. Rodrigo.
  1. Ar chauzes de cavalaria M. Tenzone. MG. 322.

425. Rofian.
  1. Vos que amatz cuenda domna plazen M. Tenzone. MG. 954.

426. Rofin.
  1. Rofin, digatz m'ades de cors IKO(a)d. Tenzone mit Dame H. MG. 953 I. Arch. 34, 384 O.

427. Rostaing Berengnier, de Marseilla.
  1. Ab dous dezir ay desirat f. Meyer 496.
  2. D'amor de joy genitiva f. Meyer 496.
  3. La dousa paria f. Meyer 500.
  4. Pos de sa mar man cavalier del Temple f. Meyer 497.
  5. Quant tot trop tart tost quant plac trop f. Meyer 497.

6. Si com trobam clar el vielh testamen f. Meyer 493.
7. Tant es plasent nostr' amia f. Meyer 502.
8. Tot enaisi con es del basalicz f. Meyer 498.

428. Rostaing de Mergas.
1. La douss' amor qu'ayal cor C, Jordan Bonel reg. C. (R. 5, 438.)
Vgl. noch 276, 1.

429. Rubaut.
1. Tenzone mit Lanfranc (Cigala), stand in a, Jahrb. 11, 16.

430. Saill de Scola.
1. Gran esfortz fai qui chanta nis deporta C, Peire Bremon T. (R. 5, 439.)
Vgl. noch 70, 21. 202, 5. 372, 5.

431. Salamo.
1. Greu er lunhs homs tan complitz u. MG. 1, 183.

432. Savaric de Malleo.
1. Domna, be sai qu'oimais fora razos H. Arch. 34, 413. MG. 1133.
2. Gaucelm, tres jocs enamoratz ACDEGIKLMNOQ(R)Tf. Tenzone. Chr. 151 CEI. R. 2, 199. PO. 149. MW. 2, 144.
3. Savaric, eus deman. Tenzone mit Prebost.
Vgl. noch 458, 7.

433. Scot (Schotte).
1. Tenzone mit Bonifaci, stand in a, Jahrb. 11, 16.

434. Serveri de Girona.
1. A greu pot hom conoisser en la mar CR. MG. 774 C. Milá 377. LR. 478. PO. 327.
2. A vos me sui, bona doua, donatz CR. MG. 766, 767 CR. Milá 384.
3. Baile jutge cosselhier d'aut senhor CR. Milá 374. LR. 479.
4. Cavayers e sirvens CR. MG. 768, 769. Milá 390.
5. Cuenda chanso plazen ses vilanatge CR. MG. 770, 771. Milá 383.
6. Del mon volgra que sos noms dreitz seguis CR. MG. 772, 773. Milá 380.
7. En mal punh fon creada CR. Milá 381.
8. Manh ric me demando si am CR. MG. 775 R. Milá 388.
9. No val jurars lai on falh lialtatz CR. MG. 776 R. Milá 373.
10. Pus semblet genier amors CR. MG. 777 R. Milá 385.
11. Qui bon frug vol reculhir be semena CR. MG. 778 R. Milá 386.
12. S'ieu fos tan ricx que pogues gen passar CR. Milá 392.

13. Sitot s'es braus l'airs el mes CR. Milá 389.
14. Tans afans pezans ni dans CR. Milá 378.
15. Totz hom deu far aquo quel vielhs sers fa CR. Chr. 284. LB. 84. Milá 375.
16. Un vers farai dels quatre temps del an CR. Milá 387.

435. Sifre.
1. Mir Bernart, mas vos ai trobat R. Tenzone. MG. 1020.

436. Simon Doria.
1. Car es tan conoissens vos voill O. Tenzone. Arch. 34, 380.
2. N'Albert, chauzetz la quals mais vos plairia T. Tenzone.
3. Seigneu Jacme Grills, eus deman O. Tenzone. Arch. 34, 383.
4.—6. Drei andre Tenzonen mit Lanfranc Cigala standen in a, Jahrb. 11, 16, 17.

437. Sordel.
1. Ailas e quem fan mei oill C. R. 3, 441. MW. 2, 246.
2. Aitan ses plus viu hom quan vin jauzens CD*FIKMRde. MG. 316 M, 1262 I, 1263 R.
3. A leis posc ma mort demandar F.
4. Ar ai proat qu'el mon non a dolor D*.
5. Atrestau dei ben chantar finamen D*IKd.
6. Bel cavalier me plai que per amor H. Arch. 34, 404. MG. 1264.
7. Bel m'es ab motz leugiers a far CFH. R. 3, 443. MW. 2, 248.
8. Bem meravill com negus honratz bars. Tenzone mit Montan.
9. Ben me saup mon fin cor emblar H. Arch. 34, 404. MG. 1265.
10. Bertran, lo joi de domnas e d'amia CFM. Tenzone. MG. 1266 C, 1267 M.
11. Dous domnas amon dos cavaliers IKItd. Tenzone. MG. 1268 I, 1269 R.
12. Domna, meills qu'om no pot pensar FH. Arch. 34, 392 H. MG. 1270 H.
13. Domna, tot eissamens D*F.
14. Domna valen, salutz et amistatz H. (R. 5, 445.)
15. En Sordel, e queus es semblan. Tenzone mit Peire Guillem de Luzerna.
16. Entre dolsor et amar sui fermatz F, anonym P.
17. Gran esfortz fai qui chanta per amor CR, anonym f. MG. 1271 C, 1272 R.
18. Lai al comte mon seignor voill pregar F.
19. Lai an Peire Guillem man ses bistensa D*F. R. 5, 445. MW. 2, 250.
20. Lo reproviers vai averan, som par ADIK. MG. 611 I.
21. No posc mudar quan locs es M. MG. 1053.

22. Non sai que je die P. Französisch.
23. Per re nom pose d'amor cuidar CR, anonym T. MG. 550 R.
24. Plaigner voill en Blacatz en aquest leugier so ACD*HIKRS. Chr. 203 CHIR. MG. 642 S. R. 4, 67. PO. 146. MW. 2; 248.
25. Pos nom tenc per pagat d'amor T. MG. 1273.
26. Pos trobat ai qui conois et enten T. MG. 1274.
27. Quan plus creis domnal deziriers F.
28. Quan qu'eu chantes d'amor ni d'alegrier AD. Arch. 34, 197 A. MG. 1054 A.
29. Qui bes membra del segle qu'es passatz FIKT, Aimeric de Peguillan I*K². R. 4, 329. LR. 473. MW. 2, 249.
30. Seignen Sordel, mandamen. Tenzone mit Guillem de Montaignagout.
31. Si col malaus que no se sap gardar H. Arch. 34, 393. MG. 1275.
32. Si com estan taius qu'esteja I. MG. 1276.
33. Sitot m'assaill de sirventes Figueira H. Arch. 34, 413. MG. 1277.
34. Sol que m'ati ab armas tostemps del sirventes CR. MG. 1278, 1279.
35. Tan m'abelis lo terminis novels ADIK. MG. 554 I.
36. Tostemps serai ves amor CR. MG. 1280, 1281.
37. Totz hom me van dizen en esta maladia P. (R. 5, 445.)
38. Us amics et un' amia. Tenzone mit Guillem de la Tor. Vgl. noch 76, 22.

438. Taurel.
1. Falconet, de Guillalmona O. Tenzone. Arch. 34, 383.
439. Templier (us cavaliers del Temple).
1. Ir' e dolors s'es dins mon cor asseza C. R. 4, 131.
440. Tibors, na.
1. Bels dous amics, ben pose vos en ver dir H. MG. 647. R. 5, 447. PO. 328.
441. Tomas.
1. Bernado, la genser dona ques mir R. Tenzone. (R. 5, 446.)
442. Tomier und Palazi.
1. De chantar farai una demessa D*, Tomiers em Palaisis. (R. 5, 447.)
2. Si col flacs molins torneja D*IK, Tomiers en Palaisis (Palazis). (R. 5, 275.)
443. Torcafol.
1. Comtor d'Apchier, rebuzat D, Comunal R. R. 4, 253.
2. Comunal, en rima clauza DIKR. (R. 5, 449.)
3. Membrariaus del jornal D*, Garin d'Apchier D.

444. Totztemps.
 1. Totztemps, si vos sabetz d'amor. Tenzone mit Folquet de Marseilla.

445. Tremoleta.
 Ein Catalane, erwähnt vom Mönch von Montaudo. R. 4, 370.

446. Trobaire de Villa-Arnaut.
 1. Mal mon grat fatz serventula M. Denkm. 136, MG. 1006.
 2. Un sirventes non qu'om chan M. (R. 5, 450.)

447. Turc Malec.
 1. En Raimon, beus tene a grat ADHIK. Guillem de Durfort C, Raimon de Durfort R. Arch. 34, 200 A.

448. Uc.
 1. Dalfin, respondetz mi sius platz DGMNQR. Tenzone. MG. 457 M, 458 N.
 2. Tenzone mit Chardo, stand in a. Jahrb. 11, 16.

449. Uc de la Bacalaria.
 1. Digatz, Bertran de San Felitz ACDIKO. Tenzone. R. 4, 30.
 2. N'Uc de la Bacalaria. Tenzone mit Gaucelm Faidit. E
 3. Per grazir la bon' estrena CR, Guillem de la Bacalaria C reg. R. 3, 342. PO. 375.
 4. Seigner Bertrans, us cavaliers prezatz DDᵉEGLQ. Tenzone. Arch. 34, 432 L.
 5. Ses totz enjans e ses fals' entendensa Cfα. R. 3, 340.
 Vgl. noch 167, 51, 293, 15, 355, 12.

450. Uc Brunet.
 1. Ab plazer recep e recoill A C reg. DDᵉIKMN, Arnaut Daniel CHR. MG. 5 C, 413 M, 414 I.
 2. Aram nafron li sospir ACDDᵉGHIKNQRST. MG. 747 C, 748 S. Arch. 32, 405 G.
 3. Coindas razos e novelas plazens ACDDᵉHIKMNQRSTUα. anonym GOV. Arch. 33, 460 A, 35, 437 U, 36, 443 V. MG. 985 A. LR. 400. PO. 112.
 4. Cortezamen mou en mon cor mesclansa ACDDᵉGHIKMNO QRSTUη. Arch. 35, 438 U. R. 3, 315.
 5. En est son fatz chansoneta novela C. Peire de Brau C reg. Peire de Blai M. PO. 393.
 6. Lanquan son li rozier vermeill ACDHIKMNRTfα. Arch. 33, 459 A. MG. 984 M.
 7. Pos l'adreitz temps ven chantan e rizen ABCDDᵉGHIKM NOQRSTU. MG. 84 B. Arch. 35, 439 U.
 Vgl. noch 9, 18, 10, 50, 32, 1, 124, 8, 457, 3.

451. Uc Catola.
:   1. Amics Marcabrun, car digam Dᵃ. Tenzone.
:   2. Nom posc mudar, bels amics, qu'en chantans Dᵃ. Chr. 59.
     Vgl. noch 293, 20. 43.
452. Uc de l'Escura.
:   1. De motz ricos non tem Peire Vidal C. (R. 5, 220.)
453. Uc de Maensac.
:   1. En Peire, per mon chantar bel f. Tenzone. Meyer 274.
454. Uc de Mataplana.
:   1. D'un sirventes m'es pres talens ADH, Peire Duran R.
     Arch. 34, 195 A. Milá 322 H. PO. 288.
:   2. En Blacasset, eu sui de noit P. Tenzone. (R. 5, 220.)
455. Uc de Murel.
:   1. Ges si tot bos pretz s'amorta CR. (R. 5, 221.)
456. Uc de Pena.
:   1. Cora quem desplagues amors ADFIK, Guillem Ademar T.
     Arch. 34, 179 A.
:   2. Si anc me fe amors quem desplagues CR. (R. 5, 222.)
     Vgl. noch 10, 18. 30, 18.
457. Uc de Saint Circ.
:   1. Aissi cum es coind' e gaja ACDGIKLNR. MG. 11 C,
     1137 I, 1138 R.
:   2. Als bels captenemens Dᶜ.
:   3. Anc enemics qu'eu agues AB C reg. DDᵒEGIKLNPRUT,
     Uc Brunet C, anonym O. MG. 28 B, 687 E, 1145 C, 1146 N.
     Arch. 35, 440 U.
:   4. Anc mais no vi temps ni sazo ADIKP. Arch. 34, 175 A.
     MG. 310 I, 1147 A.
:   5. Antan fetz coblas d'una bordeleira Dᵃ.
:   6. Bem meravell s'eu conogut zes sans H. Arch. 34, 409.
:   7. Ben fai granda folor C, Savaric R. MG. 1132, 1153 CR.
:   8. Chanson qu'er leu per entendre T. MG. 1154.
:   9. Dels oills e del cor e de me AIKd. Arch. 34, 176 A.
     MG. 1155, 1156 AI.
:   10. De vos me sui partitz, mals focs vos arga H.
:   11. Domna, eu sui d'aital faisso H, anonym T.
:   12. Enaissi cum son plus car ADDᶜHIK, Graf von Poitou C,
     Prebost de Valensa C reg. MG. 173 C. LR. 321. MW. 1, 9.
:   13. En Savaric, ges m'amor non partria Dᶜ.
:   14. En vostr' ais me farai vezer. Tenzone mit Vescoms de
     Torena.
:   15. Estat ai fort longamen ABDDᵒIK. MG. 58 B, 1139 K.

16. Gent au saubut mei oill vencer mon cor ACDGIKNRU.
   Arch. 34, 173 A, 35, 440 U. MG. 1148—1152 ACINR.
17. Guillems Fabres nos fai en brau lignatge H. Arch. 34, 409.
   MG. 1163.
18. Longament ai atenduda ABCDD°FIKRTb. MG. 345 B.
   PO. 162. MW. 2, 152.
19. Ma donna cuit fassa seu H. Arch. 34, 409. MG. 1163.
20. Mains greus durs pensamens AHIKd. Arch. 34, 176 A.
   MG. 671 I, 1157 A.
21. Messonget, un sirventes CR. R. 4, 288. MW. 2, 150.
22. Na Maria es gent' e plazenteira D*IKQQ². MG. 694 I.
23. N'Uc de Saint Circ, ara m'es avengut. Tenzone mit Guirant.
24. N'Ugo, vostre semblan digatz. Tenzone mit Graf von Rodes.
25. Nuilla ren que mestier m'aja ACDIKNR. Arch. 34, 174 A.
   MG. 717, 718 CI, 1140, 1141 AN.
26. Nuills hom no sap d'amic tro l'a perdut ABCDD°PR. Peire
   Milo N, anonym O. MG. 78 B, 1135 E.
27. Peiramonz ditz   e de trobar se gaba H. Arch. 34, 409.
28. Peire Guillem de Luzerna H. Arch. 34, 408.
29. Per viutat e per non caler P.
30. Physica et astronomia H. Arch. 34, 410.
31. Qui vol terr' e pretz conquerer P.
32. Raimonz, en trobar es prims H. Arch. 34, 409.
33. Seignen coms, nous cal esmajar AHIKd, Vescoms de Torena
   D. Tenzone. Chr. 156 A, 292 AH. Arch. 34, 185 A.
   MG. 1144 A. MW. 2, 157.
34. Servit aurai longamen ACDIKR. R. 3, 332. MW. 2, 149.
35. Ses dezir e ses razo ACDIKR. Arch. 34, 175 A. MG.
   1158—1160 ACI.
36. Si ma donna n'Alais de Vidallana H. Arch. 34, 411. MG. 1163.
37. Tal donna sai qu'es de tan franc coratge H. Chr. 293;
   ob von ihm?
38. Tant es de paubr' acoindansa IKd. MG. 1161 I.
39. Totz fis amics a gran dezaventura D°.
40. Tres enemics e dos mals seignors ai ACDEFGIKLNPU.
   anonym HO. Chr. 153. Arch. 35, 439 U. R. 3, 330.
   MW. 2, 148.
41. Una danseta voill far N. MG. 291.
42. Un sirventes voill far en aquest so d'en Gui CD*R. LR. 417.
   MW. 2, 151.
43. Valor ni pretz ni honor non atrai D°.
44. Vescoms, mais d'un mes ai estat D°.
   Vgl. noch 37, 2. 46, 1. 133, 1. 14. 194, 15. 273, 1. 326, 1.

458. Uguet.
  1. Seometreus voill, Reculaire ADIKL. Milá 323 L.
459. Vaquier.
  1. Tenzone mit Catalan, stand in a, Jahrb. 11, 16.
460. Vescoms de Torena.
  1. En vostr' ais me farai vezer ADIKd. Tenzone. MG. 116 I. Vgl. noch 457, 33.
461. Anonyma.
  1. Ab aisso m'a joi e deport rendut N, nach Liedern von Gausbert de Poicibot.
  2. Ab cor trist environat d'esmai a.
  3. Ab la gensor que sia C, alba. LB. 102. MG. 4. Heyse, Studia Romanensia p. 44.
  4. Ab los jauzens deu hom esser jojos P.
  5. A chantar m'er un descort N. MG. 282.
  6. Ades vei pejurar la gen L. Arch. 34, 434.
  7. A deu coman vos el vostre ric pretz N. MG. 278.
  8. Aicel que non es aizit T, unter Liedern von P. Cardenal.
  9. Aissi com eu sah triar W.
  10. Aitan com hom esta ses pensamen P.
  11. Albres quant es en flor T, unter Liedern von P. Cardenal.
  12. A l'entrada del temps clar X. Chr. 107. Le Roux de Lincy 1, 79.
  13. A l'entrada del temps florit W.
  14. Alexandres fon lo plus conquerens T.
  15. Amics non es hom ni non par P, unter Liedern von P. Cardenal T.
  16. Amics privatz, gran guerra vei mesclar M. Tenzone. MG. 318.
  17. Amors dousors mi assaja W.
  18. Amors es un amoros pensamens f.
  19. Amors manda que ieu am Jaufre N. Tenzone?
  20. Amors m'a pres per la ventailla Q.
  21. Amors vol drut cavalcador GQα. Arch. 35, 109 G.
  22. Anc al temps d'Artus ni d'Ara P.
  23. Anc no conquis hom valen gran lauzor P.
  24. An eó dompne bella et plasent Q.
  25. Anc tan no gazaignei en re Tα, T unter Liedern von P. Cardenal.
  26. Ar es vengut de Fransa Y.
  27. Ar es vengutz terminis e sazos P.
  28. Arondeta, de ton chantar m'air O. Arch. 34, 377.
  29. A son ops m'a de bon cor retengut T.

30. A tota dona fora sen T, unter Liedern von P. Cardenal.
31. A tota gen donrai conseill lejal Y.
32. Atrestan leu pot hom ab cortezia GNPQα. Arch. 35, 107 G.
33. Auzit ai dir, e vay mi remenbrant f. Meyer 519.
34. A vos que sabetz mais valer K.
35. A vos volgra metre lo veit quem pent G.
36. Bela domna, a vos non tenc gens ara Q.
37. Bela domna cara W.
38. Bela domna, car anc fui vostre drutz P.
39. Bela domna, ges nom par GHQ.
40. Bela domna, sius platz. Tenzone im Register von R.
41. Bel m'es que chant quan vei del fau X.
42. Bel m'es oimais S.
43. Bels seigner deus, s'eu vos sui enojos N, unter Tenzonen.
44. Be m'agrada e m'abelis P.
45. Bem meravill d'en Sordel e de vos P.
46. Ben c'aja civada per sueil T, unter Liedern von P. Cardenal.
47. Ben es grans daus de cortezia P.
48. Ben es nescis e dezaventuros Pfα. Meyer 517 f, 518 α. Germania II, 517 α.
49. Be volgr' aguessem un seignor PQ.
50. Be volgra quem venques merces W.
51. Be volgra s'a dieu plagues C.
52. Be volgra si far si pogues f. Meyer 673.
53. Be volria que dieus agues T, unter Liedern von P. Cardenal.
54. Bona domna, deu vos coman Q.
55. Bona domna gens, vejatz cal via T, unter Liedern von P. Cardenal.
56. Bona domna, tan vos ai fin coratge R.
57. Bona domna voill G. Arch. 35, 110.
58. Bona domna, vostre pretz fo triatz Q.
59. Bona domna, vostr' onrada valors T.
60. Breumen conseill a qui pren regimen Q.
61. Cadauns deu son amic enantir P.
62. Car mi failli cujar T.
63. Cavaliers, pus vol sa vesta P.
64. Cel joglar mi fant grant paor Y.
65. Cel que degr' esser pastor T.
66. Cel qui son petit poder GQ. Arch. 35, 107 G.
67. Celui qui non tem vergoigna F.
68. Clara dompna, vostre cors lis e clar f. Meyer 530.
69. Coindeta sui si cum n'ai greu consire Q. Chr. 239. LB. 108. MG. 153. R. 2, 242. Galv. 170.

70. Con plus fin amar mi destreing N.
71. Cuira liatz bons estandartz T, unter Liedern von P. Cardenal.
72. D'amor a bon pietat gran P.
73. D'amor m'estera ben e gent Q. Chr. 239.
74. De ben aut pot hom bas cazer P.
75. Del cap li trairai la benda G.
76. Dels v. bons aibs per c'oms es plus houratz f. Meyer 519.
77. Dereman m'er a tener V. Arch. 36, 380.
78. Destrics e dols   qn'usquecs me bec P.
79. De tan tenc per nesci Andreu GQ, Peire Cardenal f, unter Liedern von ihm T. Arch. 35, 109 G. Meyer 475 f.
80. (D)e tot qan m'a o fes en aiqest an P.
81. Deus sal la terra el pais H.
82. Deus vos sal dels pez sobeirana Q.
83. Deus vos sal de pretz sobeirana GQ. Arch. 35, 108 G.
84. Dezirat ai, ancar dezir Q, unter Liedern von P. Cardenal T.
85. Dol me las dens P.
86. D'ome fol ni desconoissen GLNPQα. Daude de Pradas f. Arch. 34, 438 L. 35, 108 G.
87. Domna, deus sal vos e vostra valor GQTα. Arch. 35, 108 G.
88. Domna, eu son d'aital faisso T.
89. Domna, la vostra gran beutat N.
90. Domna, messatg' eu sui GQ. Arch. 35, 110 G.
91. Domna, noi avetz desonor α.
92. Domna, pos vos ai chausida W.
93. Domna, qu'aves la seignoria N; ein Brief?
94. Domna que d'autra ses cuda F.
95. Domna que de cognat fai drut PQT.
96. Domna, que va ves valensa T, unter Liedern von Peire Cardenal. Dkm. 141.
97. Domna, s'ieu vos clamei amia P.
98. Dos gratz conquer hom ab un do GPQα. Arch. 35, 110 G.
99. Dretz ditz a totz ... T, unter Liedern von P. Cardenal.
100. D'un dedui W.
101. E doncx que val aquestz amars α.
102. Eissamen com la pantera W. Chr. 224.
103. Enaissi com la tramontana P.
104. En aquest son gai e leugier MS.
105. En Belencer ca no teuga merces Q.
106. En Bonasa puis jen sabez trobar P.
107. Eu chantan m'aven a retraire G.
108. En faire gran vassalatge NQ. Arch. 35, 108 Q.

109. En la vostra mantenensa W.
110. En petit d'ora ven grans bens Q.
111. En tal ai mes mon cor e mon consir L. Arch. 34, 433.
112. Entrels deslejals baros T, unter Liedern von P. Cardenal.
113. En un vergier sotz foilla d'albespi C. Chr. 97. LB. 104.
    MG. 132. R. 2, 236.
114. E s'ieu agues pendutz aut al ven P.
115. Eu contraditz so qu'om ten a boban T, unter Liedern von
    P. Cardenal. Dkm. 141.
116. Eu don per conseill als gelos PT.
117. Eu en sai un flac e mal Y.
118. Eu enten que deus comandes T.
119. Eu no trob quem reprenda Y; vgl. 182.
120. Eu volria star joven e viver jauzen P.
121. Fes es perduda entre las gens P.
122. Finament Wh.
123. Flors de paradis RZ. Dkm. 63 RZ.
124. Gen me nais Wh.
125. Gen me sap mon fin cor emblar T.
126. Ges al meu grat non sui joglar P.
127. Ges com eschin nuls per no mondas mans P.
128. Ges eu no posc a totz plazer T.
129. Ges eu no tenc totz los lares per fort pres GNQT. Arch.
    35, 109 G.
130. Ges li poder nos parton per egal GPQf, Girardus Q².
    Arch. 35, 107 G. Meyer 516 f.
131. Ges no faill quan s'aven T.
132. Ges per frachura de saber α.
133. Ges per lo diz non es bon pretz sabutz P.
134. Gran dezir ai de bo jazer α.
135. Gran gaug m'ave la noit quan sui colgatz GNQ. Arch.
    35, 109 G.
136. Gran plazer ai can truop que mi reprenda f. Meyer 673.
137. Greu trob' om natural sen P.
138. Ha me non fai chantar foilla ni flor W.
139. Hom deu gardar so que a gazanhat P.
140. Hom, quar not sove α.
141. Ja no cugei quem aportes ogan P.
142. Joglaret, quant passaretz P.
143. La beutat nominativa K. MG. 110.
144. Lai on fin prez nais e floris e grana N.
145. L'autrier al quint jorn d'abril f. Meyer 520.
146. L'autrier cuidai aver druda W.

147. L'autrier fui accaleon Q. Arch. 33, 420.
148. L'autrier m'era levatz X?. Romanzen u. Pastourellen 2, 13.
149. Locs es qu'om chant e qu'om s'en lais GNQ. Arch. 35, 109 G.
150. Lo dous chans que l'auzels crida W.
151. Lo nostre cap e seinher spiritai P.
152. Lo premier jorn que vi W.
153. Lo pros dels pros me plazeria T, unter Liedern von Peire Cardenal.
154. Lo sen volgra de Salamo NPQTα.
155. Ma domn' am de bona guiza GQT, Peire Cardenal f. Arch. 35, 109 G.
156. Ma domna fo al comensar W.
157. Mais deu esser savis encolpatz P.
158. Mais deu hom amar vensedor α.
159. Majer mercat es que de juell f. Meyer 673.
160. Maltrait d'amor no seran ja tan gran GQ. Arch. 35, 110 G.
161. Mantas sazos mon acort e mon cor T.
162. Mant home son ades plus cobeitos P.
163. Mant ric home en ay chest si mal stant Y.
164. Mas d'una ren m'er vengutz pensamen P.
165. Mens pretz si puosc quant hom pot far PT.
166. Mort m'au li semblan que ma donam fai Q. Chr. 237.
167. Mos coratges m'es camjatz X.
168. Mos enemics don deus mal' aventura Y.
169. Mout aurai estat lonjamen R.
170. Mout home son que dizon qu'an amies P.
171. Mout mi ten car amors Q.
172. Mout se feira de chantar bon recreire Q.
173. Mult deuria per aver esser pros P.
174. N'Auriflama, car vos es flamejans f. Meyer 530.
175. (N)ees pasasoi qui am e corrament Q.
176. Nom platz ries hom quant non es amoros T.
177. Non puesc mudar nom planba ma rancura f. Meyer 526.
178. No sap de domnei pauc ni pro α.
179. No sap ques fai fols gilos esperdutz P.
180. Nuls hom no deu d'amic ni de seignor P.
181. Nuls hom no deu tardar de far son pro P.
182. Oimais no trop quim reprenda T, unter Liedern von P. Cardenal; vgl. 119.
183. (O)mes trobi fort acundans dels ries P.
184. On hom plus vei ni eusaja P.

185. O re del cel, mia gran colpa Q.
186. Paratges es cortezi' e mezura P.
187. Paure seinhor de bona volontat f. Meyer 518.
188. Per auzir e per entendre P.
189. Per fin' amor ses enjan O. Arch. 34, 375. MG. 669. Jahrb. 1, 212.
190. Per gran franqueza me coven chantar O. Arch. 34, 379.
191. Per joi que d'amor m'aveigna N. PO. 387.
192. Per musart l'ai e per fol P.
193. Per zo no voill desconortar P.
194. Pos la doussa sazos gaja N. MG. 283.
195. Pos la doussor del tems gay f. Meyer 524.
196. Pos qu'ieu vey la fuella W.
197. Pos vezem que l'iverns s'irais W.
198. Pres sui ses faillensa L. Chr. 240.
199. Qual benanansa T, unter Liedern von P. Cardenal.
200. Quant escavalcai l'autrier Q. Arch. 33, 421.
201. Quan lo gilos er fora bels amis Q.
202. Quan lo pels del cul venta G.
203. Quan lo rossinhols s'escria C. alba. LB. 103. MG. 89.
204. Quan Proensa ac perduda proeza C.
205. Quan vei la flor sobrel sambuc O. Arch. 34, 378.
206. Quan vei los pratz verdezir W.
207. Qu'en mal grat n'aja qui la costuma y mes P.
208. Qui a plus fort de lui fa desmesura Y.
209. Qui cuid' esser per prometre fort pros P.
210. Qui enten en amar a.
211. Quil segles plen non es pas ben senatz P.
212. Qu'ira ven a deu N.
213. Qui s'azauta de far enueiz P.
214. Qui vol conquerre pretz verais GPQ. Arch. 35, 107 G.
215. Qui vol savi viure membradament f. Meyer 653.
216. Seigner Jordan, se vos lais Alamaigna H.
217. Seigner jutge, ben aug dir a la gen P.
218. Seigner Marco, Alexandres per dar F.
219. Seigner n enfans, sil vos platz F.
220. Seigner Savaries, Tibauz vos a faiz peigner P.
221. Si com al larc dona dieus que despenda f. Meyer 519.
222. S'ieu saubes tan ben dir com voler PT.
223. Si gais solatz ab bels ditz P.
224. Si tot chantar non m'enansa f. Meyer 523.
225. Si ves home e no saps cui N, unter Liedern von P. Cardenal T.
226. Sui e no sui C. MG. 98.

227. Tals conois busc en autrui oill Pa.
228. Tals lauza dieu e salmeja P.
229. Tan franc cor de don' ai trobat T.
230. Tant es gay et avinentz W.
231. Tant es tricer e deslials H.
232. Tota beutatz e tota cortezia GQ. Arch. 35, 108 G.
233. Tota dona que aya cor d'amar f.
234. Totas honors e tug faig ben estan IK. MG. 1165 I.
235. Tot enaissi com deus fo encolpatz Y.
236. Tot enaissi sui desaconseillatz T, unter Liedern von P. Cardenal.
237. Tot lo mon vei reverdejar T.
238. Tot m'enoja quant au ni vei T, unter Liedern von P. Cardenal.
239. Tres cauzas son que devon baron far F.
240. Trop val en cort bels escontars P.
241. U fotaires que no fo amoros G. (Jahrb. 11, 1.)
242. Una gens es de molt enojos talan P.
243. Una gens es qu'es d'aitan fort poder P.
244. Una ren ai conoguda T, unter Liedern von Peire Cardenal.
245. Un cavalier conosc que l'altrier vi Q.
246. Va, cobla, al juge de Galur P.
247. Vai, Hugonet, ses bistensa C. LR. 512. PO. 392. Milá 142.
248. Venguda es la sazos P.
249. Vengutz el tens c'on lausa la folia P.
250. Vilans dic qu'es de sen eissitz GPQT. Arch. 35, 110 G.
251. Vos domna ab un dous regart W.

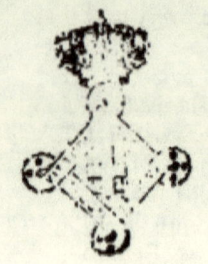

Register.

Die Zahlen beziehen sich auf die Paragraphen, die Zahlen nach dem Komma auf die Anmerkungen. Nr. mit beigefügter Zahl bezeichnet die Nummer in dem alphabetischen Verzeichniss der Troubadours.

ABC-Canzone 50, 17.
Abulcasis' Chirurgie in provenz. Uebersetzung 58, 1.
acont, Dichtungsart 27, 13.
Ademar, Dichter, Nr. 1.
Ademar Jordan, Dichter, Nr. 2.
Ademar lo Negre, Dichter, Nr. 3; seine Biographie 39.
Ademar lo Peiteus, Dichter, Nr. 4.
Ademar de Rocaficha, Dichter, Nr. 5.
Aderlassbüchlein 42.
Aenac, Dichter, Nr. 6.
Agnes, Sancta, Drama, 53, 1.
Aicart del Fossat, Dichter, Nr. 7.
Aimeric, Dichter, Nr. 8.
Aimeric de Belenoi, Dichter, Nr. 9; seine Biographie 39.
Aimeric de Peguillan, Dichter, Nr. 10; von Canzonen 25; seine Biographie 39.
Aimeric de Sarlat, Dichter, Nr. 11; seine Biographie 39.
Alaisina Yselda, Dichterin, Nr. 12.
alba, Dichtungsart, 26, 11.
Alban, der heil. Gedicht über ihn, 20, 7.
Alberich von Besançon, Dichter des Alexanderliedes, 9.
Albert, Dichter, Nr. 13.
Albert Cailla, Dichter, Nr. 14; seine Biographie 39.
Albert, Markgraf von Malespina, Dichter, Nr. 15; seine Biographie 39.
Albert de Sestaro, oder Albertet, Dichter, Nr. 16; seine Biographie 39.
Albertet s. Albert de Sestaro.
Albertus Brixianus, *tractat de la perfectio de religio*, 55.

Albi, Stadt, Sammlung von Freiheiten derselben, 59, 3.
Albigenserkrieg in dichterischer Bearbeitung 16; in Prosa aufgelöst 40, 1.
Alegret, Dichter, Nr. 17.
Alest, lo senher de, Dichter, Nr. 18.
Alexanderdichtung 9.
Alexandri, Dichter, Nr. 19.
Alexiuslegende in Versen 47, 8.
Almuc de Castelnou, Dichterin, Nr. 20; Biographie 39.
Amandus, der heil., Gedicht auf ihn, 7.
Amanieu des Escas, Dichter von Liebesbriefen 29; zweier *enseignamens* 33, 13, 14; nachgeahmt 52, 1.
Ameus de la Broqueira, Dichter, Nr. 21.
Amoros dau Luc, Dichter, Nr. 22.
Anatomisches Werk 42.
Andrieu, Held einer epischen Dichtung, 18, 21.
Anfos II, König von Aragon, Dichter, Nr. 23; seine Biographie 39.
Anthoni Cousa, Dichter, 50, 64.
Anthoni de Jaunhac, Dichter, 50, 33 ff.
Anthoni Racaud, Dichter, 50, 66.
Anthoni del Verger, Dichter, 50, 44.
Antiocha, Chanson d', ob provenzalisch vorhanden gewesen, 16, 6.
Arbre de batailles, provenzalisch, 58, 6.
Arman, Dichter, Nr. 24.
Arnaut, Dichter, Nr. 25.
Arnaut Algar, Dichter, 50, 77.
Arnaut de Bernart, Dichter, 50, 71.
Arnaut de Brancaleo, Dichter, Nr. 26.
Arnaut de Carcasses, Novellendichter, 19, 5.
Arnaut Catalan, Dichter, Nr. 27.

Arnaut de Cominge, Dichter. Nr. 28.
Arnaut Daniel, Dichter, Nr. 29; ob Verfasser eines Lanzelet 13, 1; Erfinder der Sextine 28, 1; von Dante redend eingeführt 30, 11; seine Biographie 39.
Arnaut Donat, Dichter, 30, 15.
Arnaut Guillem de Marsan, Verfasser eines enseignamen. 33, 10.
Arnaut de Maroill, Dichter, Nr. 30; von Liebesbriefen 29; eines Lehrgedichtes 32, 1; seine Biographie 39.
Arnaut Peire d'Agange, Dichter. Nr. 31.
Arnaut Plagues, Dichter, Nr. 32.
Arnaut Romieu, Dichter, Nr. 33.
Arnaut de Tintignac, Dichter, Nr. 34.
Arnaut Vidal de Castelnoudari, Dichter, 30, 2; des Epos Guillem de la Barra 46, 1.
Artusromane 18.
Arver, Dichter, Nr. 35.
Aucasin und Nicolette, Erzählung. 5.
Audoi, Dichter, Nr. 36.
Augenheilkunde, provenzalisch, 42.
Augier Novella, Dichter. Nr. 37; seine Biographie 39.
Aumeric, Mönch, Verfasser eines Lebens der heil. Catharina, 37, 19.
auquiera, Dichtungsart, 26, 29.
Austore, Dichter, Nr. 38.
Austore de Galhac, Dichter, 30, 9.
Austore de Maensac, Dichter, Nr. 39.
Austore d'Orlac, Dichter, Nr. 40.
Austore de Segret, Dichter, Nr. 41.
Auzer Figueira, Dichter, Nr. 42.
Avangeli de li quatre semenez, waldensisches Gedicht. 51, 14.
Azalais de Porcarnigues, Dichterin, Nr. 43; ihre Biographie 39.
Azar, Dichter, Nr. 44.

Bailliage de Sisteron 59, 2.
balada, Dichtungsart, 26, 4.
balaresc, Dichtungsart, 26, 5.
Barca, la, waldensisches Gedicht. 51, 8.
Barlaam und Josaphat in provenzalischer Prosa 54, 13.
Baussan, Dichter, Nr. 45.
Beatritz, Gräfin von Dia, Dichterin, Nr. 46; ihre Biographie 39.
Beda's liber scintillarum, übersetzt, 38, 6.

Beichtbekenntniss in Versen 11, 2; Abhandlung über die Beichte 38, 5.
Benedictinerregel, übersetzt, 38, 1–3.
Berenguier del Hospital, Dichter, 50, 39 ff.
Berenguier de Palazol, Dichter, Nr. 47.
Berenguier de Peizrenger, Dichter, Nr. 48.
Berenguier de Poivert, Dichter, Nr. 49.
Berenguier, Graf von Provence, Dichter, Nr. 184.
Berenguier de San Plancat, Dichter, 48, 2.
Berenguier Trobel, Dichter, Nr. 50.
Bernado, Dichter, Nr. 51.
Bernart, Dichter, Nr. 52.
Bernart, Alaban de Narbona, Dichter, Nr. 53.
Bernart Amoros, Schreiber, 39, 6.
Bernart Arnaut, Dichter, 50, 70.
Bernart Arnaut d'Armagnac, Dichter, Nr. 54.
Bernart Arnaut de Moncuc, Dichter, Nr. 55.
Bernart Arnaut Sabata, Dichter, Nr. 56.
Bernart d'Auriac, Dichter, Nr. 57.
Bernart de la Barta, Dichter, Nr. 58.
Bernart de Bondeills, Dichter, Nr. 59.
Bernart de Durfort, Dichter, Nr. 60.
Bernart Espanhol, Dichter, Nr. 61.
Bernart de la Fon, Dichter, Nr. 62.
Bernart de Goyrans, Dichter, 50, 87.
Bernart Marti, Dichter, Nr. 63.
Bernart Nunho, Dichter, 50, 71.
Bernart Oth, Dichter, 48, 2.
Bernart de Panzac, Dichter, 48, 2.
Bernart del Poget, Dichter, Nr. 64.
Bernart de Pradas, Dichter, Nr. 65.
Bernart de Rovenac, Dichter, Nr. 66.
Bernart Sicart de Marvejols, Dichter, Nr. 67.
Bernart Tortitz, Dichter, Nr. 68.
Bernart de Tot-lo-mon, Dichter, Nr. 69.
Bernart de Ventadorn, Dichter, Nr. 70; von Canzonen 25; von Deutschen nachgeahmt 30, 7; seine Biographie 39.
Bernart de Venzac, Dichter. Nr. 71.
Bernart Vidal, Dichter, Nr. 72.
Berta oder Barta, Dichter, Nr. 73.
Bertolomeu Zorgi, Dichter, Nr. 74; seine Biographie 39.
Bertran, Dichter, Nr. 75.
Bertran d'Alamano, Dichter, Nr. 76; seine Biographie 39.

Bertran Albaric, Dichter, Nr. 77.
Bertran Arnaut, Dichter, Nr. 78.
Bertran d'Aurel, Dichter, Nr. 79.
Bertran de Born, Dichter, Nr. 80; politischer Sirventese 25; seine Biographie 39.
Bertran de Born, der Sohn, Dichter, Nr. 81; seine Biographie 39.
Bertran Brossa, Dichter, 50, 58.
Bertran Carbonel, Dichter, Nr. 82; seine coblas esparsas 31, 14.
Bertran Folco, Dichter, Nr. 83.
Bertran de Gordo, Dichter, Nr. 84.
Bertran de Marseilla, Verfasser des Lebens der heil. Enimia 20, 5.
Bertran de Paris, Dichter, Nr. 85; eines enseignamen 33, 7.
Bertran de Pessatz, Dichter, Nr. 86.
Bertran del Pojet, Dichter, Nr. 87, seine Biographie 39.
Bertran de Preissac, Dichter, Nr. 88.
Bertran de Roaix, Dichter, 50, 47; ein jüngerer Dichter desselben Namens 50, 15.
Bertran lo Ros, Dichter, Nr. 89.
Bertran de Saisaac, Dichter, Nr. 90.
Bertran de San Felitz, Dichter, Nr. 91.
Bertran de la Tor, Dichter, Nr. 92.
Bibel, Stoffe daraus in poetischer Bearbeitung 7, 47; Uebersetzungen 37, 1 ff. 51, 1 ff.; biblische Geschichte in Prosa 51, 10.
Bieiris de Roman, Dichterin, Nr. 93.
Biographien der Troubadours 39.
Bischof von Basaz, Dichter, Nr. 94.
Bischof von Clermont, Dichter, Nr. 95.
Blacasset, Dichter, Nr. 96; seine Biographie 39.
Blacatz, Dichter, Nr. 97; sein Tod beklagt 25, 22; seine Biographie 39.
Blanchemain, die Contentiones derselben, 50, 16.
Blandin de Cornoalha und Guilhem de Miramar, Roman in Versen, 18, 12.
Blumenspiele 18.
Boccaccio, sein Studium der Troubadours, 30.
Boethius, Lehrgedicht, 8.
Bonafe, Dichter, Nr. 98.
Bonafos, Dichter, Nr. 99.
Bonet, Dichter, 50, 79.

Bontil, Dichter, Nr. 100.
Bonifaci Calvo, Dichter, Nr. 101.
Bonifaci de Castellana, Dichter, Nr. 102.
Bonnet, Honoré, Verfasser des Arbre de batailles, 58, 6.
Bort del rei d'Arago, lo, Dichter, Nr. 103.
Branntwein, Heilkräfte desselben, Tractat, 42, 11.
Bremon Rascas, Dichter, Nr. 104.
brens-dobla, Dichtungsart, 28, 10.
breus 21, 1.
Breviari d'amor s. Matfre Ermengau.
Bioth. de, Dichter, 50, 81.

cabriera, Dichtungsart, 26, 29.
Cabrit, Dichter, Nr. 105.
Cadenet, Dichter, Nr. 106; seine Biographie 39.
Calega Panza, Dichter, Nr. 107.
Calendarium in prov. Sprache 43, 3.
Canzone 25, 2; gemischte 25, 16; halbe 25, 5; canzos redonda 28, 7.
Carenza, Dichterin, Nr. 108.
carros, Dichtungsart, 28, 17.
Castel d'amors, Lehrgedicht, 32, 33.
Castelloza, Dichterin, Nr. 109; ihre Biographie 39.
Castelnou, de, Glossator von Raimons de Cornet Doctrinal, 52, 4.
Castia-gilos, Novelle von Raimon Vidal, 19, 1.
Catalan, Dichter, Nr. 110.
Catalanische Literatur, von der provenz. beeinflusst, 20, 15.
Catharina, heil., Leben derselben, 37, 19.
Cavaire, Dichter, Nr. 111.
Cercamon, Dichter, Nr. 112; von Pastourellen 26, 20, seine Biographie 39.
Certan, Dichter, Nr. 113.
Chanson d'Antiocha 16, 6.
chansoneta, Dichtungsart, 25, 1.
Chardo, Dichter, Nr. 114.
Chronogramme in Versen 40, 18.
Clara d'Anduza, Dichterin, Nr. 115.
Clemence 48, 6.
cobla 11, coblas 25, 14, coblas esparsas 31, 14.
Codex Justiniani, Compilation daraus, 43, 1.
Coine, Dichter, Nr. 116.
conjat, Dichtungsart, 28, 12.
complancha, Dichtungsart, 25, 19.

Comunal, Dichter, Nr. 117.
Consezen, Dichter, Nr. 118.
contenson, Dichtungsart, 25, 23.
cossir, Dichtungsart, 28, 23.

Dalfi d'Alvergne, Dichter, Nr. 119; seine Biographie 39.
Dalfinet, Dichter, Nr. 120.
Dause von Vilanova, Dichterin, 50, 51.
Daniel von Blumenthal, Artusroman, 18, 6.
Danis Andrieu, Dichter, 50, 43.
dansa, Dichtungsart, 26, 4.
Dante, sein Studium der Troubadours 30, 10; dichtet provenzalisch 30, 11—13.
Dante de Majano, Dichter, Nr. 121; Verfasser provenzal. Souette 28, 1.
Daspols, Dichter, Nr. 122.
Daude de Carlus, Dichter, Nr. 123.
Daude de Pradas, Dichter, Nr. 124; sein Lehrgedicht von den vier Cardinaltugenden 31, 4; von den Jagdvögeln 31, 1; seine Biographie 39.
desconort, Dichtungsart, 28, 23.
descort, Dichtungsart, 27, 7.
desplazer, Dichtungsart, 28, 22.
Desprezi del mon, lo, waldensisches Gedicht, 51, 12.
Deutsche Lyrik, von den Troubadours beeinflusst, 30.
deviualh, Dichtungsart, 28, 15.
Didaktische Dichtung 11, 31 ff. 51 f.
doctor de trobar 21, 8.
domnejaire, Dichtungsart, 29, 4.
Doucelina, die heil., ihre Legende in Prosa, 37, 13.
Dramatische Dichtung 35, 53.
Dunkles Dichten 11.
Duran sartre de Carpentras, Dichter, Nr. 125.
Duran sartre de Paernas, Dichter, Nr. 126.

Eble, Dichter, Nr. 127.
Eble de Signa, Dichter, Nr. 128.
Eble d'Uisel, Dichter, Nr. 129.
Eble de Ventadorn, Dichter, Nr. 130; der ältesten Tenzone 25, 30.
Elias, Dichter, Nr. 131.
Elias de Barjols, Dichter, Nr. 132; seine Biographie 39.

Elias Cairel, Dichter, Nr. 133; seine Biographie 39.
Elias Fonsalada, Dichter, Nr. 134; seine Biographie 39.
Elias Gausmar, Dichter, Nr. 135.
Helias de Solier, Dichter, 50, 50.
Elias d'Uisel, Dichter, Nr. 136; seine Biographie 39.
Elucidari de las proprietutz de totas res naturals 57, 1.
Engenim Durre de Valentines, Dichter, Nr. 137.
Engles, Dichter, Nr. 138.
Enimia, die heil., ihre Legende in Versen, 29, 5.
Enric, Dichter, Nr. 139.
Enric II, Graf von Rodes, Dichter, Nr. 140.
enseignamen, Dichtungsart, 31, 32, 33, 52.
enueg, Dichtungsart, 28, 23.
Envejos, Dichter, Nr. 141.
Epische Dichtung 5, 15, 46.
Epitre farcie 10, 1. 10, 8.
Erzählungen in Versen 19.
escondig, Dichtungsart, 28, 11.
esdemessa, Dichtungsart, 28, 11.
Esperdut, Dichter, Nr. 142.
Esquileta, Dichter, Nr. 143.
Esquilha, Dichter, Nr. 144.
estampida, Dichtungsart, 28, 19.
Esteve, Dichter, Nr. 145.
Esteve, der heil., Gedicht auf ihn, 10, 1.
estribot, Dichtungsart, 32, 6.
Evangelien in Versen 47, 1.
Evangelium Johannis, Bruchstück einer Uebersetzung, 12.
Evangelium Nicodemi in Versen 47, 1; in Prosa 51, 9.

Fabel 32, 3.
Faidit de Belestar, Dichter, Nr. 146.
Falco, Dichter, Nr. 147.
Falconet, Dichter, Nr. 148.
Faure, Dichter, Nr. 149.
Feldmesskunst, provenz. Abhandlung über dieselbe, 58, 5.
Ferrari de Ferrara, Dichter, Nr. 150; seine Biographie 39.
Fides, die heil., von Agen, Gedicht auf sie, 7; von Rovergue, Gedicht auf sie, 7.
Fierabras, ins Provenz. übersetzt, 15.

Flamenca, Roman in Versen, 18, 17.
Floris und Blancaflor, Roman, 18, 24.
Florus, der heil., Leben in Prosa, 54, 14.
Folco, Dichter, Nr. 151.
Folquet, Dichter, Nr. 152; ein anderer Nr. 153.
Folquet de Lunel, Nr. 154; Lehrgedicht von ihm 32, 13.
Folquet de Marseilla, Dichter, Nr. 155; von Canzonen 25; einer geistlichen Alba 26, 14; von deutschen Dichtern nachgeahmt 30, 5; seine Biographie 39.
Folquet de Romans, Dichter, Nr. 156; seine Biographie 39.
Formit de Perpignan, Dichter, Nr. 157.
Fortunier, Dichter, Nr. 158.
Fraire Menre, Dichter, Nr. 159.
Frances de Morlas, Dichter, 50, 64.
Francesco da Barberino, studierte die Provenzalen 39, 14; benutzte verlorene Quellen 39, 2 ff.
Franquesas de Montpeslier 59, 1.
Französische Lyrik, von der provenzal. beeinflusst, 39.
Frauen, dichtende, 21, 9; Tanzlied einer Frau 26, 7.
Frederic III von Sicilien, Dichter, Nr. 160.
Friedrich I, ob er provenzalisch gedichtet, 30, 8.
Friedrich von Hausen, ahmt die Troubadours nach, 30, 5. 30, 7.

gai saber, gaya sciensa 18.
Galaubet, Dichter, Nr. 161.
Garin d'Apchier, Dichter, Nr. 162; seine Biographie 39.
Garin lo Brun, Dichter, Nr. 163; eines *enseignamen* 33, 2; seine Biographie 39.
garlambei, Dichtungsart, 28, 16.
Gasquet, Dichter, Nr. 164.
Gaucelm, Dichter, Nr. 165.
Gaucelm Estaca, Dichter, Nr. 166.
Gaucelm Faidit, Dichter, Nr. 167; von Canzonen 25; von Kreuzliedern 25; seine Biographie 39.
Gaucerau de Saint-Leidier, Dichter, Nr. 168; seine Biographie 39.
Gaudairenca, Dichterin, Nr. 169.
Gaudi, Dichter, Nr. 170.

Gausbert, Dichter, Nr. 171.
Gausbert Amiel, Dichter, Nr. 172; seine Biographie 39.
Gausbert de Poicibot, Dichter, Nr. 173; seine Biographie 39.
Gavauda, Dichter, Nr. 174.
Gebote, zehn, Auslegung derselben in provenz. Sprache, 55.
Geistliche Dichtung 7. 20. 47; didaktische 31; Prosa 37. 55.
Geleit 44.
Genealogie der Grafen von Toulouse 40, 2.
Geneys lo joglar, Dichter, Nr. 175.
Georg, der heil., Leben desselben in Versen, 47, 10.
Gericht, das jüngste, Gedicht darüber, 51, 2.
gilozesca, Dichtungsart, 28, 23.
Girart von Rossilho, Sage, 6; provenzal Epos 15; französisches Gedicht 15, 7.
Glaubensbekenntniss in Versen 41, 1.
Glossare, provenzalische, 2.
Gönner der Troubadours 23.
Gonzalgo Rozit, Dichter, Nr. 176.
Gormonda de Monpeslier, Dichterin, Nr. 177; vgl. 25, 11.
Graf, Dichter, Nr. 178.
Graf von Astarac, Dichter, Nr. 179.
Graf von Empuria, Dichter, Nr. 180.
Graf von Flandern, Dichter, Nr. 181.
Graf von Foix, Dichter, Nr. 182.
Graf von Poitou, Dichter, Nr. 183; seine Biographie 39.
Graf von Provence, Dichter, Nr. 184.
Graf von Rodes, Dichter, Nr. 185; seine Biographie 39.
Graf von Toulouse, Dichter, Nr. 186.
Gräfin von Provence, Dichterin, Nr. 187.
Grainier, Dichter, Nr. 188.
Grammatiken, provenzalische, 1. 56.
Granet, Dichter, Nr. 189.
Grimoart Gausmar, Dichter, Nr. 190.
Gualhart d'Aus, Dichter, 50, 57.
Gui, Dichter, Nr. 191.
Gui de Cavaillo, Dichter, Nr. 192; seine Biographie 39.
Gui de Chauliac, Verfasser medizinischer Schriften, 55, 4.
Gui Folqueys (Clemens IV), Verfasser eines Gedichtes von den sieben Freuden Mariae, 20, 2.

Gui de Glotos, Dichter, Nr. 193.
Gui d'Uisel, Dichter, Nr. 194; seine Biographie 39.
Guibert, Dichter, Nr. 195.
Guigo, Dichter, Nr. 196.
Guigo de Cabanas, Dichter, Nr. 197.
Guillalmet, Dichter, Nr. 198.
Guillalmi, Dichter, Nr. 199.
Guillaume d'Orange, Sagen und Dichtungen über ihn. 5.
Guilleima de Rozers, Dichterin, Nr. 200.
Guillem, Dichter, Nr. 201.
Guillem Ademar, Dichter, Nr. 202; seine Biographie 39.
Guillem d'Anduza, Dichter, Nr. 203.
Guillem Anelier de Toloza, Dichter, Nr. 204; Verfasser des Navarrischen Krieges in Versen 16, 14.
Guillem Augier, Dichter, Nr. 205.
Guillem d'Autpol, Dichter, Nr. 206; eines Marienliedes 27, 1.
Guillem de la Bacalaria, Dichter, Nr. 207.
Guillem de Balaun, Dichter, Nr. 208; seine Biographie 39.
Guillem de la Barra s. Arnaut Vidal de Castelnoudari.
Guillem del Baus, Dichter, Nr. 209; seine Biographie 39.
Guillem Bechada, Verfasser eines Gedichtes über den ersten Kreuzzug, 16, 1.
Guillem de Berguoda, Dichter, Nr. 210; Brief in Versen von ihm 29, 7; seine Biographie 39.
Guillem de Biarn, Dichter, Nr. 211.
Guillem Bru, Dichter, 70, 78.
Guillem de Bussignac, Dichter, Nr. 212.
Guillem de Cabestaing, Dichter, Nr. 213; seine Biographie 39.
Guillem de Cerveira, Bearbeiter der Sprüche Salomonis, 31, 7.
Guillem de Durfort, Dichter, Nr. 214.
Guillem Evesque, Dichter, Nr. 215.
Guillem Fabre, Dichter, Nr. 216.
Guillem Figueira, Dichter, Nr. 217; vgl. 25, 10; seine Biographie 39.
Guillem de Gialhac, Dichter, 59, 19 ff.
Guillem Gasmar, Dichter, Nr. 218.
Guillem Godi, Dichter, Nr. 219.
Guillem de Goutaut, Dichter, 48, 2.
Guillem d'Ieiras, Dichter, Nr. 220.

Guillem de Lemotjas, Dichter, Nr. 221.
Guillem de Lohevier s. Guiraut del Olivier.
Guillem de Lobra, Dichter, 48, 2.
Guillem Magret, Dichter, Nr. 223; seine Biographie 39.
Guillem lo Marques, Dichter, Nr. 224.
Guillem de Miramar s. Blandin de Cornoalha.
Gaillem Molinier, Dichter, 59; redigiert die Leys d'amors 56.
Guillem de Montaignagout, Dichter, Nr. 225; seine Biographie 39.
Guillem de Mur, Dichter, Nr. 226.
Guillem Peire de Cazals, Dichter, Nr. 227.
Guillem IX von Poitou, Dichter, Nr. 183; erzählt in Versen von seinen Erlebnissen 16, 5; Verfasser der ältesten Tenzone 25, 30; einer Romanze 26, 1; seine Biographie 39.
Guillem de Quintenac, Dichter, Nr. 228.
Guillem Raimon, Dichter, Nr. 229.
Guillem Raimon de Gironela, Dichter, Nr. 230.
Guillem Rainol d'At, Dichter, Nr. 231; seine Biographie 39.
Guillem de Ribas, Dichter, Nr. 232.
Guillem de Saint-Gregori, Dichter, Nr. 233.
Guillem de Saint-Leidier, Dichter, Nr. 234; seine Biographie 39.
Guillem de Salignac, Dichter, Nr. 235.
Guillem de la Tor, Dichter, Nr. 236; seine Biographie 39.
Guillem de Tudela, Verfasser eines Theiles der Albigenserchronik, 16, 2.
Guillem Ue d'Albi, Dichter, Nr. 237.
Guionet, Dichter, Nr. 238.
Guiot, Verfasser eines Perceval, 18, 10.
Guiraude, Dichter, Nr. 239.
Guirando lo Ros, Dichter, Nr. 240; seine Biographie 39.
Guiraut, Dichter, Nr. 241.
Guiraut de Borneill, Dichter, Nr. 242; von Canzonen 25; von Pastourellen 26, 23; seine Biographie 39.
Guiraut de Cabreira, Verfasser eines enseignamen, 33, 5.
Guiraut de Calanso, Dichter, Nr. 243; eines enseignamen 33, 6; ein Lied von ihm commentiert 32, 20; seine Biographie 39.

Guiraut d'Espaigua, Dichter, Nr. 244;
von Tanzliedern 26, 6.
Guiraut de Luc, Dichter, Nr. 245.
Guiraut del Olivier d'Arle, Dichter von
coblas esparsas, Nr. 246; vgl. 41, 14.
Guiraut de Quintenae, Dichter, Nr. 247.
Guiraut Riquier, Dichter, Nr. 248; von
retroencas 26, 9; einer serena 26, 16;
von Pastourellen 26, 21; eines breu-
doble 28, 10; von Briefen 32; Ver-
fasser eines poetischen Commentars
32, 20; eines Bittgesuches an Alfons
X von Castilien 32, 17.
Guiraut de Salignac, Dichter, Nr. 249;
seine Biographie 39.

Halbcanzone 25, 5.
Halbsirventes 25, 17.
Halbvers 25, 6.
Harnlehre, provenzal., 42, 10.
Helias s. Elias.
Historische Gedichte 16; historische Pro-
sawerke 39 ff.
Hofhalt der Liebe, allegorische Erzäh-
lung, 19, 10.
Honorat, der heil., sein Leben in Versen
29, 6; in Prosa 54, 15.
Huc s. Uc.
Hugo, Graf von Rodes, Dichter, Nr. 185;
seine Biographie 39.
Hugolinus von Forcalquier, commentierte
ein Werk von Raimon von Anjou,
39, 13.

Ignaure s. Lignaure.
Imbert, Dichter, Nr. 250.
Imbert de Castelnou, Dichter, Nr. 251.
Isabella, Dichterin, Nr. 252.
Iseut de Capnio, Dichterin, Nr. 253; ihre
Biographie 39.
Ismart d'Entrevenas, Dichter. Nr. 254.
Italienische Dichter, von den Trouba-
dours beeinflusst 30; entlehnen die
Sextine 28, 3; die Rundcanzone
25, 9.
Izarn, Dichter, Nr. 255.
Izarn la Marques, Dichter, Nr. 256.
Izarn, Mönch, Verfasser der Novas del
heretge, 16, 12.
Izarn Rizol, Dichter, Nr. 257.

Jacme Grill, Dichter, Nr. 258.
Jacme Motz, Dichter, Nr. 259.
Jacobi, sancti, ludus 53, 2.
Jacobus'a Voragine, Uebersetzung seiner
Legenda aurea 54, 11.
Jaufre, Dichter, Nr. 260.
Jaufre, Roman aus dem Artus-agen-
kreise, 18, 1.
Jaufre de Pons, Dichter, Nr. 261.
Jaufre Rudel de Blaja, Dichter, Nr. 262;
seine Biographie 39.
Javare, Dichter, Nr. 263.
Jerusalems Zerstörung, Prosaroman 37, 11.
jeux floraux 48.
Joan Aguila, Dichter, Nr. 264.
Joan d'Albusso, Dichter, Nr. 265.
Joan Amic, Dichter, 50, 87.
Joan Bemonis, Dichter, 50, 73.
Joan de Calmo, Dichter, 50, 27 ff
Joan Cathel, Dichter, 50, 72.
Joan Esteve, Dichter, Nr. 2.6; einer
retroensa 26, 10; einer coquiera 26, 26.
Joan Gambaut, Dichter, 50, 34.
Johan Johanis de Gargas, Dichter, 50, 29.
Joan Lag, Dichter, Nr. 267.
Joan Miralhas Dichter, Nr. 268.
Johan Nicolaus aus Piniac, Dichter, 49, 7.
Johan del Pegh, Dichter, 50, 23.
Joan de Pennas, Dichter, Nr. 269; vgl. 49, 2.
Joan de Recaut, Dichter, 50, 47.
Joan Salvets, Dichter, 50, 30.
Joan de Sayses, Dichter, 50, 87.
joes partitz: 25, 20.
joglar 21, 4. 21, 8.
Johannes, Evangelist, Epistel auf ihn,
in Versen 10, 8.
Johannes, Priester, Uebersetzung seines
Briefes 57, 7.
Jojos de Toloza, Dichter, Nr. 270.
Jongleurs 21. 22.
Jordan, Dichter, Nr. 271; ein anderer,
Nr. 272.
Jordan Bonel, Dichter, Nr. 273; seine
Biographie 39.
Jordan de Born, Dichter, Nr. 274
Jordan de Cofolen, Dichter, Nr. 275.
Jordan de l'Isla de Venaissi, Dichter,
Nr. 276.
Joris, Dichter, Nr. 277.
Jozi, Dichter, Nr. 278.
Jutge, Dichter, Nr 279.

14*

Karl der Grosse, Dichtungen von ihm, 5.
Karl Martell, mit Karl dem Kahlen verwechselt, 5, 15.
Kindheit Jesu, in Versen bearbeitet, 47, 6.
Klagelieder 25, 18, 49, 11.
Kreuzlieder 25.

Lais, lyrische, 27, 8.
Lamberti de Bonanel, Dichter, Nr. 281.
Lancelet 18, 4.
Lanfranc Cigala, Dichter, Nr. 282; seine Biographie 39.
Lantelm, Dichter, Nr. 283.
Lantelmet d'Aiguillo, Dichter, Nr. 284.
Lanza, Marques, Dichter, Nr. 285.
Lapidarius in provenz. Prosa 42, 8.
Laurent, Bruder, Verfasser des Buchs von den Tugenden und Lastern, 55, 12.
Legendendichtungen und Stoffe 7, 20, 37, 47, 54.
Lemozi, Dichter, Nr. 286.
Leodegar, der heil., Gedicht über ihn, 7.
letras 23, 1.
Leys d'amors 56.
Liebesbriefe 29.
Liederhandschriften 21.
Lignaure, Dichter, Nr. 287.
Lombarda, Dichterin, Nr. 288; ihre Biographie 39.
Lucidarius in provenz. Sprache 57, 1.
Lunel de Monteg (Moncog), Dichter, Nr. 289; eines sirventes und von coblas-esparsas 49, 8; eines ensenhamen 52, 1.
Luquet Gatelus, Dichter, Nr. 290.
Lyrik, älteste, 10; geistliche 10, 27; weltliche in ihrer Blüthezeit 21 ff.; volksthümliche 22; der Verfallzeit 18 ff.

Magdalena, heil., Gedicht über sie, 7.
Mainart Ros, Dichter, Nr. 291.
Maistre, Dichter, Nr. 292.
mandeta, Dichtungsart, 26, 22.
Marbods Lapidarius, übersetzt, 42, 8.
Marcabrun, Dichter, Nr. 293; einer Romanze 26, 2; seine Biographie 39.
Marcoat, Dichter, Nr. 294.
Margareta, heil., Lied auf sie, 27, 1.
Maria, Lied auf sie 10, 1; Hymnus auf sie 10, 2; Marienklage 20, 2; sieben

Freuden Mariae 20, 3, 20, 4; Marienlieder 27, 1 ff.; Marienwunder in Prosa 37, 13.
Maria Aegyptiaca, Gedicht auf sie, 20, 3.
Maria de Ventadorn, Dichterin, Nr. 295; ihre Biographie 39.
Marques, Dichter, Nr. 296.
Martin de Mons, Dichter, 50, 16.
Matfre Ermengau, Dichter, Nr. 297; Verfasser eines poetischen Briefes 31, 6; des Breviari d'amor 34, 2 ff.
Matheus, Dichter, Nr. 298.
Matieu d'Artignaloba, Citation in Versen von ihm, 18, 5.
Matieus de Caersi, Dichter, Nr. 299.
Medizinische Werke in Prosa 42, 58.
Minnegericht, das, Novelle von Raimon Vidal, 19, 3.
Miquel de Castilho, Dichter, Nr. 300.
Mir Bernart, Dichter, Nr. 301.
Mola, Dichter, Nr. 302.
Mönch, Dichter, Nr. 303.
Mönch von Foissan, Dichter, Nr. 304.
Mönch von Montaudo, Dichter, Nr. 305; eines Sirventes auf die gleichzeitigen Troubadours 25, 12; von enuegz 28, 24; seine Biographie 39.
Mönch von Poicibot s. Gausbert de Poicibot.
monja, Dichtungsart, 26, 29.
Montan, Dichter, Nr. 306.
Montan Sartre, Dichter, Nr. 307.
Moter, Dichter, Nr. 308.
Münztabelle, provenz., 43.
Mysterium, provenz., Bruchstück, 35, 2.

Nat de Mons, Dichter, Nr. 309; didaktische Gedichte von ihm 32, 24 ff.
Naturgeschichtliche Prosa 42.
Navarrischer Krieg s. Guillem Anelier.
Nobla leycson, waldensisches Gedicht, 51, 7.
Novas del papagai, Novelle von Arnaut de Carcasses, 19, 5.
Novas del heretge s. Izarn, Mönch.
Novel confort, waldensisches Gedicht, 51, 10.
Novel sermos, waldensisches Gedicht, 51, 9.
Novellen in Versen 19.

Olivier de la Mar, Dichter, Nr. 311.
Olivier del Temple, Dichter, Nr. 312
ortolana, Dichtungsart, 26, 29.
Oste, Dichter, Nr. 313.
Ozil de Cadarz, Dichter, Nr. 314.

Palais, Dichter, Nr. 315.
Palazi, Dichter, Nr 316; seine Biographie 39.
partimen, partida, Dichtungsart. 25, 27.
Passion Christi, Gedicht, 7; Gedicht von Raimon Feraut 20, 1.
Pastourellen 26, 17; mit politischer Wendung 26, 22; mit geistlicher Wendung 26, 27.
Patricius, heil., Vision desselben in provenz. Bearbeitung. 37, 16.
Paul Lanfranc de Pistoja, Dichter, Nr. 317.
Paulet, Dichter, Nr. 318.
Paulet de Marseilla, Dichter, Nr. 319; einer Pastourelle 26, 22.
Paulus' Vision, provenz. 37, 14.
Paves, Dichter, Nr 320.
Payre eternal, lo, waldensisches Gedicht. 51, 11.
Peiramon, Dichter, Nr. 321.
Peire, Dichter, Nr 322.
Peire d'Alvergne, Dichter, Nr. 323; eines Sirventes auf die gleichzeitigen Troubadours 25, 12; seine Biographie 39.
Peire II von Aragon, Dichter, Nr. 324.
Peire III von Aragon, Dichter, Nr. 325.
Peire Arquier, Dichter, 49, 6.
Peire de Barjac, Dichter, Nr. 326; seine Biographie 39.
Peire Base, Dichter, Nr. 327.
Peire de Blai, Dichter, Nr. 328
Peire de Blays, Dichter, 50, 49.
Peire de Bragairac, Dichter, Nr. 329.
Peire Bremon, Ricas Novas, Dichter, Nr. 330.
Peire Bremon lo Tort, Dichter, Nr. 331; seine Biographie 39.
Peire de Bussignac, Dichter, Nr. 332; seine Biographie 39.
Peire Camor, Dichter, Nr. 333; wohl identisch mit Peire Camo 48, 2. 50, 3.
Peire de la Caravana, Dichter, Nr. 334.
Peire Cardenal, Dichter, Nr. 335; von Sirventesen 25; einer Fabel und anderer Lehrgedichte 32, 3 ff.; seine Biographie 39.
Peire de Castelnou, Dichter, Nr. 336.
Peire de Cols, Dichter, Nr. 337.
Peire de Corbiac, Dichter, Nr. 338; eines Marienliedes 27, 3; des *tezaur* 34, 6.
Peire Duran, Dichter, Nr. 339; ein jüngerer Dichter 50, 13.
Peire Duran de Vilamur, Dichter, 50, 55.
Peire de Durban, Dichter, Nr. 340.
Peire Ermengau, Dichter, Nr. 341.
Peire Espaignol, Dichter, Nr. 342.
Peire de Gavaret, Dichter, Nr. 343.
Peire Guillem, Verfasser einer allegorischen Erzählung, 19, 7.
Peire Guillem de Luzerna, Dichter, Nr. 344.
Peire Guillem de Toloza, Dichter, Nr. 345; seine Biographie 39.
Peire Imbert, Dichter, Nr. 346.
Peire Isalguier, Dichter, 50, 87.
Peire de Janilhac, Dichter, 50, 69.
Peire Luzer, Dichter, Nr. 347.
Peire de Maensac, Dichter, Nr. 348; seine Biographie 39.
Peire de Maladier, Dichter, 50, 80.
Peire de Mejanaserre, Dichter, 18, 2.
Peire Milo, Dichter, Nr. 349.
Peire de Mont Albert, Dichter, Nr. 350.
Peire de Monlasur, Dichter, 50, 14.
Peire de Monzo, Dichter, Nr 351
Peire de la Mula, Dichter, Nr. 352; seine Biographie 39.
Peire Pelissier, Dichter, Nr. 353; seine Biographie 39.
Peire del Poi, Dichter, Nr. 354.
Peire Raimon de Toloza, Dichter, Nr. 355; seine Biographie 39.
Peire Rogier, Dichter, Nr. 356; seine Biographie 39.
Peire de la Roqua, Dichter, 50, 52.
Peire Salvatge, Dichter, Nr. 357.
Peire Torat, Dichter, Nr. 358.
Peire Trabustal, Dichter, Nr. 359.
Peire d'Ugo, Dichter, Nr. 360.
Peire d'Uisel, Dichter, Nr. 361.
Peire de Valeira, Dichter, Nr. 362; seine Biographie 39.
Peire del Vern, Dichter, Nr. 363.
Peire Vidal, Dichter, Nr. 364; von Canzonen und Kreuzliedern 25; in

Deutschland nachgeahmt 30, 6; seine
  Biographie 39.
Peire de Vilar, Dichter, Nr. 365.
Peirol, Dichter, Nr. 366; von Canzonen
  und Kreuzliedern 25; seine Bio-
  graphie 39.
Peironet, Dichter, Nr. 367.
Pelardit, Dichter, Nr. 368.
Pelestort, Dichter, Nr. 369.
Perceval 18, 10.
Perdigo, Dichter, Nr. 370; seine Bio-
  graphie 39.
Perilhos, Verfasser der Bearbeitung der
  Vision des Tundalus und Patricius,
  37, 16.
Perseval Doria, Dichter, Nr. 371.
Petrarca, studierte die Troubadours, 30.
Petrus Waldus, seine Bibelübersetzung,
  37, 4.
Philipp, Bruder, Verfasser einer Beschrei-
  bung von Irland, 57, 6.
Philologische Prosawerke 41, 56.
Philomena, Prosaroman, 40, 5.
Physiologus in provenz. Prosa 42, 7.
pistola 31, 6.
Pistoleta, Dichter, Nr. 372; seine Bio-
  graphie 39.
Planch de sant Esteve 10, 3.
plauh, Dichtungsart, 25, 18.
Poetik, provenzalische, 41, 5, 56.
Pomairol, Dichter, Nr. 373.
Pons Barba, Dichter, Nr. 374.
Pons de Capdoill, Dichter, Nr. 375; von
  Kreuzliedern 25; eines Liebesbriefes?
  29; seine Biographie 39.
Pons Fabre d'Uzes, Dichter, Nr. 376.
Pons de la Garda, Dichter, Nr. 377.
Pons de Monlaur, Dichter, Nr. 378.
Pons d'Ortafas, Dichter, Nr. 379.
Pons de Prinhac, Dichter, 50, 8.
Pons Santolh de Toloza, Dichter, Nr. 380.
Ponso, Dichter, Nr. 381.
Porcier, Dichter, Nr. 382.
porquiera, Dichtungsart, 26, 28.
Portugiesische Lyrik, von der provenz.
  beeinflusst, 30, 17.
Ponzet, Dichter, Nr. 383.
Prebost de Valensa, Dichter, Nr. 384.
Predigten, provenzalische, 37, 1—3. 51.
Prior, Dichter, Nr. 385.
Prosawerke, provenzal., 12. 36 ff.; 54 ff.

Psalter, übersetzt, 54; Uebersetzung eines
  Psalmes in Versen 51, 1.
Pujol, Dichter, Nr. 386.

Raimbaudet, Dichter, Nr. 387.
Raimbaut, Dichter, Nr. 388.
Raimbaut, Verfasser eines Novellen-
  buches, 39, 15.
Raimbaut d'Aurenga, Dichter, Nr. 389;
  eines Liedes mit eingestreuter Prosa
  28, 25; eines Liebesbriefes? 29, 6.
Raimbaut de Beljoc, Dichter, Nr. 390.
Raimbaut d'Eiras, Dichter, Nr. 391.
Raimbaut de Vaqueiras, Dichter, Nr. 392;
  von Kreuzliedern 25; eines *descort*
  25, 14; einer *estampida* 22, 19; von
  Briefen in Versen 29, 9; seine Bio-
  graphie 39.
Raimon, Dichter, Nr. 393.
Raimon d'Alayrac, Dichter, 50, 4.
Raimon von Anjou, Verfasser mehrerer
  didaktischer Werke, 39, 12.
Raimon d'Avigno, Dichter, Nr. 394.
Raimon Benedicti, Dichter, 51, 68.
Raimon Bistortz de Rusillon, Dichter,
  Nr. 395.
Raimon de Castelnou, Dichter, Nr. 396.
Raimon de Cornet, Dichter, 50, 5; seine
  gesta 50, 7; sein Doctrinal 52, 3.
Raimon de Durfort, Dichter, Nr. 397;
  seine Biographie 39.
Raimon Escriva, Dichter, Nr. 398; vgl 25, 3.
Raimon Estaca, Dichter, Nr. 399.
Raimon Ferant, Dichter, Nr. 400; eines
  Passionsgedichtes 20, 1; des Lebens
  des heil. Honorat 20, 6; des Lebens
  des heil. Alban 20, 7; eines metri-
  schen Computus 34, 5.
Raimon Gaucelm de Beziers, Dichter,
  Nr. 401.
Raimon Guillem, Dichter, Nr. 402.
Raimon Izarn, Dichter, Nr. 403.
Raimon Jordan, vescoms de Saint An-
  toni, Dichter, Nr. 404; seine Bio-
  graphie 39.
Raimon Menudet, Dichter, Nr. 405.
Raimon de Miraval, Dichter, Nr. 406;
  eines Liebesbriefes 29; seine Bio-
  graphie 39.
Raimon de Puybusqua, Dichter, 50, 87.
Raimon Rigaut, Dichter, Nr. 407.

Raimon Robin, Dichter, Nr. 408.
Raimon de las Salas, Dichter, Nr. 409;
  seine Biographie 39.
Raimon Stairem, Dichter, 50, 63.
Raimon de Tors, Dichter, Nr. 410.
Raimon, Graf von Toulouse, Dichter, Nr. 182.
Raimon Valada, Dichter, 50, 24.
Raimon Vidal, Dichter, Nr. 411; von Novellen 19; Verfasser einer provenz. Grammatik 11.
Rainart, Dichter, Nr. 412.
Rainaut, Dichter, Nr. 413.
Rainaut de Pons, Dichter, Nr. 414; seine Biographie 39.
Rainaut de Tres-Sauzes, Dichter, Nr. 415.
Ralmenz Bistortz d'Arle, Dichter, Nr. 416.
Räthselfragen 42, 1 fl.
Receptensammlung 42, 15.
Rechtsquellen 12, 59.
Reculaire, Dichter, Nr. 417.
redondel, Dichtungsart, 28, 21.
Reforsat de Forcalquier, Dichter, Nr. 418.
Reforsat de Tres, Dichter, Nr. 419.
Refrain 22, 2. 26.
Regles des maestras et confraires de l'amorna 59, 6.
Reimkunst 44.
Reimlexikon, provenzal., 41, 2.
retroensa, Dichtungsart, 26, 8.
Ricas Novas, Dichter, Nr. 330.
Richard I von England, Dichter, Nr. 420; seine Biographie 33.
Richart de Berbezill, Dichter, Nr. 421; seine Biographie 39.
Richart de Tarascon, Dichter, Nr. 422; seine Biographie 39.
Ricaut Bonomel, Dichter, Nr. 423.
Robert I, Delphin von Auvergne, Dichter, Nr. 119.
Robert von Sicilien, Klagelied auf seinen Tod, 49, 11.
Rodrigro, Dichter, Nr. 424.
Rofian, Dichter, Nr. 425.
Rofin, Dichter, Nr. 426.
Roger Bernart, Graf von Foix, Dichter, Nr. 152.
Roger von Parma, seine Chirurgie übersetzt, 42, 9.
Roland, Lieder und Sagen von ihm. 5.
Roman des sept sages 19, 11.

Romanzen, volksthümliche 6; kunstmässige 26.
Rondeau 28, 21.
Rostaing Berenguier de Marseilla, Dichter, Nr. 427; vgl. 49, 1.
Rostaing de Mergas, Dichter, Nr. 428.
Rubaut, Dichter, Nr. 429.
Rudolf von Neuenburg, Nachahmer provenzalischer Dichter, 30, 6.
Rundcanzonen 28, 7.

Saill de Scola, Dichter, Nr. 430; seine Biographie 39.
Salamo, Dichter, Nr. 431.
Salomos Sprüche in poetischer Bearbeitung 51, 7.
salut 29, 3.
Savaric de Malleo, Dichter, Nr. 432; seine Biographie 39.
Scot, Dichter, Nr. 433.
Seneca 31, 2.
Sentenzen, moralische, in Prosa 38, 7.
Sequenzen 27, 8.
serena, Dichtungsart, 26, 16.
sermos 32, 4.
Serveri de Girona, Dichter, Nr. 434; Verfasser eines Lehrgedichtes 32, 11.
Seths Sendung ins Paradies 37, 10.
Sextine 28, 1.
Sifre, Dichter, Nr. 435.
Simon Doria, Dichter, Nr. 436.
sirventes, Dichtungsart, 25, 7; halbes, 25, 17.
Sirventes-Canzone 25, 10.
somis, Dichtungsart, 28, 23.
Sonett 28, 4.
Sordel, Dichter, Nr. 437; eines *enseignamen* 32, 12.
Spiel von den klugen und thörichten Jungfrauen 35, 1.
Sprache, provenzalische, 13. 41. 60.
Sprachgebiet, provenzalisches, 1.
Sprichwörter 36.
Statuten von Montpellier 43.
Stephanus Aldebaldi, Verfasser einer Chirurgie, 58, 1.
Streitgespräch zwischen Körper und Seele 61, 3.
Stricker, der, Verfasser des Daniel von Blumenthal, 18, 6.
Sydrac 57, 4.

Tagelieder 26, 11; geistliche 26, 14.
Tanzlieder 26, 5. 28, 20.
Taurel, Dichter, Nr. 438.
Templier, Dichter, Nr. 439.
Tenzone 25, 24.
Thiersage 17.
Tibors, Dichterin, Nr. 440; ihre Biographie 39.
Todsünden, die sieben, in Prosa, 38, 8.
Tomas, Dichter, Nr. 441.
Thomas Luys, Dichter, 50, 45.
Tomier, Dichter, Nr. 442; seine Biographie 39.
Torcafol, Dichter, Nr. 443.
tornada 44, 8.
tornei, Dichtungsart, 28, 16.
tornejamen, Dichtungsart, 25, 28.
Totztemps, Dichter, Nr. 444.
Toulouse, Mittelpunkt der Kunstdichtung der letzten Periode, 42.
Tremoleta, Dichter, Nr. 445.
trobaire 21, L. 21, 8.
Trobaire de Villa-Arnaut, Dichter, Nr. 446.
Trophimus, heil., Leben desselben in Versen, 47, 2.
Tungdalus, Vision des, in provenz. Prosa, 37, 16.
Turc Malec, Dichter, Nr. 447.
Turpin in provenz. Prosa 40, 3.

Uc, Dichter, Nr. 448.
Uc de la Bacalaria, Dichter, Nr. 449; seine Biographie 39.
Uc Brunet, Dichter, Nr. 450; seine Biographie 39.
Uc Catola, Dichter, Nr. 451.
Uc de l'Escura, Dichter, Nr. 452.
Uc Faidit, Verfasser einer provenzal. Grammatik, 41, L.
Uc de Maensac, Dichter, Nr. 453.
Uc de Mataplana, Dichter, Nr. 454.
Uc de Murel, Dichter, Nr. 455.
Uc' Pageza, Dichter, 50, 57.
Uc de Pena, Dichter, Nr. 456; seine Biographie 39.
Uc de Saint-Cire, Dichter, Nr. 457; Liebesbrief von ihm? 29; seine Biographie 39; Verfasser von Biographien 39, L.
Huc del Valat, Dichter, 50, 11.
Uguet, Dichter, Nr. 458.
Urkunden, älteste provenzalische, 2.

Vaquier, Dichter, Nr. 459.
vaquiera, Dichtungsart, 26, 26.
vergiera, Dichtungsart, 26, 22.
vers, Dichtungsart, 25; halber 25, 6.
Verskunst 13, 44, 60.
Vescoms de Torena, Dichter, Nr. 460.
versos, Dichtungsart, 28, 23.
Vilanova, die Dame von, Dichterin, 50, 53.
Vincent Ferrer, Prediger, 54, L.
Vision des heil. Paulus und Michael 37, 14.
Vision des Patricius und Tungdalus 37, 16.
Volksdichtung 7, 22.

Waldenser, Poesien derselben, 51, 5 ff.; Prosawerke 55, 1 ff.
Weihnachtslied 27, 6; Weihnachtsmesse, Zwischengesang in derselben, 10, 10.
Wissenschaftliche Lehrgedichte 31, 52; Prosawerke 41 ff. 56 ff.
Wolfram von Eschenbach, sein Parzival und Titurel 18, 11.
Wörterbücher, provenz., 41, 6. 50, 14. 14.

Zusätze und Berichtigungen.

§ 28, 13. Vgl. über *estrepida* noch Diez, Etymol. Wörterbuch 2, 384 und P. Meyer, les derniers Troubadours S. 486—492. — § 2*. 10, 1. *partombri*. S. 20, 28 L. Beleuol. 112, 21. Perdigo C'R. 121, 22 L. voill.

www.ingramcontent.com/pod-product-compliance
Lightning Source LLC
Chambersburg PA
CBHW021842230426
43669CB00008B/1049